Research on Disruptive Innovation and
Networked Growth of Start-Ups

新创企业
颠覆性创新及
网络化成长研究

余维臻 ———— 著

ZHEJIANG UNIVERSITY PRESS
浙江大学出版社
·杭州·

图书在版编目（CIP）数据

新创企业颠覆性创新及网络化成长研究 / 余维臻著
.-- 杭州：浙江大学出版社，2022.12
ISBN 978-7-308-23314-9

Ⅰ.①新... Ⅱ.①余... Ⅲ.①企业创新 - 研究 - 中国
②企业成长 - 研究 - 中国 Ⅳ.① F279.23

中国版本图书馆 CIP 数据核字（2022）第 226687 号

新创企业颠覆性创新及网络化成长研究

余维臻　著

责任编辑	马一萍	
文字编辑	谢艳琴	
责任校对	陈逸行	
封面设计	雷建军	
出版发行	浙江大学出版社	
	（杭州市天目山路 148 号　邮政编码 310007）	
	（网址：http://www.zjupress.com）	
排　版	杭州浙信文化传播有限公司	
印　刷	杭州高腾印务有限公司	
开　本	710mm×1000mm　1/16	
印　张	15	
字　数	249 千	
版 印 次	2022 年 12 月第 1 版　2022 年 12 月第 1 次印刷	
书　号	ISBN 978-7-308-23314-9	
定　价	68.00 元	

序 一

创新是企业保持活力、持续成长的重要途径，也是企业获取竞争优势的重要方式。因为创新方式不同、创新参与主体不同、创新内容不同，故企业需通过开展不同的创新活动来提升企业创新绩效。

余维臻教授在创新创业领域这块肥沃的土壤上已经辛勤耕耘了多年，近几年发表了很多高质量的论文与研究成果。《新创企业颠覆性创新及网络化成长研究》是他准备出版的处女作，这部著作给我留下了深刻印象。

第一，特别感谢该书厘清了颠覆性创新、渐进性创新、突破性创新、破坏性创新，以及网络能力和管理共享资源的关系能力等概念，并为大家讲述了不同概念之间的区别与联系。其中，颠覆性创新最早是由哈佛商学院克莱顿·克里斯坦森于 1997 年提出的，书中对其定义进行了陈述："颠覆性创新是通过引入与现有产品相比具有完全不同功能属性组合的产品或服务，以吸引非主流市场上比较宽容的消费者，并在此基础上通过技术的不断改进来追赶和超越在位企业，即使用新产品与新技术拓展市场。"渐进性创新与突破性创新的区别在于创新引发的是创新量变还是创新质变，且书中指出渐进性创新与突破性创新更适合"技术导向的市场进入方式"。渐进性创新是指通过不断的、渐进的、连续的小创新，最后实现管理创新的目的；突破性创新是指有根本性重大技术变化的创新，常伴随着一系列渐进性创新活动。破坏性创新往往与"颠覆性创新"一起研究，书中也提到颠覆性创新与破坏性创新"以市场为导向，专注低端市场创新与新市场创新"。此外，网络能力是启动、维护和利用与各种外部合作伙伴关系的能力，而管理共享资源的关系能力是与合作伙伴形成和保持有价值的互动关系的能力。

第二，明晰了"为什么选择新创企业以及研究主要构念内涵"，并依据"小企业在颠覆性创新方面比大公司更有效"以及"新创企业的冒险精神、灵活性与创造性更易于颠覆性创新的开展"等相近观点，充分说明了研究对象选择的科学性。此外，该书更是综合运用多案例研究以及实证研究，反复论证创业网络、颠覆性创新以及新创企业成长绩效三者之间的关系，具有很好的学术思维和价值。创业网络分为同质化网络与异质性网络，"同质化网络内部成员的认知和沟通障碍较少且竞争性好，能够加速创新"，"异质性网络带来的互补性的创新资源，通过筛选、吸收、匹配、合并，重构企业内外不同资源的系统，能够实现以最小的成本获得最大的资源利用效率的目的"。颠覆性创新分为低端颠覆与新市场颠覆。

第三，通过引入"网络能力"这一调节变量，实证分析了自变量（创业网络）、中介变量（颠覆性创新）、因变量（新创企业成长绩效）、调节变量（网络能力）之间的关系。这一研究从匹配视角出发，聚焦创业网络的价值属性（同质、异质），突出了企业通过网络关系降低资源获取的成本与门槛这一特征，立足转型经济独特情境，识别新创企业独特的创新行为，以及探索后发追赶路径，因此可以说是一种本土情境理论与研究思路的创新。一是主效应显示：创业网络（异质性网络、同质化网络）对新创企业成长绩效存在显著的正向影响，且异质性网络作用更强；异质性网络对颠覆性创新（低端颠覆、新市场颠覆）具有显著的正向影响；同质化网络对新市场颠覆具有正向影响。二是中介效应显示：颠覆性创新对新创企业成长绩效具有显著的正向影响；低端颠覆在异质性网络与新创企业成长绩效之间起中介作用；新市场颠覆在创业网络与新创企业成长绩效之间起中介作用。三是调节效应显示：网络能力在异质性网络与颠覆性创新之间起正向调节作用，在同质化网络与新市场颠覆中起正向调节作用；同时，网络能力也能正向调节创业网络与新创企业成长绩效之间的关系。

序言已接近尾声，我还想提几点思考，以与同仁共议。后疫情时代，全球经济格局变化、战争突起、疫情反复、环境变化等问题凸显，新创企业的成长绩效是否会受影响？这些问题对其开展颠覆性创新活动形成了哪些困境？在不确定条件下，新创企业在网络关系构建上是否具有差异？怎样的创新创业生态更有益于新创企业成为"专精特新"？这些未解决的问题让我更加期待作者的后续成果。

　　非常感谢余维臻教授邀请我为该书作序，我相信该书的出版，将在很大
程度上丰富企业创新路径，并为新创企业创新提供战略决策依据。

2022 年 4 月 29 日于清华园

序　二

颠覆性创新作为一种国家战略，近年来越来越为大国所重视。中国作为发展中的大国，近年来对颠覆性创新进行了大量的理论研究与实践。颠覆性创新的概念来源于经济学家熊彼特提出的"创造性破坏"，即以意想不到的方式取代现有主流技术的技术。这一变革性思想影响了许多早期创业理论，对创新发展具有重要意义。颠覆性创新注重为企业家与创业者提供思路，但思路是以理论与实践为基础的。管理研究者需要在理论构建中实践、在实践中构建理论，知行合一地解决实际问题，同时体现出自己理论的研究价值。近年来，除了结合中国国情深入探索颠覆性创新基本原理，很多学者还将颠覆性创新结合其他重要研究进行交叉研究。正是在这样的时代要求与研究背景下，浙大城市学院商学院余维臻教授经过多年的思考，将颠覆性创新与网络化成长结合起来，对新创企业颠覆性创新与网络化成长进行了卓有成效的理论研究和实践探索，并写成了这本具有创新意义的书。

改革开放 40 多年来，中国走创新发展的道路，从开始研究与探索模仿性创新到现在全面研究和探索创新。近年来，颠覆性创新已成为中国转型经济情境下新创企业实现高质量追赶与爆发式成长的有效路径和一种国家创新发展战略。该书很好地回答了这些问题：如何更好地通过中国创新实践认识与理解颠覆性创新？研究者、创业者与企业家如何在研究与实践中发展具有中国特色的颠覆性创新理论？并提出了相关的问题解决方案。具体的研究思考与研究问题包括探索现有新创企业后发创新追赶、颠覆性创新及创业网络理论研究缺口，并在此基础上，构建基于"结构—行为—绩效（S-C-P）"范式的新创企业成长绩效模型，从与创业活动的本质特征（价值创造）相匹配的视角出发，深入揭示不同类型的创业网络（同质、异质、交互）对颠覆性创新及新创企业成长绩效的作用机理，分析不同类型的创业网络对不同颠覆过程的影响，探讨不同颠覆路径对新创企业成长绩效的作用效果，识别颠覆性创新在创业网络与新创企业成长绩效间的中介效应以及网络能力在创业网络与颠覆性创新和成长绩效之间的调节作用。

创新与发展犹如鸟之两翼，中国社会正是在无数创新与发展活动的推动下不断地向前发展。颠覆性创新与网络化成长也体现了数字化技术背景下后发追赶企业是如何理解"知彼"与"知己"之间的关系问题的。传统意义上的颠覆性创新，是指以低端或在一定程度上被现有主流市场企业忽略的创新产品作为切入点，去吸引那些被现有市场主导企业过度服务或忽视的客户群体，使后发非主流市场企业有机会进入现有主流市场企业的市场环境。近年来，随着数字技术的发展与运用，使颠覆性创新与网络化成长得到了越来越多的有效应用，它使后进企业可以更清楚地了解后发非主流市场企业本身并看到潜在与边缘市场的存在。进行颠覆性创新，破坏不是事先有的特征，而是事后产生的结果。后发追赶企业的"知彼知己"意在说明了解现有主流市场企业情况的重要性，很多颠覆性创新的成功案例是在"知彼"的前提下实现的，而网络化成长则是后发非主流市场企业"知彼"的重要条件。

在数字化时代，后发追赶企业的管理者或创业者进行颠覆性创新的情景一般都涉及很多复杂因素，这些管理者或创业者要"知己"，一切从企业自身出发，并在"知己"的基础上，做到"知彼"，设计与执行有关的颠覆性创新的方案。余教授对于颠覆性创新与网络化成长的研究，为后发企业如何通过颠覆性创新实现追赶和超越，从而形成企业之间的良性竞争提供了很好的思路与途径。

颠覆性创新与网络化成长研究无论是在国内还是在国外，都是目前创新理论研究与实践的热点。该书不仅是对颠覆性创新理论结合实践与中国情景的思考，而且，对中国颠覆性创新研究与实践来说具有理论与实际意义。

最后，特别感谢余维臻教授邀请我为该书写一个小序，我其实就是谈一点我的随想供读者参考。

斯晓夫

2022 年 4 月 10 日于美国宾夕法尼亚

序 三

新一代信息技术的快速发展与应用，带来了企业管理运营模式与组织结构的升级重构。企业之间合作关系虚拟化、价值创造网络化、创新资源生态化成为趋势，渐进式创新、突破式创新与颠覆性创新得以显现。

在理论层面，"创新"作为经济社会效益提升的重要过程与目标，越来越受到社会各界的关注，以熊彼特的创新理论为代表，技术创新、产品创新、市场创新、组织创新的研究日益广泛，学术界关于创新理论的研究层出不穷。因此，颠覆性创新成为数字经济时代的一个热门话题。在实践层面，我国很多企业从跟随式模仿创新走向自主创新，并逐渐登上世界产业重构的舞台。一大批互联网科技企业运用数字技术与平台技术连接利益相关者，形成价值关联系统，推动了组织结构、组织文化、组织能力的不断演变。在此过程中，相较于渐进式创新、突破式创新而言，颠覆性创新更易发生在风险高、市场小的领域，也更适合技术实力相对较弱的新创企业采用。2016年，颠覆性技术被写入《国家创新驱动发展战略纲要》和《"十三五"国家科技创新规划》。2017年，党的十九大报告提出，要突出颠覆性技术创新。因此，可以看出颠覆性创新已上升为国家战略。

新创企业作为创新驱动的重要参与主体，在环境适应性、变革灵活性上的优势更为明显，因此易于在颠覆性创新中获得成长。企业通过颠覆性创新充分整合各类资源、创造新的价值，以实现从弯道超车向换道超车的转型，并为后期的可持续创新提供重要支撑。《新创企业颠覆性创新及网络化成长研究》一书把握"换道超车"这一重要方向，在中国后发企业自主创新背景下，研究了"如何充分利用创业网络，开展高效和成功的颠覆性创新，实现新创企业高质量成长"这一关键问题，运用新能源汽车企业、移动互联网企业、高端制造企业、医疗健康企业等典型案例进行分析，系统地提出了创业网络、颠覆性创新以及新创企业成长绩效三者之间的命题假设，将创业网络类型分为同质化与异质性网络，颠覆性创新分为低端颠覆与新市场颠覆，成长绩效分为财务与非财务绩效，并引入网络能力这一调节变量，实证分析了自变量（创新网络）、中介变量（颠覆性创新）、因变量（新创企业成长绩效）、调节变量（网络能力）之间的关系，提出了后发与转型情境下新创企业依赖创业网络提升成长绩效的路径。这一研究结论丰富了新创企业成长理论。

该书较系统地刻画了后发情境下新创企业颠覆性创新的内在作用机理，也是中国新创企业颠覆性创新实践的一个写照，为中国新创企业实现可持续成长提供了理论支撑。该书作为国家社科基金项目的研究成果，将理论探索与实证分析相结合，既具有理论深度，又有丰富的实践案例，相信能给读者以不少启示。

是为序。

陈畴镛

2022 年 5 月 6 日

前　言

一、新创企业成长成为中国经济高质量发展新引擎

新创企业成长一直是世界各国长期关注的热点问题。中国改革开放 40 多年来，在经济上取得了举世瞩目的成就，经济增长的动力已从"要素驱动""投资驱动"向"创新驱动"转变，创业经济已成为经济发展方式从规模速度型向质量效率型转变的新动力和新范式（江观伙，2017）。2018 年，国务院出台了《关于推动创新创业高质量发展打造"双创"升级版的意见》，标志着中国创新创业已进入高质量发展的新阶段。党的十九大报告中明确指出，创新是引领发展的第一动力。创新驱动已成为经济高质量发展、实现后发追赶的突破口和关键点。创新是创业活动的本质特征，并已成为未来创业的新常态，以创新提升创业水平、升级创业结构已是必然趋势（陈耿宣和王艳，2017）。

近几年来，在各级政府大力引导与扶持下，双创事业蓬勃发展，创新创业热潮达到了前所未有的高度，创业机会不断增多。《全球创业观察（GEM）2017/2018 中国报告》显示，中国的早期创业活跃度指数已超越欧美日等发达国家，成为全球创业活动最活跃的国家之一，进入了"全民创业"的新时代。然而与"双创"热潮形成鲜明对比的是新创企业易陷入"寿命短、失败率高、成长率低以及创业质量较低"的困境。导致这种现象的原因可能是，随着技术进步与社会发展，成功创业对创业者能力的要求也在不断提高。2002—2017 年，中国创业活动的质量与 G20 经济体中的发达国家相比，仍存在差距。不少研究成果和新技术在商业化过程存在障碍，造成这一问题的原因主要有两个方面：一是技术获取难度极大；二是获取后的转化速度也不尽如人意，导致研发成果无法做到有效转化。显然，创新创业对经济的促进作用还未得到充分发挥，政府的宏观政策（良好善意）与企业的微观机制仍未实现有效

对接，需要增强对中国转型与后发市场经济规律的尊重和正确认知（吴晓波等，2019）。从企业成长理论的演变来看，当前创新驱动与网络化成长地位凸显。网络化成长已成为新创企业的关键性特征（邬爱其，2005），被称为全球网络化背景下产业组织和经济发展的新范式（李新安，2015）。此外，创新已成为新时代新创企业的另一重要特征，学者们无一例外地肯定了创新驱动在企业成长中的核心与主导地位，创新过程就是投入与企业成长（产出）之间的中间转化能力，并强调传统线性与链式创新范式会逐渐被网络化创新颠覆，创新成为突破资源约束和创造资源与机会的重要机制（解学梅，2015）。而颠覆性创新与创业网络的有机结合正是突破"资源的创造性利用与价值发掘"的关键（祝振铎和李新春，2016）。由此可见，如何利用经济转型的"机会窗口"来驱动新创企业高质量成长以实现"换道超车"，不仅成为政府与产业界亟待解决的现实问题，也构成了中国经济转型后发情境下崭新的学术命题。

二、颠覆性创新成为新创企业后发追赶独特的创新模式

后发情境是指相对于发达国家，新兴经济体国家在追赶过程中所面临的特殊的技术、市场与制度情境（吴东和吴晓波，2013）。后发情境具体表现为：第一，政府既是规则的制定者也是经济活动的参与者，经济政策与制度具有高度的不确定性，存在缺乏完善的法律框架、产权制度不明确等问题；第二，市场非完全有效，存在严重的信息不对称，强调关系在社会中的重要作用（Park & Luo，2001），关系网络成为弥补正式制度缺陷的重要非正式机制，也是获取创业机会与资源的最为重要的途径（Li & Zhang，2007；Sheng et al.，2011），结网能力被视为新创企业成长的关键因素之一；第三，新兴经济体国家在技术上通常远离发达国家的技术和研发源头，缺少核心优势，发展中往往采用"引进—消化—吸收"的模式。可以看出后发情境面临着制度不完善、技术与市场双重劣势等问题，在此情境下本土发展起来的企业都可视为后发企业（Cuervo-Cazurra & Genc，2008），并且这些企业均以赶超发达国家的领先企业作为战略目标（江诗松等，2012）。由此可见，中国绝大部分企业，尤其是新创企业都属于后发企业。

随着中国经济改革的深入以及后发追赶优势的存在，我们与发达国家之

间的差距越来越小。但由于发达国家不愿分享其领先优势，故后发优势的边际效应递减并且后发劣势会逐渐显现出来（Minniti & Lévesque，2010；尹苗苗，2016），尤其当后发企业接近技术前沿时，不仅技术愈加复杂，而且发达国家会故意设置技术壁垒，使后发企业更难吸收发达国家企业的知识与技术溢出。为了赶上现有企业，后来者需要利用他们现有的知识基础和能力来实现自主创新与创造新的知识，后发企业必须尽快实现从模仿者到创新者的角色转换（Chang et al.，2006），使后发追赶进入"超越追赶"阶段（吴晓波等，2019）。但是常规的渐进式与突破性创新技术往往掌握于先发国家的在位企业手中，且在企业实践中不乏单一技术范式主导的失败案例，例如柯达、诺基亚、惠普等行业领头者的逐渐衰败。过去的技术创新模式主要体现为新技术对现有技术或旧技术的更新或替代。中国企业在"超越追赶"这一阶段如果使用与追赶初期同样的策略是不明智的，有可能会落入"追赶—落后—再追赶"陷阱。在后发情境下，单纯的技术突破越来越难实现直接的商业价值，单一的技术追赶思维并非真正的创新思维。一项技术创新能否实现商业价值并发展为新经济、新产业，并实现与经济社会的融合，不仅取决于技术与技术之间的竞争，更取决于能否适应市场环境的"达尔文海"现象。技术发展并非连续不断的，任何技术都存在极限点，一旦遭遇就会改变原有的技术轨迹，形成新的价值网，因此，新时代颠覆性特征越来越明显。随着中国逐步进入技术追赶的"无人区"，原有单一的技术创新驱动的发展模式已无法满足当前的发展要求，创新驱动经济发展模式的转型迫在眉睫。同时，需要强调研发和市场及商业模式等非研发创新的互动与融合，用"换道思维"与"指数型思维"整合全球资源，以实现经济指数增长。必须摆脱单一技术创新驱动的惯性思维，摒弃路径依赖，以形成由好奇心驱动的具有前瞻性与颠覆性的创新方式（柳卸林等，2017），实现从"弯道超车"的跟随式发展向"换道超车"的跨越式发展的转变，开创"新赛道"、制定新标准、激发新动能、跑出加速度，在高质量发展中实现超越。颠覆性创新成为后发新兴市场国家新创企业产业突围的重要成长机制，是新创企业重要的自主创新模式与独特的跨越式赶超路径，是弱者颠覆强者的普遍选择，更是后发企业击败成熟在位企业的利器，以及赶超发达经济体的有效战略选择（Hang et al.，2013；李飞等，2016）。2016年，"颠覆性创新"被写入《国家创新驱动发展战略纲要》

和《"十三五"国家科技创新规划》；2017 年，党的十九大报告提出，要突出"颠覆性技术创新"。由此可见，颠覆性创新已被高度重视并上升到国家创新发展战略层面。中国后发与转型情境能够提供大量位于金字塔底部的市场资源，不仅为培育颠覆性创新提供了最富饶的土壤，也为新创企业高质量成长开启了"机会窗口"（王志玮和陈劲，2012）。

三、网络范式已成为颠覆性创新关键组织形态

国内外学者一直试图探索何种组织模式更适合进行颠覆性创新并能够解释绩效差异，这方面的研究主要从开展颠覆性创新所支撑的组织结构与文化、资源获取、能力获得等维度展开，包括一元性、二元性、泛二元性组织，其中，组织能力决定了企业对内外部资源的获取与整合能力，并会对企业的颠覆性产生影响（Raisch，2009；Stettner & Lavie，2014；Mudambi，2011；张钢和岑杰，2012；阮国祥，2012；郝斌等，2014；汪涛等，2017；任兵等，2016；岑杰，2017）。现有的研究更多地聚焦于二元层次，而忽略了网络情境这一重要因素（郝斌等，2014），基于拥有丰富资源的成熟国家情境下构建的二元组织模型并不适合中国长期处于资源紧缺状态的新创企业（彭新敏等，2011）。随着封闭式创新向开放式创新模式转变，网络研究成为创新研究的新范式。开放式背景下，创业网络被认为是管理后发情境"新创缺陷"的有效手段，是企业与外部利益相关者互动以及信息、资源获取的重要组织形式，能够影响新创企业的成败（Hoang & Antoncic，2003；王志玮和陈劲，2012；单标安等，2011；王涛和陈金亮，2018）。目前，网络化成长已经成为企业尤其是新创企业重要的成长机制（邬爱其，2005）。因此，如何实现创业网络与合作伙伴的有效互动成为重要的现实问题（魏江等，2014）。现有的研究大多是从既存的网络结构与关系出发探究各变量之间的关系，而很少关注其结果，且没有与创业活动的本质属性相匹配，属于事后的分析（Mindruta，2013；寿柯炎和魏江，2015）。对于新创企业而言，如何事先选择与新创企业相匹配的合作伙伴已成为新创企业创业网络构建的首要问题（Madhok，2002；魏江和寿柯炎，2016）。而在实际的理论研究中，对于经济转型的后发情境伴随着怎样的创业网络和角色转型，以及转型中创业网络功能和动态性对颠覆性创新的影响等

问题缺乏研究（任兵等，2016）。

新创企业不仅面临多重成长约束，而且由于没有以往的经验与数据来预测和规避未来的不确定性，在成长过程中往往面临着比在位企业更高的失败风险，因此普遍存在寿命较短的现象（彭学兵等，2017）。工业革命以来，德、美等国依靠颠覆性创新进行积极追赶，形成新的创新网络和产业链，在原有独特优势的基础上实现率先赶超。在数字经济时代，越来越多的在位企业不断地被新创企业所颠覆，传统产业升级和新兴消费都为创业者与技术应用创造了无限机遇。据麦肯锡全球研究所预测，到2025年，一些颠覆性创新有望每年创造14万亿至33万亿美元的效益。目前，中国已经涌现出丰富的颠覆性创新成功案例，如中国"新四大发明"（高铁、网购、移动支付、共享单车）等通过颠覆性创新充分整合与优化配置创新资源，创造了新的价值（程鹏等，2018）。近几年来以独角兽为代表的颠覆性创新成果在中国创业实践中大量涌现，引发全球关注（Jinzhi & Carrick，2019），越来越多的证据显示，以中国、印度为代表的后发新兴经济体已成为颠覆性创新的沃土（Nankervis，2013）。全球化背景下，通过网络嵌入为新创企业寻求合作、获取资源、创造竞争优势、实现高质量的"网络化成长"已成为新创企业成长的重要范式。如何利用创新创业推动供给侧结构性改革发展的契机，探索开放式创业网络、带来丰富的资源与知识、识别与挖掘"机会窗口"，以实现"颠覆性创新与高质量成长"？这是一个具有重大现实意义的课题。然而，现有的研究并未对此进行有力的阐释与分析，也不能为政府决策及创业实践提供高价值的管理对策与建议。

通过以上现实实践与理论发展的梳理发现：基于网络范式的开放式颠覆性创新正逐渐被理论和实践认为是适用于后发新兴市场国家新创企业的有效的创新范式与跨越式赶超路径（Hang et al.，2013），即创业网络与颠覆性创新都是影响后发情境下新创企业成长的关键因素，但三者之间的关系并未得到充分验证，大多是基于特定案例分析或理论推演而得，有的甚至存在悖论，缺乏大样本的实证研究使其普适性受到质疑，严重阻碍了理论的应用与发展。本书针对这一现实需求驱动的理论缺口，借鉴"结构—行为—绩效（S–C–P）"研究范式构建"创业网络—颠覆性创新—新创企业成长绩效"理论研究模型，围绕"在开放式全球化背景和中国后发情境下，如何充分利用创业网络开展高效和成功的颠覆性创新，以实现新创企业高质量成长"这一现实问题展开研究，探索中国新创企业颠覆性创新驱动网络化成长的机理与路径。以新创企业颠覆性创新及网络化成长为研究对象，从与"价值创造"这一创业活动本质属性相匹配的视角出发，聚焦新创企业如何事先主动构建高效的创业网络以促进颠覆性创新和企业高质量成长，力图打开影响新创企业成长的"黑箱"。具体而言，本书将解决以下几个关键问题：第一，颠覆性创新对新创企业的成长有何影响，以及不同颠覆路径的影响程度如何？第二，如何刻画与颠覆性创新及新创企业成长相匹配的网络特征，以及不同网络特征是如何促进颠覆性创新的开展和企业成长的？第三，颠覆性创新在创业网络与新创企业成长之间发挥怎样的作用？第四，是否存在条件因素影响这三个因素的相互作用？通过明确创业网络、颠覆性创新与新创企业成长之间的关系，识别三者之间关系的调节变量，从新创企业的本质特征出发，构建与自身相匹配的创业网络，探索具体的颠覆路径，提升成长绩效。第五，关于后发情境下新创企业颠覆性创新实现路径与网络化成长的政策建议。

目　录

第 1 章

绪论

1.1　新创企业的概念

新创企业是指创业者通过利用商业机会，在创业活动中为了实现价值创造而创立的新企业实体（Dew et al.，2004）。该类企业普遍创立时间较短，业务尚未步入成熟阶段，主要通过生产产品或服务创造与满足市场需求来获取盈利和实现成长（Gartner，1985）。关于如何界定新创企业，现有文献研究主要从企业发展的生命周期与创立的时间两个方面出发，但视角和观点并不一致。Adizes（2004）认为企业的成长如同有机体一样，是一个由孕育到死亡的过程。基于企业生命周期理论，他进一步指出，处于孕育期、婴儿期、学步期和青春期的企业都可以称为新创企业。但由于企业发展阶段与生命周期的界定灵活性较大，故在实证研究中难以通过具体的标准来衡量新创企业。还有部分学者以创立时间来界定新创企业：Stiglitz 和 Weiss（1981）认为新创企业通常从第七年开始能够获得盈利；Brush 和 Vanderwerf（1992）在对制造业新创企业进行研究时，选择了创立时间在 4 ～ 6 年的企业作为样本；Kazanjian 和 Drazin（1990）、Oviatt 和 McDougall（1994）认为新创企业从生存、成长阶段向成熟阶段过渡大约需要八年；《全球创业观察》（2002，2005，2007）的研究认为，42 个月（三年半）是新创企业成立的时限，超过这个节点，企业就进入了成熟阶段；Baum 等（2001）通过实证研究新创企业的成长，认为四年是一个节点；另外还有六年（Spowart & Wickramasekera，2009）、十年等作为界定依据的研究；Batjargal 等（2013）延续了 Zahra（1993）的观点，对创业者社会网络与新创企业成长之间的关系进行研究，提出新创企业是成立时间小于八年的财务与管理独立的私营企业。根据 Zahra（1993）、Batjargal 等（2013）以及国内众多学者（杨隽萍等，2015）的研究惯例，结合本书研究的具体情境，本书重点关注新创企业在成长初期的表现，因此将八年以内的由一个或者几个创业者创办的企业定义为新创企业。

尽管从不同视角出发的不同学者的新创企业界定方法存在差异，但新创企业的几个明显特征是学者们普遍认同的：新创企业"新、小、弱性、合法性低"（Carayannopoulos，2009；祝振铎和李新春，2016），且往往面临高度动荡、模糊和不确定性的环境以及自身资源约束等"新创缺陷"（Newbert & Tornikoski，2013；余维臻和李文杰，2016）；因为尚未形成完整的业务模式，所以需要经历从无到有、从小到大的过程（汤淑琴和蔡莉，2015），这种成长过程是一个从依赖创业者（及其团队）的自我中心网络到依赖现有和正在发展的社会中心网络的过程。新创企业的一切活动都发生在具体的社会关系网中，依赖创业网络来获得更加丰富与多样化的资源、信息和人力资本，以完成各项企业任务（杨隽萍等，2017），推动量与质的互动发展；其本质是发现与创造机会，通过合作网络整合各种资源，借助创新创造新的价值活动，实现跨越式发展（李军和李民生，2011）。为了深入理解新创企业成长内涵，识别影响新创企业成长的驱动因素，本书将系统梳理新创企业成长的现有文献，对研究成果进行总结和归纳。

1.2　新创企业成长理论演化

新创企业成长一直是世界各国学界长期关注的热点问题，不同学派分别从各自的视角来阐释企业成长规律，试图去解释企业成长的差异。本节将这些理论分为以下几类进行梳理。

1.2.1　企业外生成长理论

外生成长理论认为企业成长是外生性的，企业成长主要受外部因素的影响。值得注意的是，企业是被动地接受影响来实现成长的，尤其强调市场结构特征的决定性作用。外生成长理论认为内部影响因素是可以忽略的，所以基本上不考虑单个企业的内部影响因素。其代表理论有新古典经济学企业成长理论、新制度经济学企业成长理论和波特的企业竞争优势理论。

（1）古典经济学与新古典经济学观点

古典经济学理论认为，规模经济是企业成长的动力源泉。马歇尔在规模经济决定企业成长这一观点的基础上，引入了垄断企业、企业家生命有限性和外部经济这三个因素，整合稳定的竞争均衡条件和古典企业增长理论，并提出了内部经济和外部经济共同促进企业成长的观点。而新古典经济学理论认为，企业成长是企业调整产出以达到最佳规模水平的过程，即通过生产要素的优化组合，并根据边际收益等于边际成本来确定最优生产规模（陈琦和曹兴，2008）。该理论基于完全理性、信息充分、交易成本为零的假设，将企业作为一个抽象化的"黑箱"来分析企业的成长，认为外生因素影响企业的成长。

（2）新制度经济学观点

科斯是新制度经济学理论的代表人物，他在其著作《企业的性质》中指出，根据企业和市场截然不同的"交易"方式，市场交易是由价格机制协调的，企业作为价格机制的替代物，当市场交易成本大于企业内部管理成本时，企业随之诞生。威廉姆森系统地研究了交易成本理论，从资产专用性、不确定性和交易效率三个角度对交易成本进行了界定，并对企业的纵向整合进行了分析（张之梅，2010）。基于信息不对称、有限理性和机会主义的假设，新制度经济学分析了企业成长问题，这是对新古典经济学理论的继承和发展。然而，这一理论只强调了企业的交易性质，没有注意到实际问题，而且对企业成长的关注范围具有一定程度的局限性（付宏等，2013）。

（3）企业竞争优势理论

波特于1985年提出竞争优势理论，认为企业获得竞争优势的主要策略有三种，即成本领先战略、差异化战略和聚焦战略。波特后来建立了价值链理论，提出企业的竞争优势来自价值链的优化。他认为，企业所在行业的竞争结构在一定程度上决定了企业的竞争优势，企业应该在对其供应者、购买者、竞争者、替代者、潜在竞争者五种力量进行分析的基础上确定企业的竞争战略。

1.2.2　企业内生成长理论

企业内生成长理论是从企业内部因素的角度来研究企业成长的。该理论认为企业的成长具有内生性，内生性因素（资源、能力、知识等）决定了企业成长的程度和范围，是决定企业成长的主导因素。企业内生成长理论的研究取得了丰硕成果，主要包括内生成长理论的渊源、资源成长理论、企业能力成长理论、创新管理理论、创业理论。

（1）内生成长理论的渊源

亚当·斯密在其著作《国富论》中用劳动分工的规模经济来解释企业的成长问题，这是内生成长理论最早的来源。他提出了企业内劳动分工理论，认为劳动分工可以提高生产率，这是企业内生成长和效率提高的根源。马克思更进一步地研究了企业内部分工与成长之间的联系机制，认为专业分工和专业知识具有内部关系和社会力量。马歇尔基于企业内部职能部门之间的差异化分工提出了知识和内部技能的成长理论，该观点非常接近现代的资源基础观，也就是说，企业异质性来自企业内部职能分工中的知识积累和组织协调。

（2）资源成长理论

Penrose（1959）进一步发展了马歇尔的内部增长理论，把注意力集中到单个企业的内生成长过程，并建立了一个"资源—能力—增长"的理论分析框架，来分析企业成长的关键因素和企业成长机制，取代了原来的规模经济的研究视角。该理论认为企业成长具有内生性，不需要考虑太多外部因素。此外，他还指出，创新是企业成长的重要方向，产品创新和组织创新驱动着企业成长。

以 Barney（2001）的研究为代表的资源基础理论认为资源是限制企业成长的基础要素，重点强调稀缺的、难以模仿的、有价值的和不可替代的异质资源决定了企业成长的速度和边界。这种关键资源通过资源位障碍机制在企业发展中起着决定性作用，不仅决定了企业的可持续竞争优势，也是企业间成长差异的主要来源（余维臻和李文杰，2016）。Helfat 和 Peteraf（2003）指出企业资源具有动态性，企业的可持续增长是由企业资源的异质性和动态性共同决定的。关键资源对企业成长的积极作用已得到国内外学者的普遍认同。

由于存在"新创缺陷"，新创企业很难通过市场交易获取外部资源（Shane & Cable，2002）。根据传统的资源理论分析，新创公司因为不具备关键资源，所以很难在资源极度短缺的环境下生存与成长，这对传统的战略管理理论提出了新的挑战。从创业实践的角度来看，在我国后发与转型的经济环境下，由于缺乏完善的要素市场，导致资源往往难以获得和使用，大部分企业常因资源收购成本高而被迫放弃。在这样一个内忧外患的环境下，新创企业如何在严峻的资源约束下生存和成长？以 Baker 和 Nelson（2005）等为代表的创业学者对这个问题作出了解答，他们提出了创业资源拼凑理论，认为对现有资源的"将就"和重构是突破新创企业资源约束与应对新的创业机会或挑战的有效途径。从如何开发最优资源到如何充分利用现有资源，拼凑理论是促进新企业成长的新思路，它突破了传统资源基础理论所界定的资源异质性，拓展了传统创业资源获取与利用的应用和研究范畴。通过构建社会网络进行非市场化交换是资源拼凑的主要形式（Baker & Nelson，2005；Mair & Marti，2009；Desa & Basu，2013；梁强和李新春，2012）。

（3）企业能力成长理论

Hamel 和 Prahalad（1990）在资源基础理论的基础上提出了核心能力理论，该理论构建了"企业核心能力—核心产品—企业成长"的逻辑框架，指出不同企业的能力差异是造成绩效差异的根本原因。此外，他们还强调了学习的重要性，认为组织学习是形成核心竞争力最有效的途径。但值得注意的是，该理论仍然从企业内部因素的角度来解释企业的成长动机，对外部因素的重视不够，核心竞争力的"惰性"容易导致"刚性"问题。Teece 等（1997）提出了动态能力理论，动态能力被定义为企业集成、构建和重置企业内部与外部的"适应快速变化环境的能力"，并认为企业在运营中应考虑外部环境变化的本质特征，及时更新自身能力（董俊武等，2004）。Hitt 等（2012）认为动态能力是企业不断获取和更新竞争优势的重要原因。企业要适应环境的变化才能成长，只有不断进行改革和创新，才能在动态的环境中取得成功。

（4）创新管理理论

创新是企业成长的源泉。企业成长的本质是企业家将生产活动与可获得资源进行重新组合，来创造价值以实现利润的过程。自 Schumpeter（1934）提出企业成长就是不断创新的过程以来，创新研究开始逐渐渗透到企业成长的领域。Grossman 和 Helpman（1994）分析了企业的内生性成长，认为创新是一个由技术创新、知识创新、组织创新和制度创新组成的系统概念，有利于企业抓住机遇，快速响应市场变化。创新管理理论强调创新是创造全新的资源配置方式，是企业可持续发展的强大动力。世界上大量"长寿企业"通过创新实现业绩大幅增长的成功案例也有效地证明了这一理论的价值。各种形式的创新使企业内部的要素形成耦合，在推动企业成长的过程中发挥着不同的交互作用。技术创新为非技术创新创造了基础条件，非技术创新突破了技术经济学研究创新的边界和瓶颈，两者被视为共同演进的双轮，其互补与互动带动了企业内部多要素之间的交互，推动企业跨周期持续增长（汪建等，2012）。

对于新创企业如何在与在位企业竞争的过程中取得一席之地，甚至超越这一问题，颠覆性创新为其提供了新的路径。Christensen 等（2002、2015）认为，受到过去成功模式的约束，行业领袖企业只适合进行持续性创新，而不能有效地开展颠覆性创新。因为颠覆性创新所面对的市场利润偏低、技术不确定性大、风险较高，并且这种新型商业经营模式的前景还不明朗，而这恰巧是多数在位企业尤其是领袖企业所不愿承担的。所以通常来说，后发的新创企业对颠覆性创新的实施具有较高的热情（徐久香等，2014），特别是在不具备技术优势的产业和国家，像颠覆性创新等非单纯技术驱动企业成长的动力显得尤为重要。中国后发与转型的独特情境是否存在与发达国家发展殊途同归的路径这一问题引起了企业界和学术界的极大兴趣，有研究表明中国企业可以不必完全模仿发达国家的创新方式，甚至可以与其截然相反。具体而言，作为后发者的中国企业可以去探索技术创新之外的更适合新创企业的发展模式，例如更加关注市场中的颠覆性创新和商业模式创新等都是可能的解决方案（江诗松等，2012）。

（5）创业理论

创业活动的本质是创造价值并实现成长（Sexton et al.，1997），Shane 和 Venkataraman（2000）认为创业是创造新的经济活动的行为，对企业的成长起着决定性的作用。Davidsson 等（2002）通过对创业与企业成长关系的深入研究，认为创业即创建或产生新的组织（Carter et al.，2003），中小企业的创业过程实际上就是新创企业的早期成长过程。学者们分别研究了创业主体、创业行动与创业认知对新创企业成长的影响。第一，重点关注创业者特征（Gundry & Welsch，2001）、创业时机（Bamford et al.，2004）、创业网络（Manolova et al.，2007）、创业机会（Cassar，2006）、创业导向（Moreno & Casillas，2008）等与新创企业成长之间是否存在稳定的关系，探索与识别影响新创企业成长绩效的关键创业要素。第二，关注创业情境的不同对创业活动及企业成长影响的差异性，如制度情境（Majumdar et al.，2018）、外部环境、战略过程变量（Covin et al.，2006）等。Moreno 和 Casillas（2008）的研究则进一步证明了创业导向、战略、环境、资源和成长之间存在更为复杂的关系，创业的权变效应是这项研究关注的焦点。第三，将创业实践看成是将某些传统的资源和行为转化为企业成长动力的机制（苗莉，2005），创业是使冗余资源成为成长动力的重要中介机制。此类研究是通过新兴的创业管理理论与资源观、能力观等传统理论的交叉和融合来实现与发展的。管理学派使创业理论从对单一的创业者特质、创业机会的研究过渡到对创业认知与行为的研究，强调了创新是创业活动的重要标准，新的价值创造是创业活动的核心（Drucker，1985；刘兴国和张航燕，2020）。

1.2.3　新创企业过程成长理论

随着创业过程研究范式的兴起，新创企业成长过程问题逐渐引起学者们的关注与重视，并取得了许多富有见地的研究成果。现有对新创企业成长过程的研究主要从线性成长、非线性成长和过程机理三个视角展开（张敬伟，2013）。

其中以线性成长视角的研究成果最为丰硕。这一领域的研究构建了大量成长阶段模型，认为新创企业的成长过程是预设的，具有既定的发展顺序与相似的成长内容。该视角的研究通常把新创企业的成长过程划分为多个连续的阶段，通过分析不同阶段的主要问题或关键节点来预测创业团队在企业成长过程中可能面临的各种风险与挑战。这方面的代表性研究有 Grainer（1972）、Kazanjian（1988）、Garnsey（1998）、Vohora et al.（2004）等。

非线性成长视角的研究虽然也关注新企业成长关键事件的时间顺序，但是认为由于新创企业个体的差异性，且它们的成长和发展都存在着路径依赖，没有普遍、既定的顺序可循，故并不存在具有普适性的序贯阶段成长模式。该视角的研究者还提出，新创企业成长是创业者及其团队认知调适和学习的结果，存在非目的性成长和非线性成长的可能性。这方面的代表性研究有 Andries 和 Debackere（2006）、Ambos 和 Birkinshaw（2010）等。

本书基于过程机制的角度，通过构建富有洞见的新构念或新解释逻辑来探究新企业成长这一复杂现象的成长过程机制。这类研究特别强调创业者在经济建设中的意愿和能力，认为新创企业成长的关键在于创业者及其团队基于现有资源的主观经济建设。在与环境的互动过程中，新创企业往往通过寻找或创造适合自身生存和发展的有利环境来获得成长。这方面的代表性研究有 Sarasvathy（2001）、Sarasvathy 和 Dew（2005）、Baker 和 Nelson（2005）等。

1.2.4　网络化成长理论

（1）网络化成长理论的形成

各个学派从不同角度对企业成长理论加以阐释，由外生成长到内生成长，由线性模式到非线性模式，极大地丰富了对新创企业成长的研究（陈玉娇和覃巍，2017）。成长理论的持续性演进之一表现为由外生成长到内生成长的研究。新古典经济学将企业生产视作函数关系，未能解释企业边界、企业结构等问题，也未能打开企业"黑箱"。外生成长理论将企业视为同质化的经济组织，因而不能解释单个企业成长的差异性。在后续的研究中，学者们更多地将视角转移到企业内生成长机制方面，提出了资源观、管理者特质理论、企业制度变迁理论以及演化经济学理论等，关注资源、管理、制度、生存环境演化等企业成长的影响因素。这些构成了网络成长理论演进研究范式的理论传承源。成长理论持续性演进之二表现为由线性成长机制到非线性成长机制的研究。早期企业成长的分工理论、交易费用理论、生命周期理论、工商管理理论、经济变迁理论、资源观理论等，虽从不同视角研究企业与环境的关系，但都倾向于将其关系简单线性化。随着协同论、系统论等科学理论和方法被运用到企业成长的研究中，简单的线性方法已经不能准确解释企业成长过程中各要素的相互作用，而非线性成长机制则逐渐被学者们普遍接受。非线性成长机制强调网络或系统思想，也构成了网络理论演进传承源。

随着经济全球化的加剧，企业间的竞争由传统的零和博弈转变为竞合正和博弈（Best，1990）。在这种"新竞争"环境下，企业很难只关注外部环境或只依赖自身内部资源谋求成长（邬爱其，2005）。随着 20 世纪 70 年代各种网络化组织的涌现，企业网络已经成为介于科层制与市场之间的交易治理模式，是企业识别、获取和利用外部资源的重要方式。通过建立企业间正式和非正式的网络关系来寻求网络化成长成为在复杂的全球化商业环境下企业重要的新成长方式与策略（Contractor & Lorange，1988；Peng & Heath，1996；邬爱其和贾生华，2007）。随后，网络化成长逐渐成为企业成长理论的重要分支（吴波，2007）。

相对于发达国家而言，处于后发的新兴经济体国家由于制度与市场的不完善，新创企业面临资源约束、知识产权、合法性、高权力距离以及大量不良竞争行为等困境（蔡莉和单标安，2013），使得企业很难直接在市场上获得所需的独特资源。因此，网络便成为后发新兴经济体国家新创企业获取资源最重要的途径（Li & Zhang，2007；Sheng et al.，2011）。网络作为正式制度支持的非正式替代品，用于弥补不完善的正式制度，在后发新兴经济体国家新创企业成长背后发挥着重要作用（朱秀梅和李明芳，2011；Peng et al.，2018）。这种独特情境下新创企业的成长方式，用传统的内生与外生理论很难解释，这也导致出现了基于网络的增长模式，一种融合了内生成长与外生成长的混合模式（Peng & Heath，1996；Peng et al.，2018）。网络化成长作为一种制度因素区别于西方发达国家企业的成长特征（Peng & Heath，1996），将彭罗斯开创的研究推向了新的高度（Peng et al.，2018）。近几十年的发展实践证明：网络化成长已成为后发新兴经济体新创企业成长的典型特征（李新春，2002；罗兴武，2016；Peng et al.，2018），网络如何帮助中国的新创企业获得成功是一个关键的研究问题（郭韬等，2021；Su et al.，2015；宋晶和陈劲，2019）。

（2）网络化成长的概念体系与理论逻辑

企业的成长无一例外地嵌入在现实的社会中，必须与其他组织进行物质、信息和能量的交换（卢政营等，2013）。学界与业界达成的共识是不能孤立地看待企业的成长，网络成为解释企业成长复杂现象的有力工具（张宝建等，2011）。Christensen 和 Raynor（2003）认为新创企业能够快速成长甚至颠覆传统企业巨头的原因在于，它们更容易构建有别于传统企业的价值网络。网络化成长是指单个企业与其他组织建立正式或非正式的合作关系，借助这些网络关系迅速获取、整合和利用网络资源，使网络资源与企业内部资源的整合成为企业成长的基本动力（邬爱其和贾生华，2007）。网络化成长理论吸收了外生成长、内生成长和非线性成长机制的理论精华，是对原有理论的集成与补充（陈玉娇和覃巍，2017）。它强调了：第一，企业与外部环境存在非线性网络关系。企业网络是社会网络的一个子集，以非线性组织节点替代个人节点，它的重点在于结构方式重构与社会资本再生。第二，企业网络的动态性、协同性、演化性。网络的形成是一个动态演化过程，在不同生命周期阶段表现出不同的特征，并在各网络成员之间产生了较强的协同效应。第三，重视资源在网络内的流动和重组从而达到扩张与共享效果。第四，在构建网络过程中需要考虑交易成本。网络化成长理论是对新古典经济学、演化经济学、生命周期、资源依赖观、新制度经济学等理论的融合与发展，倡导内部资源与外部环境动态匹配的企业成长机制观（邬爱其和贾生华，2007）。

网络化成长概念清晰地描述了网络化成长的本质动机，管理理论则进一步从不同视角阐释了网络化成长的理论逻辑与整体解释框架（Eveleens et al.，2017）。具体介绍如下。

①基于资源基础观（resource-based view，简称 RBV）的视角

RBV 认为独特的资源与能力是企业竞争优势的源泉，企业构建网络的重要动机就是获取企业边界之外的网络资源，借助这些外部资源提高企业内部冗余资源的利用率，打破企业资源的边界障碍，为企业持续成长提供强有力的

资源保障。同时，要想从共享的资源中获益，需要企业具备吸收能力（Wang & Ahmed，2007）、网络能力（Walter et al.，2006）以及管理共享资源的关系能力（Lavie，2006）。吸收能力是指一家企业在认识到新的外部信息的价值后，吸收并将其应用于商业目的的能力。网络能力是启动、维护和利用与各种外部合作伙伴关系的能力。管理共享资源的关系能力是与合作伙伴形成和保持有价值的互动关系的能力。如果没有这样的能力，网络的潜在利益就无法得到充分利用。由于企业所处的网络特征不同，企业可摄取的网络资源的数量、质量也就不同，进而导致内部资源相同的企业也会拥有不同的成长能力。因此，基于资源观的视角，网络化成长研究呈现出"网络—资源—能力—成长"的范式。

②基于知识基础观（knowledge-based view，简称 KBV）和组织学习（organizational learning，简称 OL）的视角

知识基础观认为，知识是决定企业绩效的最关键资源，因为其他资源更容易转移，它们不能给企业带来持久的优势（Grant，1996）。组织学习可以看作是获取、传播、解释和构建这些关键知识的过程（Dodgson，1993）。网络可以在获取和解释知识方面发挥重要作用（Eveleens et al.，2017）。从外部组织获取知识对新创企业的发展而言变得越来越重要，这些企业往往无法在内部生成创新所需的所有知识（Huggins & Thompson，2015）。首先，网络是知识学习的潜在源泉，也被认为是新创企业创造、维持创新和竞争力的潜在重要资产（Lechner & Dowling，2003），是创新和成长的关键来源（Huggins & Johnston，2009）。其次，在创业环境中，网络充当促进知识流动的渠道与传播媒介（Huggins & Thompson，2015）。这些组织间的网络涉及企业之间的互动、关系和联系，并且可能通过组织间流动的方式获取新技术、技能或专业知识（Ahuja，2000）。这种互动方式提升了组织学习的能力与效率，有助于开展创新协作，可以对捕捉到的市场机会做出更敏捷的反应，加快产品开发速度，赢得先行的市场优势和技术，从而开拓新的成长空间。最后，根据知识基础观与组织学习观，认为企业嵌入网络化成长不仅可以获得异质性信息与技术能力，还可防范和降低机会主义行为（Burt & Knez，1995），信任机制可以提高知识技术共享的意愿，凸显"共享—知识—创新—效率"的网络化

成长逻辑。

③基于社会资本理论（social capital theory，简称 SCT）与嵌入观的视角

社会资本被视为由社会关系结构产生的善意，可以被动员起来促进行动（Adler & Kwon，2002）。它被广泛应用于社会学和管理学（Adler & Kwon，2002）等更广泛的领域，包括创业（Stam et al.，2014）。创业中的 SCT 假设，他人对创业者的积极态度可以提高信息和知识的获取效率，对其他行为者的权力、归属感产生影响。根据嵌入观，企业网络表现为一系列"内容网络"之间的关系嵌入、交织与混合，是不同类型社会网络的子集，并形成依赖于内容和嵌入关系的"嵌入—关系—行为—优势"的网络化成长机理（Holm et al.，1999）。社会资本嵌入到与他人关系中的特点决定了社会资本的水平（Nahapiet & Ghoshal，1998），主要由三个维度构成。

首先，结构维度指的是行动者在网络中的位置（Nahapiet & Ghoshal，1998），主要表现为网络的中心性与结构洞，二者分别以不同的方式影响社会资本。中心性更易形成高度的"闭合"，增强了彼此的信任，减少了机会主义行为。结构洞可以从原先没有关联的行动者那里获得独特的信息（Burt，2004）。这两种方式都与企业业绩有关，但对于初创企业来说，有限的"闭合"具有更强的效果（Stam et al.，2014）。

其次，关系维度指的是关系的强度（Granovetter，1973；Nahapiet & Ghoshal，1998）。牢固的关系在情感上是有基础的、亲密的，包括友谊、感激和尊重。这些关系是可靠的，暗示着高度的信任，并能够带来好处，但维护成本高昂。弱关系是有价值的，因为它们的维护成本相对较低，而且它们通常会将不同背景下的参与者联系在一起，以持有不同的信息。综上可知，弱关系和强关系都可以带来社会资本收益。有学者认为，对于新创企业而言，弱关系和强关系之间的平衡比例很重要（Stam et al.，2014）。

最后，同质性维度指的是不同行动者在他们所知道的、所拥有的和所想的方面的相似程度（Stam et al.，2014）。这种关系的同质性维度以两种截然不同的方式影响社会资本。一方面，社会资本的收益来自高度的同质性；另一方面，社会资本产生于低程度的同质性，因为这些联系提供了获得替代资源和替代认知解释的途径（Nahapiet & Ghoshal，1998）。对于高科技行业的

初创公司来说，低程度的同质性与业绩会更紧密地联系在一起（Stam et al.，2014）。

综上所述，网络化成长的实质就是企业通过所嵌入的网络识别、获取和利用网络资源的过程，同时伴随着商业机会识别和促进企业开展创新活动以驱动企业成长的过程，主要内容涉及企业所嵌入的网络特征、所获取的网络资源以及企业成长三个方面。由于网络特征决定了网络资源内容，所以企业网络化成长研究的核心问题就是探究网络特征与企业成长之间的关系（Peng et al.，2018）。本书对企业成长理论进行了梳理汇总（见表1-1）。

表1-1　企业成长理论综述

学科	研究流派	主要观点	代表性人物与文献
经济学	古典、新古典经济学	分工提高效率、追求规模经济或范围经济是企业成长的原因	Stiglitz（1996），Nelson和Winter（1982），杨小凯（1994）
	新制度经济学	企业成长的原因是为了节省成本，创造交易费用学说	Coase（1993），Williamson（1993）
	后凯恩斯主义	增长率最大化为目标假设，为企业构建了一个将产量决策、投融资决策和定价决策融为一体的成长模型	Galbraith（1984），Lavoie（1992）
	企业制度变迁	强调企业内部的行政协调机制的同步发展对企业成长的重要性	Chandler（1987），Nelson和Winter（1982），Lotti等（2001），徐艳梅（1999）
管理学	资源基础观	内部资源制约企业的发展速度，形成内生成长代表性理论	Penros（1959），Barney（2001），Hitt等（2012），杨杜（1996），方世建和黄明辉（2013），黄昊等（2020）
	核心能力与知识观	企业本质上是以整合各种资源、技术为核心的能力体系，隐藏在背后的知识决定竞争优势	Demsetz（1988），Hamel和Parahalad（1990），Teece等（1997），张永安（2009），黄昊等（2020）
	产业组织理论	竞争是企业成败的核心所在，竞争优势是推动企业成长的主导力量	Porter（1998，2010），Rumelt等（1991）
	创新管理理论	创新就是创造全新的资源配置方式，同时也是企业成长的强大动力	Schumpeter（1934），Hoskisson等（2004），汪建等（2012），陈劲和孙永磊（2016），祝振铎和李新春（2016），陶小龙等（2019），王丽平和代如霞（2020），柳卸林等（2017）

续表

学科	研究流派	主要观点	代表性人物与文献
管理学	组织学习理论	企业是一个不断反馈的环路系统，存在促进企业成长的增强环路和抑制环路	Deakins 和 Freel（1998），Aldrich（2003），Levinthal 和 Rerup（2006），付宏等（2013），许晖等（2013），陈逢文等（2020）
	生命周期理论	企业有其产生、成长、成熟和死亡的过程。代表性观点有线性、非线性、过程成长机理	Ambos（2010），Phelps（2007），韩炜（2010），王丽平和金斌斌（2020），马宇文等（2020）
跨学科	社会、创业（企业家）网络	网络正演变为创新创业研究的一种范式与工具。社会网络融入创业情境，创业者特质嵌入社会网络，形成创业网络与企业家网络	Granovetter（1973），Burt（1992），Adler（2002），Birley（1985），邬爱其和贾生华（2007），张玉利等（2008），魏江和徐蕾（2014），解学梅（2015），任兵等（2016），单标安等（2015），韩炜和杨婉毓（2015），芮正云等（2016），王海花等（2019），黄钟仪等（2020）

1.3　颠覆性创新理论的发展

Christensen（1997）在已有技术创新研究的基础上（见图 1-1），出版了影响深远的《创新者的窘境》一书，首次全面而详细地提出了颠覆性技术的基本理论。之后，Christensen 和 Raynor（2003）出版了另一本书《创新者的解答》，旨在指导现有企业利用从持续竞争的范式中开发出的颠覆性技术来破解创新者困境。在这本书中，他们用"颠覆性创新"一词取代了颠覆性技术，拓宽了该理论的应用范围，不仅包括技术产品，还包括服务和商业模式的创新，大致分为低端颠覆和新市场颠覆创新：低端颠覆是指在原始价值网络的低端供给利润最低和服务过度最多的客户；而新市场颠覆则聚焦于潜在而非现有的客户，并创建了一个新的价值网络，自此引发了颠覆性创新研究的新热潮。

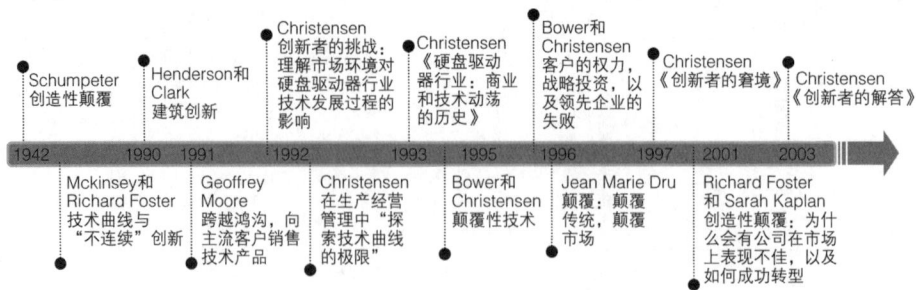

图 1-1 颠覆性创新理论演化过程

资料来源：根据相关文献整理而得。

1.3.1 颠覆性创新定义与内涵

颠覆性创新理论最早是由 Christensen（1997）在其著作《创新者的窘境》中提出的。在解释为什么占主导地位的老牌公司会在与硬盘行业的新进入者的竞争中失败时，他提出了"颠覆性技术"的概念，主要是指拥有较少资源的企业一开始定位于非主流的客户，提供与主流技术不同的价值，以低端市场或者未被满足的新市场为切入点，随着时间的推移和技术的进步，新技术慢慢地超过了特定市场上的主导技术，通过其产品或服务性能的提高不断侵蚀甚至颠覆现有市场的过程（见图 1-2）。颠覆性技术的概念表明，获胜的技术不一定是激进的或尖端的，一个占主导地位的设计是通过社会、经济和政治的谈判与选择过程产生的，那些率先采取行动采用后来占主导地位的技术的公司通常会成功，而那些拒绝采用这些技术的公司则很可能会失败（Nair & Ahlstrom，2003）。后来，颠覆性技术的概念被扩展为更广泛的概念，称为颠覆性创新，它不仅指技术上的颠覆，还包括产品和商业模式等其他方面的颠覆（Christensen & Raynor，2003；Hang et al.，2015）。但总体而言，这些演变仍然符合颠覆性技术的原始定义（Alberti-Alhtaybat et al.，2019）。从现有文献来看，主要从以下几个方面进行界定。

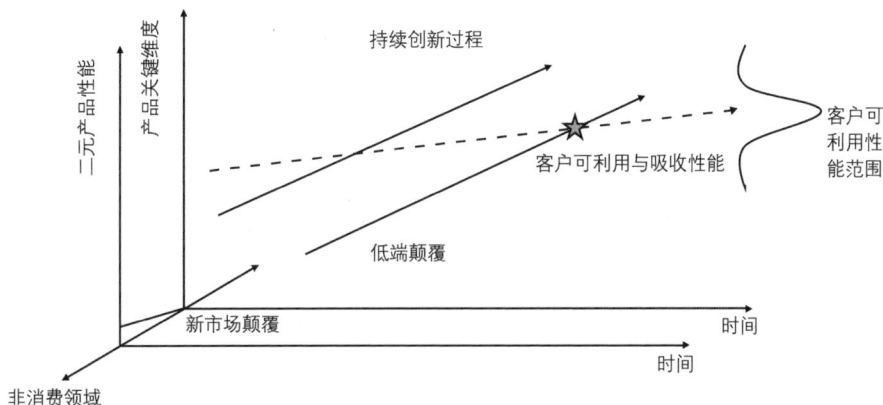

图 1-2　颠覆性创新模型

资料来源：Christensen C M. The innovator's dilemma when new technologies cause great firms to fail[M]. Harvard Business School Press, 1997.

（1）技术与产品角度

克里斯坦森认为颠覆性创新是通过引入与现有产品相比具有完全不同功能属性组合的产品或服务，吸引非主流市场上比较宽容的消费者，并在此基础上通过技术的不断改进来赶追与超越在位企业，即使用新产品和新技术来拓展市场。季丹和郭政（2009）认为，在技术、产品、市场、竞争四个方面，颠覆性技术与一般技术有着显著的区别。

颠覆性技术相对于产业现行通用的主导技术范式而言是建立在一整套完全不同的科学技术原理之上，或采取完全不同的技术实现路径，且具有更优的技术特性的技术。在位企业没有关注到新兴市场极具竞争力的新兴技术，因而把所有资源集中在当前主流技术的创新和推向高端市场的过程上，导致最终"超越"了大多数客户的需求。在位企业低估或忽视颠覆性创新技术的价值为新创企业的产生和发展创造了机会，同时也为新创企业提供了一条较为完整的颠覆性创新路径（王志玮和陈劲，2012）。

（2）产业与市场角度

在产业领域，颠覆性创新概念的组成要素重点在产品的性能创新和突破，形成开拓性产品，进而引起产业的重新洗牌，甚至改变主流市场，主要因素是市场的自由选择，由此带来的效应是产品的升级换代（刘媛筠，2017）。从产业层面看，Christensen 和 Overdorf（2000）认为颠覆性创新属于一种不连续的创新，它只有在实现了颠覆性技术和颠覆性商业模式的结合后才能获得成功。Crockett 等（2013）指出颠覆性创新是企业进行非主流市场入侵的一种选择，而这一过程需要依靠市场细分、产品定位、消费者偏好分析等具体情境选择来实现外部驱动因素。寻找未来市场、确定市场定位的类型，是颠覆性创新活动成败的关键（Govindarajan et al.，2011）。

（3）战略与商业模式角度

Kenagy 和 Christensen（2002）认为颠覆性创新是一种战略工具，是成功的新术语。借助该视角能够审视人们的观点以及观点形成的环境，并使之更好地服务于增长和扩张。Thomand 和 Lettice（2003）认为创新是一项成功的开拓性产品、服务或商业模式。其中，商业模式是一个将技术进行商业化，以及创造经济价值的过程（侯赟慧和杨琛珠，2017）。Christensen 和 Raynor（2003）将新市场中断的概念引入商业模式中，对其响应策略进行了全面的检查，并从性质的角度将"颠覆性技术"拓展成"颠覆性创新"这一更为精准的术语，将颠覆性创新分为低端颠覆和新市场颠覆（见图 1-2）。Marx 等（2014）指出颠覆性技术的商业化始于与现有企业的竞争，然后转向合作。当初创企业的创新涉及潜在的颠覆性技术时，现有企业可能会对合作商业化持谨慎态度。Kapoor 和 Klueter（2020）提出颠覆性创新可以通过现有企业运用商业手段实现，商业模式不仅包括内部价值网络的相互关系，还强调了企业与外部利益相关者之间的协同合作。刘媛筠（2017）认为颠覆性创新概念的组成要素重点是在重大技术创新的基础上，形成科技与经营模式的创新，进而带来产品成本的大幅缩减或者挑战主流市场以形成新的商业模式。虽然这一变化的主导因素仍然是市场的自由选择，但由此带来的效益是产业链的变革以及整个商业模式的创新。

虽然国内外学者从不同视角对颠覆性创新的概念进行界定，但依旧存在以下共同点：第一，从本质上看，颠覆性创新是一种区别于传统的渐进性与突破性创新的新型非连续性、节约型创新（Christensen，1997；王志玮和陈劲，

2012）。第二，从形成过程来看，它提供了与主流产品不同的性能组合与价值曲线，摆脱了现有技术轨迹，开辟了新的路径，其核心是价值网络（Christensen et al.，2006）。第三，从需求的角度来看，需求曲线偏离了行业主流用户的需求性能提升轨迹，引入了低端用户或新用户看重的绩效属性（张枢盛和陈继祥，2013）。第四，从创新类型看，颠覆性创新并不单指技术创新，还包括商业模式的创新，但其往往被成熟企业所忽视，从而为后发国家新创企业获得跨越的"机会窗口"和超越发达国家提供了新的思路（吴佩等，2016）。第五，从效果来看，颠覆性创新往往会改变市场规则和竞争态势，甚至重构整个产业秩序（Kohlbacher & Gruenwald，2011；吴佩等，2016）。

1.3.2　正确理解与识别颠覆性创新

目前，颠覆性创新得到了越来越多的研究人员和实践者的认可与极大关注。然而，由于克里斯坦森只是松散地定义了这一术语（Week，2015），故颠覆性创新概念往往被主观地解读和判断。一些研究只关注克里斯坦森原始研究模式的某个或几个具体方面，而忽视了其他方面，这导致了学术研究和实践中的误解与混乱（Hang et al.，2011）。"颠覆性"这模棱两可的概念也很容易使其他类型的创新被误认为是颠覆性创新（Christensen et al.，2018；Molina-Morales et al.，2019）。颠覆性创新理论现在面临着两难境地，因为该理论的核心概念和基本内涵不仅被广泛误解，而且该理论经常被误用。颠覆性创新概念的不明确性不仅在一定程度上阻碍了这一理论的发展（Cozzolino et al.，2018；Danneels，2004；Govindarajan & Kopalle，2006），而且管理者可能会以错误的方式使用该理论，造成他们对面临情况的误判，导致他们成功的机会减少（Christensen et al.，2018），并使颠覆性创新理论有效性逐渐被贬低（Christensen et al.，2015）。因此，明确什么是真正的颠覆性创新至关重要，尤其是对于颠覆性创新理论引进不久的中国而言，准确理解与把握颠覆性创新的特征和内涵，对于进行中国情境下的颠覆性创新研究与实践具有特别重要的意义（陈卉等，2019）。

（1）正确认知颠覆性创新

为了更加系统地了解什么是颠覆性创新，Si 和 Chen（2020）通过对 20 多年来在 SSCI 期刊上发表的关于颠覆性创新理论的文献进行系统的梳理和分析来追溯理论的本源，发现现有文献主要聚焦于以下四个方面。

第一，基于具体创新内容视角。主要包括：一是颠覆性的商业模式创新专注于建立一种新的活动（Gilbert & Bower，2002；Markides，2006），与现有业务模式相比，该系统以前所未有的方式配置新的合作伙伴和活动（Snihur et al.，2018）。它颠覆了既定的模式并重新定义了价值创造和获取的意义（Cozzolino et al.，2018）。二是颠覆性技术创新侧重于开发一种主流市场不看重的、更简洁的、更便捷的技术进入小众市场或新市场，然后逐步改进技术，最后从小众市场或新市场流入主流市场（Christensen，1997；Danneels，2004）。三是颠覆性产品创新专注于开发更简单、功能更少、更便宜但"足够好"的产品来服务于被主流产品忽视的市场（Christensen & Raynor，2003；Govindarajan et al.，2011）。四是颠覆性战略创新是一种针对劣质产品和利基市场的战略模式，它与传统的创新战略截然不同，甚至经常发生冲突（Charitou & Markides，2003）。

第二，基于过程进化视角。它强调颠覆性创新并非一个单次的事件或具体的结果，而是一个进步的完整过程（Christensen，2006；Christensen & Raynor，2003；Govindarajan & Kopalle，2006；Hang et al.，2011）。任何过程要素的缺失或错误都会否定创新具有颠覆性的地位，其核心观点是，因颠覆性创新创造的产品或服务最初在被当前主流客户看重的性能属性方面表现较差，故往往被在位企业低估和忽视。然而，这类产品或服务在其他维度有更好的表现，而这些表现被主流客户和老牌公司所忽视，但受到了其他客户群体的重视。因此，这些产品或服务会吸引这些新的客户群体。然后，随着时间的推移，颠覆性产品或服务的属性逐渐提高到一定程度，它们最终会吸引主流客户，从而逐渐从现有公司手中夺取主流市场的市场份额，甚至取代现有公司的主导地位（Guttentag，2015；Guttentag & Smith，2017）。

第三，基于效果视角。从这个角度产生的定义通常是分散的，不能系统地分类或整合。例如，根据 Christensen 和 Bower（1996），Ruan 等（2014）的观点，颠覆性创新是指颠覆一个行业业绩提升的既定轨迹或重塑业绩含义的

创新。Baden-Fuller 等（2006）提出，颠覆性创新是新业务的一个子集，它直接威胁到了已有的在位企业，使新进入者能够以比现有企业更低的成本提供产品或服务。Ramani 和 Mukherjee（2014）认为颠覆性创新是一种产品、流程或商业模式的新设计，可以改变整个行业。Wan 等（2015）认为，挑战市场上现有价值主张或商业模式的创新可能是颠覆性的。Kostoff 等（2004）认为颠覆性创新是一种能够带来重大改进并能更有效地提高单位绩效的创新。Sherif 等（2006）认为颠覆性创新是一种新颖的想法或行为，当引入组织时会导致工作流程的结构发生巨大变化。Padgett 和 Mulvey（2007）则认为，如果一项创新改变了主流客户使用的产品，那么它就是颠覆性的。可以看出，此类定义彼此不同，比较混杂而且零碎，不能实现系统的一致性，多为研究者基于各自的研究目的而做出的定义。而且从效果来看，一种创新可能对一个行业而言是持续性的，而对另一行业而言则是颠覆性的（Si & Chen，2020）。

第四，基于关键特征视角。Christensen 等（2015）、Yu 和 Hang（2010）指出颠覆性创新的主要特征是：一是以一种新的方式锁定客户；二是通常降低毛利；三是通常不遵循主流消费者看重的提高绩效的传统轨迹；四是引入新的性能轨迹并且沿着与传统不同的途径提高性能。Govindarajan 和 Kopalle（2006）也指出了颠覆性创新的四个标准：一是主流消费者看重的属性表现不佳；二是提供新的价值主张以吸引新的细分客户或对价格更敏感的客户；三是以更低的价格销售；四是从利基市场渗透到主流市场。此外，King 和 Baatartogtokh（2015）总结出颠覆性创新理论的四个关键要素：一是在位企业沿着持续创新的轨道不断改进；二是在位企业超越了客户的需求；三是在位企业认为他们有能力应对颠覆性威胁；四是创新的结果是在位企业最终面临挣扎求存的困境。

由此可见，对颠覆性创新的理解有不同的视角与观点，但基于过程与特征视角的观点最能被学者普遍接受（Si & Chen，2020）。第一种认知视角基于颠覆性创新的具体活动，是学者们根据其具体的研究目标和研究过程而采用的一种细分定义，保留了颠覆性创新的基本特征。Si 和 Chen（2020）建议在颠覆性创新的研究中可以采用这三种认知视角。然而，目前造成颠覆性创新概念混乱的主要原因在于第三种视角（即基于其效果），因为仅仅基于其影响而言，颠覆性创新不一定是颠覆性的，也可与在位者共存（Reinhardt &

Gurtner，2015）。这一视角认知的准确性和适用性仍有待讨论。总之，尽管基于颠覆性创新效果的视角造成了混乱，但认知颠覆性创新的其他三种不同视角具有包含许多或大部分颠覆性创新基本特征的一致性。更重要的是，第三种颠覆性创新认知视角只是在前两个视角的基础上，对颠覆性创新活动进行了更详细、更具体的描述。因此，根据颠覆性创新不可缺少的特征和过程来界定与认知颠覆性创新，将是把握该理论真正内涵和影响的最准确方式（Si & Chen，2020）。因此，本书将颠覆性创新定义为技术、产品或服务最初在主流消费者看重的属性上逊于在位者，但它们能够吸引和满足非主流或潜在的消费者。随着时间的推移，通过技术或工艺的逐渐改进，颠覆性创新逐渐能够满足主流消费者的需求，从而从主流市场中获得一定的市场份额，甚至取代现有的市场份额。这一认知强调颠覆性创新是一个过程，而不仅仅是一个结果。颠覆性创新理论并不假设创新本质上是颠覆性的；相反，该理论强调颠覆性是它改变市场的过程（Dogru et al.，2019）。过程视角还强调了颠覆性创新过程中涉及的两个阶段（Cozzolino et al.，2018）。第一阶段是进入阶段，颠覆性创新在主流市场中被在位者忽视的未开发市场确立地位，以吸引在位者服务不足的消费者，从而赢得一定的市场份额（Hajhashem & Khorasani，2015）。第二阶段是转型阶段，颠覆性创新通过持续的技术或流程改进逐渐提高绩效属性，并通过有效的商业模式商业化，从而吸引主流消费者，最终在主流市场赢得一定的市场份额。当产品在主流属性上的性能已经提高到主流客户可以接受的水平，并且这些客户开始重视新的属性时，就会发生颠覆（Kamolsook et al.，2019）。

（2）颠覆性创新的必要特征与识别

基于对颠覆性创新文献的梳理与分析，并整合上述不同视角对颠覆性创新的定义和认知，得到最广泛讨论与认可的颠覆性创新的必要特征，具体为：第一，它是一个过程，而不是某些特定的结果（Ansari et al.，2016；Christensen et al.，2006；Lindsay & Hopkins，2010；Schmidt & Druehl，2008），所提供的产品或服务的属性将继续改善，直到它们满足主流市场中消费者的需求并逐渐渗透到主流市场（Crockett et al.，2013；Christensen et al.，2015）。第二，最初的目标是专注于低端市场或新市场（Christensen et al.，2015；Govindarajan &

Kopalle，2006）。第三，其产品或服务通常在性能属性上逊于现有产品或服务，这些属性是主流市场消费者更感兴趣和更有价值的，但它们能在目标市场的消费者所看重的属性上满足其需要，即"足够好"，如更便宜、更简单、更小且更便于使用（Christensen & Raynor，2003；Christensen et al.，2015；Corsi & Di Minin，2014；Crockett et al.，2013；Danneels，2004）。第四，它不是沿着现有的技术轨迹发展的（Bergek et al.，2013；Christensen & Bower，1996；König et al.，2012），而是遵循着"与其更好，不如不同"的发展理念。

因此，上述颠覆性创新四大特征不仅可以作为判断一项创新是否属于颠覆性创新的重要考量，而且也是颠覆性创新的判断、识别模式（陈卉等，2019）。如果一项创新满足上述四个必要特征，就可以认为其是颠覆性创新；如果完全不满足这四个必要特征，则为非颠覆性创新；如果仅部分满足这四个必要特征，则需要比较颠覆性创新与其他类型创新的特点，并做进一步的分析和判断，再给出适当的解释。

颠覆性创新必经两个阶段：一是进入阶段。颠覆性创新在主流市场中被在位者忽视的低端市场或新的未开发市场确立地位，以吸引在位者服务不足的消费者，从而赢得一定的市场份额（Hajhashem & Khorasani，2015）。二是转型阶段。颠覆性创新通过持续的技术或流程改进逐渐提高绩效属性，并通过有效的商业模式商业化，从而吸引主流消费者，最终在主流市场赢得一定的市场份额。当产品在主流属性上的性能已经提高到主流客户可以接受的水平，并且这些客户开始重视新的属性时，就会发生颠覆（Bohnsack & Pinkse，2017；Kamolsook et al.，2019）。这两个阶段都必须经历，因为这是颠覆性创新过程性的体现，其中转型阶段尤为关键，如果一项创新仅发展次要属性，而无主流属性的提升及产品的转化，则不能被认为是颠覆性创新。

参照对象的确定对于判断是不是颠覆性创新也非常关键（Linton，2009），如共享单车对于地铁、公交车等公共交通服务及出租车、网约车等经营性交通服务而言属于颠覆性创新，但是对于自行车租赁行业以及城市公共自行车而言则是持续性创新，原因在于共享单车并没有颠覆这些行业的技术发展轨迹，而是强化了原有的性能轨迹。

（3）颠覆性创新理论的争论与现实差距

除了定义与认知上的问题，颠覆性创新理论在学者和实践者之间也存在着一些争议。

第一个争议是关于颠覆性创新是否对企业有意义，尤其是那些在位企业是否应该主动响应或采用颠覆性创新（Charitou & Markides，2003）。虽然颠覆性创新理论的倡导者认为颠覆性创新是一种重要的创新战略，并且能够为企业带来令人难以置信的增长（Christensen et al.，2002），但是，相当多的研究表明大多数在位企业在实践中不会优先考虑颠覆性创新项目，因为这些项目似乎不符合经济逻辑。也就是说，大多数在位企业都有它们现有的商业模式和客户，在拥有有限资源和替代投资选择的情况下，投资于颠覆性创新可能不是它们的首选方案（Christensen et al.，2006；Epicoco，2016；Hang et al.，2015）。主要原因为：一是颠覆性创新在财务上对在位企业没有吸引力。因为颠覆性创新从现有市场获得的潜在收益非常有限，并且通常很难预测未来的潜在市场会有多大。此外，新兴市场通常太小，无法满足早期新产品的开发成本（Corsi & Di Minin，2014）。对于新的颠覆性创新项目来说，获得一定的市场份额和利润可能是一个漫长的过程（Bohnsack & Pinkse，2017）。二是公司管理者的惰性使得发起颠覆性创新项目更加困难（Lucas & Jie，2009），再加上利润潜力的不确定，管理者通常认为颠覆性创新不能对公司的成长做出有意义的贡献。他们将更倾向于选择结果灵活的方案，因为即使改革的最初结果不好，也能比较容易地恢复旧的现状。相比之下，新的颠覆性方法可能面临艰难的选择和不可避免的结果，比如在组织结构的巨大变化或新能力的开发中进行更大的投资，而这通常是相当不灵活且不容易恢复的（Osiyevskyy & Dewald，2015）。

针对以上争议，许多学者提出了不同的解决方案，如大型在位者可以建立独立的业务部门，从事一些潜在的、有利可图的颠覆性创新项目（Crockett et al.，2013；Osiyevsky & Dewald，2015；Wan et al.，2015），这样他们就可以减少潜在颠覆性创新的威胁。尽管这一解决方案的有效性仍存在疑问，但它是最受认可的解决方案之一。这是因为越来越多的案例表明，无论在位者愿不愿意，都不能忽视颠覆性创新的影响（O'Reilly & Binns，2019）。这种方法使在位者能够与不同的客户保持战略关系，并实现战略灵活性（Khanagha et

al.，2018）。此外，Marx 等（2014）提出了一种分两个阶段的商业化战略，即颠覆者首先建立其颠覆性创新项目的价值，然后与在位者合作将这些项目商业化，以保持在位者现有的市场领导地位。

第二个争议是颠覆性创新理论的预测有效性问题。现有关于颠覆性创新的研究主要从两个角度展开，即事后分析和事前分析（Guo et al.，2016）。预测一项创新的颠覆性可以避免一项创新的有害后果。如果管理者能够在这些技术扰乱市场之前发现颠覆性创新，那他们就可以采取行动，将潜在的市场扰乱转化为新的机会，或者至少防止组织失败（Nagy et al.，2016）。然而，许多学者和实践者怀疑颠覆性创新理论是否可以在各种情况下使用，因为它主要是基于对成功案例早期发展的事后经验证据的分析而形成的（Hang et al.，2011；Yu & Hang，2010）。到目前为止，颠覆性创新理论是否可以用于事前预测的问题在已有研究中还没有得到充分的解决（Christensen et al.，2018；Hüsig et al.，2005）。在位者还面临着是否能提前识别颠覆性技术威胁以便他们能够制定和实施及时战略的问题（Hüsig et al.，2005）。因此，Tellis（2006）提出了一个问题：如果只有在成功的颠覆性创新发生之后才会进行分析，那么我们如何评估颠覆性创新理论的预测价值？

随着颠覆性创新研究的深入，许多研究成果证实了颠覆性创新的合法性（Si & Chen，2020），颠覆性创新理论将得到进一步的修正和完善，从而为创新实践提供更有效的指导。然而，当前颠覆性创新研究还没有被广泛接受的有效框架与模型，它的有效性和普适性很少在学术文献中得到检验，现有研究还没有为这一理论提供确凿的证据（King et al.，2015）。虽然一些学者已经开始加大定量研究的力度，但从总体上看，关于颠覆性创新的研究目前主要是案例分析和定性研究，还没有建立系统的量化研究范式或框架。在这种情况下，本书强调，当我们把颠覆性创新视为最重要的管理理论之一时，它会像许多其他理论一样，最终取决于出现与应用的背景，这也说明它并非一种完全普适的超然理论。许多研究者认为对于尚未处于市场主导地位、打算以不同的方式突破现状的企业而言，颠覆性创新可能是有效的策略之一（Si & Chen，2020）。因此，未来的研究应尝试建立颠覆性创新的一般量表或模型，以实现定量研究，增强理论的可预测性，使其成为创新研究和管理的有效途径（Si & Chen，2020）。

1.3.3 颠覆性创新影响动因

（1）内部影响动因

颠覆性创新内部影响动因主要从以下几个视角展开：第一，人力资源，包括管理者和员工。对管理者而言，Henderson（2006）指出高管们往往不理解颠覆性创新的价值，因为他们的愿景受到当前经验的限制。有些学者从员工视角来探讨企业颠覆性创新的成败，Christensen 和 Bower（1996）认为从一线员工那里获取的建议要比从咨询与业务发展战略部门获取的信息更有价值，且有较高风险偏好的团队成员更易进行颠覆性创新。第二，组织文化。研究表明，颠覆性创新这样重大的变革发生时，组织文化会产生巨大的、难以克服的文化惰性。因此，新创企业的冒险精神、灵活性与创造性更有利于颠覆性创新的开展。第三，资源配置。管理者依赖资源配置，经常使用旧的评估标准来评估颠覆性创新项目。所谓的资源依赖是指该公司将专注于现有业务，将资源投向资源已经很充足的业务，希望做得更好，以至于在公司面对技术竞争威胁时，应对的方法不是开发新技术而是继续加强老客户正在使用的技术，因此错过了颠覆性创新的机会。未能在财政上支持潜在的颠覆性项目是颠覆性创新的一个主要障碍（吴佩等，2016）。第四，组织结构。大量研究表明，小企业在颠覆性创新方面所取得的效果比大公司更好（张枢盛和陈继祥，2013）。Yu 和 Hang（2010）认为，开放式创新是管理后发情境下新创企业颠覆性创新的主流范式。新创企业虽然具有潜在的颠覆性创新技术，但往往缺乏相应的资源，通过创业网络整合内外部资源、探索不同的合作方式是新创企业进行颠覆性创新的最佳途径（Claude-Gaudillat & Quelin，2006）。

（2）外部影响动因

颠覆性创新外部影响主要集中在情境与市场需求两个方面。情境对企业创新能力与绩效的影响一直被广泛关注，处于不确定性与动荡性情境下的企业更倾向于选择颠覆性创新，因此可以认为环境动荡性与颠覆性创新正相关（Hurmelinna-Laukkanen et al.，2008）。当今社会，单一的技术创新推动的线性模式以及越来越难以商业化的外部价值网络的关系，对于颠覆性技术与产品的商业化而言是非常重要的（Myers et al.，2002），创新已从技术创新的单一线性模式演变成了复杂多变的网络化模式。

创业者不仅要关注技术变革会导致公司资源过时的问题，还要关注网络对象，包括客户、供应商、盟友、政府机构等，以及公司自身之外的愿景（Afuah，2000），同时考虑颠覆性创新对不同产业的适用性（Danneel，2004）。战略环境的剧烈变化不仅会使现有的大型企业失去原有的战略优势，而且会使这些优势存在的前提条件不复存在。技术和商业模式的变化导致了新价格体系与销售模式的出现，这为后来者创造了重要的机会。技术的变化最终会导致市场的变化和新旧企业之间的替代。新创企业成长路线呈现出"创业—瞪羚—独角兽—龙头企业"的非线性成长特征，现实中新创企业创建、发展、壮大并超越在位大企业，甚至成为各个行业领袖企业的例子屡见不鲜。

市场需求是影响企业颠覆性创新的另一重要因素。许多企业会忽视新技术的发展并非因为没有开发新技术的能力，而是他们很难将技术优势、市场地位、市场需求和变化联系起来。Henderson（2006）认为，颠覆性创新公司的失败是由于缺乏相应的能力，而不是只关注高利润的业务和当前主流市场。也有企业发现了低端市场和新市场的需求，却由于缺乏足够的市场容量而放弃。由此可见，虽然找到市场和深入了解客户的需求是很重要的，但是没有能力为新技术找到新的市场是一个公司创新的最大弱点。现阶段的中国具有大量位于金字塔底部的市场资源，这为培育颠覆性创新提供了最丰饶的土壤，也为新创企业的发展开启了"机会窗口"。在新经济时代，随着各类创新资源的加速流动，不仅逐渐形成了传统产业颠覆式变革，引领着区域跨越式发展，也推进了以瞪羚企业、独角兽企业为代表的颠覆性新兴产业的产生，成为带动新经济快速增长和经济转型升级的引擎（马文良，2017）。

1.3.4　颠覆性创新组织模式

国内外理论界对颠覆性创新的组织模式设计方面论述比较少，主要是基于技术创新的研究范式，包括传统的一元性组织、二元性组织、泛二元性组织，组织能力决定了企业内部和外部资源的获取与利用水平，影响着企业的创新实践（见表 1-2）。

表 1-2　一元性、二元性、泛二元性组织比较分析

	一元性组织	二元性组织	泛二元性组织
创新类型	渐进性创新	渐进性和突破性创新	渐进性和突破性创新
组织结构柔性化	固化、刚性组织	已分离出创新小组	组织柔性较低
组织文化	渐进性创新文化	渐进性和突破性文化并立	注重培养突破性创新文化
资源获取	内部资源	内部资源	内、外部资源并取
能力获得	内部能力开发	内部能力开发	内、外部能力联合开发
适用范围	主推渐进性创新的中小企业	具有丰富资源、足够能力的成熟型大企业	具有丰富资源、足够能力的大中型企业
局限性	企业内突破性创新发展阻力大	对于有潜力的中小企业不适用	对于有潜力的小企业不适用

资料来源：阮国祥. 突破性创新的网络组织模式及治理[M]. 成都：西南交通大学出版社，2012.

　　随着"网络"研究的兴起，组织间网络和外部网络已成为企业获取外部资源的重要途径。尤其是随着开放创新时代的到来，外部环境中存在的大量知识资源使企业逐渐走出了"非此地发明"的误区，越来越多的企业向外部获取知识资源，使企业的外部网络对企业的创新能力和竞争优势产生了重要的影响。因此，分析外部网络对颠覆性创新的影响是一个非常重要且具有现实意义的研究课题。颠覆性创新作为后发国家追赶技术和自主创新的重要战略路径，应当得到充分的关注和重视（王志玮和陈劲，2012）。

　　网络创新已成为当代创新过程组织的主要形式，这是因为在知识经济的背景下，参与创新的企业不可能完全拥有所有必要的知识，其所面临的重要问题是如何找到正确的和适合自身的知识。在创新过程日趋复杂的情况下，企业作为一个适应性主体，会越来越多地体现出创新范式向网络演化的趋势（Adner，2010）。因此，企业内部组织模式的调整并不能完全解释企业对颠覆性创新的适应性，需要将研究视角拓宽到企业的网络环境，即企业应该选择何种网络模式来适应颠覆性创新。学者们一直在探索何种组织模式适合进行颠覆性创新并且能够解释绩效差异。创业网络已成为新创企业颠覆性创新的重要组织形式，从把创业者当成原子的原子式特质研究转为将创业者镶嵌在特定的个人、社会网络中的过程研究成为新的趋势（Greve & Salaff，2003）。

1.3.5　颠覆性后发追赶机理路径研究

后发企业是指面临技术和市场劣势并试图参与全球竞争的企业（Hobday，1995），主要分布在发展中国家，以中国为代表的新创企业大多是后发企业。然而，经过较长时间的后发追赶，借助战略演进和创新范式对能力演化的效应，越来越多的后发企业已经完成了较好的知识和能力的积累，帮助自身在全球市场竞争中建立起有差异的竞争优势，甚至能够威胁到发达国家企业的市场位势。总结后发企业能力演化的路径和原因有助于探索后发国家追赶的微观机制（Hang et al.，2013；刘海兵和许庆瑞，2018）。现有的研究主要从以下三个视角展开（见表 1-3）。

表 1-3　颠覆性创新后发追赶的主要研究视角和内容

研究视角	主要内容	代表性文献
资源基础理论	资源基础与竞争优势的构筑；获取颠覆性创新资源的方式	臧树伟和李平（2016），Kohlbacher 和 Hang（2011），Goxindarajan 等（2011），Lin 等（2018）
能力基础理论	与在位企业的能力势差；后发企业颠覆性创新的能力优势；开展颠覆性创新的驱动因素；颠覆性创新能力的构成；颠覆性创新绩效的影响机制	田红云等（2012），林春培等（2019），张延平和冉佳森（2019）
动态竞争理论	颠覆性创新的技术替代过程；颠覆性创新的竞争策略	Govindarajan 和 Ramamurti（2011）

（1）资源基础理论视角

从资源基础理论的视角来看，关于后发企业颠覆性创新的研究主要基于颠覆性创新和持续性创新所需要的资源特征而展开（Lin et al.，2018）。颠覆性创新所需资源较少，创新风险也较低，尤其是技术风险，这是其他创新方法所不具备的（李平和臧树伟，2015）。后发企业可以通过颠覆性创新建立竞争优势。在实施颠覆性创新的过程中，后发企业可以通过不同的方式获取颠覆性创新所需的资源。新创企业需要克服技术和市场的双重压力，通过参与创业网络获取创新资源是突破资源和能力限制的有效途径（梅亮和许庆瑞，

2011；李文丽和杨吉生，2018）。尤其是异质性网络带来的互补性的创新资源，能够通过筛选、吸收、匹配、合并，重构企业内外不同资源的系统，实现以最小的成本获得最大的资源利用效率的目的（Sirmon et al.，2007），促进企业创新绩效的提升（Jiang et al.，2010）。因此，在借助颠覆性创新进入市场的过程中，新创企业资源整合的能力将在很大程度上决定进入市场的成败（江诗松等，2012）。

（2）能力基础理论视角

能力基础理论视角的研究普遍是从提高颠覆性创新能力和探索企业创新绩效的影响等角度展开的（吴佩等，2016）。组织能力和组织深层结构会影响颠覆性创新的实施（田红云等，2012）。企业的探索性和发展性学习能力也会影响颠覆性创新的发展。林春培等（2019）指出：当时间和资源有限时，利用式学习有利于颠覆性创新的产生；而当时间和资源相对宽松时，探索性学习的作用更大。高层领导的支持、组织学习水平、创新资源、组织文化等因素通过影响企业的技术机会能力、市场定位能力和自我替代能力来影响企业的颠覆性创新绩效（张延平和冉佳森，2019）。创新是企业形成能力的基础，核心能力是企业获得可持续竞争力的基础。不同的创新范式形成了不同的企业能力，这些能力随着企业战略和创新范式的变化而变化（刘海兵和许庆瑞，2018）。

（3）动态竞争理论视角

动态竞争理论主要关注后发企业在颠覆性创新的各个阶段应注意的问题。在实施颠覆性创新战略之前，后发企业需要明确竞争对手和消费市场，并围绕外部环境和颠覆性创新来建立自己的管理团队与组织结构。企业在实施颠覆性创新之前需要正确定位初始目标市场，因为初始目标市场是颠覆性创新成功的关键（Govindarajan et al.，2011）。Gilbert（2003）的研究表明，后发企业在进行颠覆性创新时，首要任务是创建一个非竞争性的新市场，并使其能够以较快的速度接受颠覆性创新产品。通过逐步完善颠覆性创新产品的性能，后发企业将在主流市场上获得越来越多的消费者，最终成为市场上的主流企业（Govindarajan et al.，2011）。综上所述，颠覆性创新理论总结如表1-4所示。

表 1-4　颠覆性创新理论汇总

研究主题	研究视角	主要内容与观点	代表性文献
定义、内涵与特征	技术与产品	技术上取得重大突破；产品、生产方式、竞争形态的改造；已知性能的提升；大幅降低成本	Schumpeter（1934），Markides（2006），Kohlbacher 等（2011），许庆瑞和郭斌（2000），郭政（2007），王志玮和陈劲（2012），张枢盛、陈继祥（2013）
	产业与市场	发端于非主流市场，通过颠覆价值网络与产业规则重构市场秩序	Christensen（1997），Rothaermel（2001），Schmidt（2008），王家宝和陈继祥（2010），李平和臧树伟（2015）
	战略与商业模式	认为颠覆性创新是一个战略工具，基于产品与技术改变消费模式和市场规则	Christensen（2006），Zhou 等（2005），Hwang 和 Christensen（2008），吴佩等（2016）
	过程特征、目标市场、产品属性、技术属性	它是一个过程，不是特定的结果；最初的目标是专注于低端市场或新市场；产品与服务要"足够好"；它不是沿着现有的技术轨迹发展的，而是遵循着"与其更好，不如不同"的发展理念	Crockett 等（2013），Christensen 等（2015），Govindarajan 和 Kopalle（2006），Christensen 和 Raynor（2003），Bergek 等（2013），Christensen 和 Bower（1996），König 等（2012）
影响动因	环境、组织、过程和管理因素	环境动荡性创新；企业家导向与团队的风险承担态度；企业间合作；互补性资产有利于进行颠覆性创新	Hurmelinna–Laukkanen（2008），Cabrales 等（2008），Koberg 等（2003），Hitt 等（2012），孙永风和李垣（2007），陈锟于和建原（2009），Lin 等（2018）
组织模式	一元、二元、泛二元、网络	支撑颠覆性创新的组织结构与文化；资源获取、能力获得等维度从一元到二元，直到开放式网络组织	Raisch 等（2009），Stettner 和 Lavie（2014），Meyer 等（2011），阮国祥（2012），郝斌等（2014），汪涛等（2017），任兵等（2016），岑杰（2017），Engel 等（2017），Shu 等（2018）
后发追赶机理路径	资源、能力、动态竞争	所需资源少，创新风险低；技术机会、市场定位、自我替代能力影响创新绩效；构建非竞争性的新市场	Gilbert（2003），Guo 和 Iyer.（2010），Kohlbacher 等（2011），Goxindarajan 等（2011），郭政（2007），李平和臧树伟（2015），陈劲和孙永磊（2016），Hang 等（2013）

1.4　创业网络研究

创业网络研究源于社会结构研究中首先提出的"社会网络分析"概念，其认为社会网络是"特定的个人之间的一组独特的联系"。Birley（1985）将社会网络引入创业活动中进行研究，并将创业网络定义为创业者个体与外界联系的纽带，开启了创业网络研究的先河。这一研究起初并未引起学者们的足够重视，然而，随着创业理论研究的深化以及创业实践的蓬勃发展，创业网络的概念不断被学者们用来解释一些创业现象和问题，基于创业网络视角的研究已经成为创业研究的热点。学者们从多个角度对创业网络的概念、内涵和机制进行了阐释，并不断拓展基于创业者的个人网络范畴，把创业网络定义为包括资源、组织、结构、联系、契约，以及策略等思想、方法与行动在内的综合体（Bruyat & Julien，2001），包含基于创业者及其团队社会网络和新创企业嵌入的产业网络（庄晋财等，2013；杨隽萍等，2015）。创业网络和创业活动之间存在一种共生演化关系（Witt，2004；任迎伟和李静，2013），在新企业机会识别、资源获取及成长过程中发挥了关键作用（Sullivan & Ford，2014；Arenius & Clercq，2005；Kontinen & Ojala，2011；鲁喜凤，2017），特别是在中国后发与转型经济情境下这一作用尤为突出（Hoang & Young，2000；Tamasy，2006；蔡莉和单标安，2013；Arenius & Clercq，2005），网络范式已成为新创企业成长的重要机制（张玉利等，2008；任兵等，2016）。通过进一步梳理文献发现，创业网络研究主要集中在网络关系、网络结构与网络内容三个方面，并形成了相应的创业网络理论流派（Hoang & Antoncic，2003；董保宝，2013；寿柯炎和魏江，2015，2018）。

1.4.1　关系流派

网络关系嵌入是指组织社区中网络成员之间高质量、有凝聚力的社会互动。组织间信任、相互承诺、关系质量、网络强度和网络密度都属于网络关系嵌入的范畴。Granovetter（1973）提出的弱关系理论在创业领域受到了极大的关注。他认为，社会关系是指人与人、组织与组织之间的一种纽带，根据"关系权力"可以分为强、弱两种。在网络中，起作用的主要是弱关系。弱关系使组织能够保持较大的差异，这有助于新企业促进各种新颖的异质性信息和知识的流动与传播（Hoang & Antoncic，2003）。而强关系则通常是具有相似背景的其他成员传递同质性的资源与信息，这有可能阻碍组织决策者有效地识别和响应不断变化的外部环境。Granovetter（1985）进一步提出了另一个核心概念——嵌入理论，他认为，社会和经济活动是嵌入在特定的网络结构中并受到社会网络以及不同属性的个体或群体之间互动的影响。创业者本身嵌入在特定的社会网络关系中，如与家庭、亲戚、朋友和邻居形成的关系，以及一些商业关系，如客户、供应商和债权人等。因此，创业者在进行创业活动时不可避免地会受到这些社会网络成员的影响，但在不同的社会中嵌入的程度和方式是不同的。

在关系嵌入性的研究中，已经形成了"弱关系的力量"和"强关系的优势"两种截然相反的理论观点。与 Granovetter（1973）、Burt（1992）等人的弱关系观点不同，Krackhardt（1998）、Uzzi（1996）、McEvily 和 Marcus（2005）等认为强关系虽然不能提供多样化或新颖的信息，但更有可能通过频繁的交互、面对面的访谈方式促进双边深入交流，这样更有利于推动组织间复杂信息的交换和高密度、高质量隐性知识的提取，增加彼此之间的沟通和信息共享，加强社会学习的适应性，减少外部环境的不确定性，提高组织和个人处理危机的能力。在中国的关系型文化中，关系成为企业发展的重要资源，强关系作用明显（Dyer et al.，2014）。随着跨国、跨界融合概念的兴起，20 世纪 80 年代中期,由巴黎学派科学知识社会学家提出的行动者网络理论（actor-network theory，简称 ANT）为传统网络理论研究提供了一个全新的视角和研究方向。ANT 引入了行动者、异质性网络和转译等核心概念，认为自然和社会是完全一体的，都是网络中的元素，在网络中相互运动，彼此共生（王江和王光辉，2018）。基本思想是创新及创业机会是在多个利益相关的异质行动者彼此联系、分享、相互建构的动态过程中产生出来的。人与非人都可成为行动者，非人行动者的意愿通过代言人来表达。创业者作为关键行动者，通过转译把客户、供应商、中介机构、投资者（机构）、政府和其他相关组织的参与者联系起来、将不同的目标转化为网络的共同目标，每一个行动者都是一个主体，也是网络的节点。创业网络的形成与发展是不同行动者相互作用的结果（Cantù C，2018）。

1.4.2   结构流派

网络结构指的是一系列行动者的数量及所存在的关系模式。在结构嵌入的研究中，学者们主要研究的是整个网络的功能和结构，以及作为社会网络中的个体节点的企业的结构特征对其经济活动的影响，如网络的规模、密度和中心性、多样性、结构洞等（陈熹等，2015）。其中，在弱关系理论逻辑基础上提出的结构洞理论（Butt，1992）备受学界的关注，该理论认为结构洞是社会网络的一个重要特征，复杂的社会网络结构中漏洞普遍存在，需要在网络成员之间形成"桥梁"，并掌握"桥梁"建设者在网络结构上的优势，这种优势可能带来两个好处：一是信息效益，行为主体的"结构性漏洞"在网络中越多，信息越多，内容就会越具体，时间就会越及时，就能创造更多的盈利机会；二是利益控制，通过主动利用信息优势，行动主体成为第三人，第三人可以利用第三人的身份灵活地采取各种策略并获得相应的利益。这种优势能为其发现机会、获取资源提供便利（Stam et al.，2014）。企业的社会网络结构决定了可用信息和资源的丰富性。新企业可以借助结构洞所形成的优势地位获得信息和资源，从而成功地开发机会（Hoang & Antoncic，2003；鲁喜凤，2017）。

然而，很多研究表明结构洞对知识转移和创新绩效提升具有负向影响。结构洞不是获取多样化信息的必要条件，因为企业可以通过与知识基础多样化的行为主体进行联结，以获取多样化信息（林春培等，2019）。虽然结构洞有助于企业位势的累积，但不利于与合作伙伴协同实现市场绩效的提升

（Shipilov & Li，2008），同时网络结构洞的存在增加了网络的稀疏性，而网络的稀疏性并不利于企业创新活动的进行。国内也有学者在案例和实证研究中发现结构洞与创新绩效之间的关系并不显著，甚至还存在着负相关（杨锐和黄国安，2005；刘炬，2010）。因此，结构洞理论对中国企业的普适性还有待进一步的研究与分析。

1.4.3　内容流派

网络关系流派和结构流派的研究大多以既存网络结构与关系属性对创业资源的获取、创新行为及成长绩效的影响为主，具有很强的解释力（张玉利，2010；朱秀梅和李明芳，2011），属于事后的分析。在一定程度上回答了具有什么样的创业网络关系与结构特征更有利于新创企业实现创新和成长，但仍不能很好地解释创业实践中类似的网络关系和结构为何会产生不同的影响。另外，值得关注的是，网络并非天生（Shu et al.，2018），如何获得更高质量关系与结构的网络是创业者的一大挑战（云乐鑫等，2014），在现有研究中，鲜有研究关注企业如何主动提前构建有效的创业网络（Baron & Tang，2009；魏江等，2014）。其中，如何事先选择与自身匹配的合作伙伴是创业网络构建的重要战略决策（寿柯炎和魏江，2018），因此，在后发与转型情境下，选择合适的合作伙伴构建有效的创业网络机制和路径，是一个具有理论意义和实践价值的前沿问题。

随着人类进入数字时代，原有的社交与互动行为也在发生颠覆性的变革（Parameswaran & Whinston，2007），创业者更注重从网络中获得的是什么，而不是这些网络的关系、结构和性质（Reagans & McEvily，2003），网络内容反映了行动者之间互动关系的本质（Hoang & Antoncic，2003）。因此，网络研究需从原来重点关注的关系与结构流派转向内容流派，根据从外部网络获取的资源与自身资源的相似程度，将创业网络分为异质性网络与同质化网络（杨善林等，2015；Aral & Walker，2012；余维臻和李文杰，2020）。大多数学者认为异质性网络具有更大的绩效作用（Phelps，2010；庄晋财等，2013），但也有学者认为网络相似性加速了组织间的知识转移，从而提高了企业绩效（Darr & Kurtzberg，2000）。显然，对于在后发情境下新创企业建构何种网络关系更有利于高成长这一问题，现有文献并未进行深入探讨。在高成长创业情境中，创业者及其网络角色可能存在转型，并且不同的创新方式与战略目标需要借助具有不同特征的网络（Ciabuschi et al.，2012）。

学者们从创业网络的主体（张书军和李新春，2005）、构建动机、构建方式、性质与结构（任兵等，2016）及结果（李婧和贺小刚，2016）等方面展开研究，大部分研究结果都体现出了显著的独特性，有的甚至存在悖论。造成这种现象的主要原因是只考虑了网络结构，而忽略了不同创新类型、不同情境和结果变量（Phelps，2013）以及创业网络所受到的经济转型的深刻影响（任兵等，2016）。因此，基于网络异质性单一属性的研究无法揭示新创企业内在特质与外部创新网络之间匹配的有效性，研究过程中应同时考虑网络节点其他本质属性的作用，把网络融入创业活动的具体情境中，把网络的价值属性与创业活动的本质属性联系起来。在网络化情境下，应用匹配视角不仅有助于拓展网络内容理论流派的研究，也能弥补以往研究中对于如何有效构建创业网络这一核心问题的认识不足。综上所述，创业网络研究总结如表 1-5 所示。

表 1-5　创业网络研究汇总

研究视角	主要维度	代表性文献
结构视角	网络规模、网络密度、网络中心度、网络结构洞、网络层次、网络范围等	Burt（1992, 2004），Hoang 和 Antonci（2003），蔡莉和单标安（2013），单标安等（2015）
关系视角	网络强度、强关系、弱关系、网络信任、关系质量、正式关系、非正式关系等	Granovetter（1973, 1985），Uzzi（1996），McEvily 和 Marcus（2005），Dyer 等（2014），王海花等（2019）
内容视角	网络多样性、网络异质性、知识互补性等	Hao 和 Feng（2016），解学梅和左蕾蕾（2013），杨善林等（2015），Aral 和 Walker（2012），Bengtsson 和 Sölvell（2004），寿柯炎和魏江（2018），Shu 等（2018），余维臻和李文杰（2020）

1.5 企业网络能力研究

1.5.1 企业网络能力的提出

随着企业组织边界的不断拓展，网络成为企业获取竞争优势的源泉（庄晋财和杜娟，2014）。新创企业由于自身存在的先天的"新、小、弱性"，所以需要从外部获取企业成长所需的资源，在这种情况下，创业网络自然而然成为获取资源并赢得竞争优势的来源与中介（Wilkinson & Young，2002）。然而，企业如何建立和利用这种网络关系呢？ Hakansson（1987）在其研究中首次提出网络能力的概念并用来解释这一问题，将其定义为企业改善自身网络位置以及处理某种关系的能力。此后，国内外学者从不同视角进一步完善其概念与内涵。Ritter 和 Gemunden（2003）指出网络能力本质上是企业管理外部网络关系的能力。Walter 等（2006）在此基础上把网络能力拓展为企业构建和利用各种网络关系获取所需资源的能力。国内学者也从不同视角对其进行定义：网络能力是企业发展和管理外部网络关系的一种动态能力（徐金发等，2001）；不少学者进一步认为网络能力是企业通过识别网络价值和机会，开发、维持与利用各种网络关系以获取稀缺资源和改善网络位置的动态能力（邢小强和全允桓，2006；任胜钢，2010）。也有学者认为网络能力是指企业将外部资源转化为网络资本，提高竞争力的能力（倪渊，2015）。由此可见，企业网络能力是指企业通过发展、管理和运用外部网络关系获取外部资源，并与网络伙伴共同解决问题的外部网络能力（任胜钢等，2011；孙文文和蔡宁，2012）。

1.5.2 企业网络能力的维度与构成

尽管学者们对网络能力的关注点与侧重点有所不同，但是这些观点并不矛盾，反而凸显了网络能力不同维度的特征与构成。Moller 和 Halinen（1990）基于网络理论的视角，提出企业网络能力的四维度能力框架，其中包括网络构想、网络管理、关系集合、关系管理。国内学者徐金发等（2001）将网络能力划分为网络构想、角色管理和关系组合能力；邢小强和仝允桓（2006）则将网络能力划分为网络愿景、网络管理、组合管理及关系管理能力；任胜钢（2010）认为网络能力分为网络愿景、网络构建及关系管理能力；雷志柱和周叶玲（2015）将企业网络能力划分为网络规划、网络关系、知识共享和组织支撑能力四个维度。虽然学者们对企业网络能力具体维度的理解看似并不完全一致，但都是基于战略、过程和关系三个层次来进行描述，分析企业整体层次的能力（邓英，2009）。学者们对企业网络能力维度及其构成的一致性认识主要集中在网络愿景（规划）能力、网络构建能力和网络管理能力这三个维度上（陈玉娇和覃巍，2017）。

1.5.3　企业网络能力与企业绩效的关系

提升企业网络能力的目的是提高企业绩效，学者们对两者的关系进行了大量的研究，通过梳理现有文献发现，网络能力对企业绩效存在正向的影响（陈玉娇和覃巍，2017），具体可分为直接效应、中介效应和调节效应（孙文文和蔡宁，2012）。

（1）直接效应

直接效应是指网络能力对企业绩效的直接关系，不涉及中介变量或调节变量的效应，这类研究相对来说较少。Ting 和 Chiu（2009）研究发现，网络能力与集群企业的创新绩效之间存在正相关关系，即网络能力越高的企业的创新绩效相对网络能力较低的企业而言表现更佳。周江华等（2013）通过三家手机制造公司的案例分析，发现企业网络能力能够改变自己在网络中的地位并提升创新网络的实力，其强弱水平会显著影响创新网络的实力，推动企业积极利用网络中的商业机会和创新资源以提升创新绩效。邓英（2009）则通过大样本的实证研究发现，网络能力对企业竞争优势具有积极作用。而 Human 和 Naude（2009）发现网络能力四个维度与企业绩效之间存在弱相关关系，其与主流观点不同的原因是在企业绩效评估中纳入了市场份额、投资回报等其他指标，而不是只分析企业的创新绩效。

（2）中介效应

中介效应是指网络能力对企业绩效的影响不是直接的，而是通过一个或者多个中介变量实现的。朱秀梅等（2010）对新创企业网络能力与企业绩效的关系进行了实证检验，发现网络能力是通过影响企业知识资源的获取来提升新创企业绩效的，知识资源获取在网络能力和企业绩效之间起中介作用。马鸿佳等（2010）以高科技企业为研究样本，对网络能力与企业绩效之间的关系进行了大样本实证研究，结果表明，网络能力会正向影响信息资源的获取，而信息资源的获取有利于提升企业绩效。因此，网络能力通过信息资源获取能够正向显著影响企业绩效。此类研究相对较多，且存在不同的中介变量，如技术交互（Ritter & Gemunden，2003）、资源整合（曾海燕，2015）、网络学习和网络权利（赵爽和肖洪钧，2010）、网络位置和联系强度（任胜钢，2010）等都在网络能力与企业创新绩效之间发挥着中介作用。

（3）调节效应

调节效应是指网络能力对不同自变量与企业绩效关系强弱的影响，也就是网络能力扮演着调节变量的角色。Walter等（2006）以148家大学衍生企业为研究对象进行实证分析，结果发现，网络能力在创业导向和企业绩效之间起着正向调节的作用。马鸿佳等（2010）也发现网络能力能正向调节信息获取与绩效之间的关系，网络能力越强，企业获取的信息就越能提升企业绩效。任胜钢等（2011）通过文献回顾与梳理，构建了网络能力对网络嵌入与创新绩效关系的调节模型，对331个有效样本进行实证分析，结果显示网络能力对网络嵌入中网络位置、关系质量、关系强度与创新绩效间的关系产生了正向调节作用，而对网络密度、网络规模与创新绩效间的关系则不存在显著的调节作用。金永生和季桓永（2015）构建了以网络能力为调节变量的外向型创新影响创新绩效的理论模型，以中国211家B2B高科技企业为样本进行实证检验，得出网络能力能正向调节两者关系的结论。

由上可知，网络能力对于企业绩效的影响在多数情况下并不是单一的，而是受到直接与间接的多种效应机制的影响，在今后的研究中可以构建一个完整的网络能力与企业绩效关系整合框架，如将网络能力作为调节变量，研究网络能力对其他自变量与企业绩效间关系的影响（孙文文和蔡宁，2012）。

1.6　创业网络、颠覆性创新与新创企业成长研究评述

综上所述，创业网络与颠覆性创新均是新创企业成长差异的重要解释变量，但三者的关系并未得到充分验证。第一，在研究情境上，存在过于重视新兴工业化国家和发达国家而忽略了经济转型背景下的后发情境，以及过分强调技术追赶而忽略了非技术创新的问题。当前的创新模式早已不再是技术推动的线性模式，而是需要适应复杂多变的网络化、系统化情境，将企业创新与其外部价值网络紧密相连。西方的研究成果对于中国当前的后发与转型情境而言并不具有普适性，而且用于解释成熟企业绩效的理论和方法也不适合用来预测新创企业绩效。第二，在研究内容上，现有的关于网络关系与结构的研究继续深入探讨创业网络和企业成长的关系，将网络节点视为均质，属于事后的静态分析，在一定程度上解释了具有什么样的创业网络关系与结构特征的新创企业更容易实现创新和成长，但这是一种"富者更富"的观点，无法用于回答新创企业如何构建高质量的价值网络的问题。第三，在研究视角上，更多的是将新创企业视为原子化创业者特质研究，忽略了嵌入的社会经济系统对成长的过程影响，这与现实中广泛存在的嵌入性联系是不相符的。即使放在网络情境中予以考虑，也基本上是将创业网络作为一个整体进行研究，忽略了不同类型创业网络对企业创新及成长影响的差异性，以及不同类型的创业网络与创新成长路径、创业活动本质属性的匹配性，而很少出现对现实操作层面的具体指导建议。第四，在研究方法上，大都是采用调研分析、

理论探讨或案例分析等方法进行定性研究，缺乏对颠覆性创新的演进过程、路径及内在作用机理的定量研究，缺乏验证理论适用性的实证，缺乏理论聚焦和机理解释，因此很难建立与主流文献的对话。第五，在研究趋势上，颠覆性创新驱动新创企业成长的机理和路径开始探寻与创新类型相匹配的网络类型，但未明确何种创业网络模式有利于颠覆性创新的开展，并且由于忽视了颠覆性创新的切入点与路径机制，导致成长决策与实施出现困难。针对上述理论与现实驱动的缺口，聚焦经济转型开放式创新背景的后发情境，本书将从以下核心问题展开研究：从匹配视角出发，寻求转型中不同创业网络的功能和动态性如何适应颠覆性创新的切入，整合创业网络与颠覆性创新两个视角，探讨创业网络影响颠覆性创新的内在机制，强调情境、网络、行为、结果之间的多元关系的逻辑主线，打开颠覆性成长机制"黑箱"，探索影响创业过程和结果的深层机制会带来新的发现、见解与启示，为中国后发情境提供创业实践理论指导。

第 2 章

新创企业成长的
探索性案例研究

2.1 案例研究方法

2.1.1 案例研究方法概述

（1）案例研究的内涵与适用性

管理学有定性和定量两大基本研究方法。定量研究也称量化研究，属于假说演绎式研究，运用数学和统计的方法对变量间的因果关系进行测量与分析来验证之前的假设，从而揭示客观事实（Gephart & Robert，2004）。定量研究的主要研究方法包括实验法、问卷调查法、测验法及二手数据统计法等。定性研究也称质性研究，它高度依赖研究者的个人判断，运用综合、归纳、演绎、比较等分析方法对研究所获取的资料进行思维加工，从而认识研究对象的本质特征，揭示其发生、发展的规律（Van Maanen，1998）。多数定性研究以文本或图片形式说明与论证研究结果，强调研究对象在现实情境中对事物已发生或已存在现象的看法和体验，在进行归纳概括后，将其升华为理论（毛基业和张霞，2008）。此外，定性研究并不注重对象的操作行为和反应。最常用的定性研究方法包括案例研究法、行动研究法、田野调查法和民族志（刘志迎等，2018）。研究方法本身并无优劣，关键在于要与研究问题相匹配（Edmondson & McManus，2007）。

在决定使用何种研究方法之前，往往需要考虑以下问题：第一，该研究问题的类型是什么；第二，研究者对研究对象及事件的控制程度如何；第三，研究对当下事件的聚焦程度，即是过去发生的事还是当前发生的事（Yin，2009）。各种研究方法的匹配性如表 2-1 所示。

表 2-1　不同研究情境与研究方法的匹配性

方法	研究问题类型	是否需要控制 研究过程	是否聚焦 当下事件
案例研究法	如何，为什么	否	是
调查法	什么人，是什么， 在哪里，有多少	否	是
实验法	怎么样，为什么	是	是
档案分析法	什么人，是什么， 在哪里，有多少	否	否／是
历史分析法	如何，为什么	否	否

资料来源：Yin R K. Case study research: Design and methods（applied social research methods）[M]. Sage Publications, 2014.

由表 2-1 可知，对属于"是什么因素""有什么特征""起到了什么样的作用"等类型的研究问题，采用大样本定量研究法更恰当些。而对于"为什么"和"怎么样"等解释性或因果性问题，采用案例研究法、历史分析法和实验法更为合适。例如，在研究现阶段后发情境下，新创企业为什么要进行颠覆性创新以及如何颠覆才能使新创企业高效成长的问题时，就可以选用案例研究方法（陈春花和刘祯，2010）。

中国管理理论基本上是在借鉴西方管理理论的过程中发展起来的（苏敬勤和刘静，2014）。近年来，处于后发追赶阶段的中国与西方存在显著差异性的现实，使得西方理论在解释中国企业独特的管理实践行为过程中遇到了重重障碍（黄江明等，2011）。尤其是随着数字经济的兴起，在福特主义时代形成的科学管理理论难以用于解释现实，如近些年来中国许多后发的新创企业成为独角兽企业，这一现象使传统的科学管理理论更难以指导现有企业的具体实践，也从侧面反映了理论研究已经滞后于时代的实践需求。案例研究作为管理学研究方法的一个重要实证研究分支（Yin，2009；项保华和张建东，2005），致力于现实情境与当下现象边界不清晰的研究，强调从值得关注的管理问题或企业实践入手，寻找原有理论难以诠释的有趣现象，并对其进行丰富的描述，注重回答"为什么"和"如何"的问题，通过揭示其内生原因或客观规律，从而构建新的理论并实现普适化，这不仅是管理学理论研究的必然选择（刘志迎等，2018），而且是中国管理学研究本土化和理论创新的基础与突破口（苏敬勤和刘静，2014）。

（2）案例研究的分类

案例研究方法根据不同的划分标准，可以分为不同的研究类型。不同的研究方法适用于不同的研究案例及研究目的，有一些案例研究方法只适用于特定的案例研究类型，也有一些案例研究需要同时综合应用多种案例研究方法。

根据研究任务的不同，Bell 等（2018）将案例研究方法分为探索性、描述性、例证性、实验性和解释性五种类型，各类案例研究方法的主要目的和侧重点如表 2-2 所示。也有不少学者将其分为探索性、描述性、解释性和评价性四种类型（Eisenhardt，1989；Yin，1994；Bassey，1999；苏敬勤和李召敏，2011）。另也有学者将其分为三种类型，即探索性、描述性和解释性。无论是三分法、四分法还是五分法，学者们对探索性和描述性案例研究的内涵基本形成了一致的观点：探索性研究往往会超出现有理论框架的解释范围，运用新的视角、假设、观点和方法来分析当下的社会经济现象，以拓展和补充现有理论或者产生新的理论为研究目的。描述性研究方法是在已有的理论框架下对企业的实践活动做出详尽的描述。

表 2-2　案例研究方法分类

研究方法	主要研究目的	研究侧重点
探索性	尝试以新的视角、假设、观点和方法阐释当下社会经济现象	侧重于提出假设、理论升华和形成新理论
描述性	以讲故事或画图画的方式对观察对象的实践活动进行详尽的描述与说明	侧重于描述事例
解释性	运用已有理论来理解和解释现实中企业的实践活动	侧重于理论检验和验证
例证性	阐述组织的创造性实践活动或企业实践的新趋势	侧重于以单个事例概括整体以及趋势的预测
实验性	检验组织中新实践、新技术、新流程的执行及效益评价	侧重于实践的检验与评价

根据实际研究中运用案例数量的不同，案例研究又可以分为单案例研究和多案例研究。单案例研究主要用于从一个极端的、独特的管理情境出发进行探索性研究，也可用于对已有理论假设的证实或证伪（毛基业和张霞，2008）。一般认为，单案例研究结论的可推广性受到限制，不适合用于系统构

建新的理论框架。而多案例研究类似于复制法，常被用于理论构建，它遵从复制法则（而非抽样法则），精选的案例被逐项复制（即能产生相同的结果）或差别复制（即能因可预知的原因而产生与之前研究不同的结果），若每一案例的结论都可能在其他案例的结论中得到验证，则有力地支持了先前提出的新的理论假设的合理性。多案例研究一般分为两个阶段：第一个阶段是案例内分析，即对每个完整的案例及其主题进行独立完整的深入分析；第二个阶段是跨案例分析，即根据同一研究主旨，在彼此独立的案例研究基础上，分析每个案例之间的区别与联系，对所有案例进行归纳和总结，从而验证其假设，得出抽象、凝练的研究结论。多案例研究因其可对每一案例进行重复检验而备受以 Eisenhardt（1989）、Yin（2009）、Pan 和 Tan（2011）等为代表的案例研究学者的青睐。学界普遍认为与单案例研究相比，多案例研究能够更好、更全面地反映案例背景的各个方面，尤其是当多个案例研究得出一致的结论时，案例研究的有效性将显著提高（Eisenhardt，1989），并使研究结论的普适性显著增强（Leonard–Barton，1990）。

　　本书从新的视角尝试探索颠覆性创新驱动新创企业成长的内在机理，识别创业网络、颠覆性创新及新创企业成长绩效之间的作用机制与具体路径，即研究创业网络怎样通过影响企业的颠覆性创新进而促进新创企业成长的问题，因而适合采用多案例研究方法。同时，该研究领域目前尚未形成相对一致的理论假设，故现有理论还无法系统阐释许多具体的创业实践活动与现象，需要在原有研究基础之上系统构建新的理论框架。因此，本书采用探索性的多案例研究方法，总结和提炼各变量之间的理论假设关系来进行初步的理论模型构建，为后续大样本的定量实证研究做准备。

　　对于多案例研究而言，案例选择同样要遵循理论抽样而不是统计抽样。它所遵循的是复制法则，也就是说每个案例相当于一个独立的实验（Yin，2009），所以对所挑选的案例有如下要求：所挑选的案例能够产生相同的结果（逐个复制），或者所挑选的案例会由于可预知的原因而产生与前一案例不同的结果（差别复制）。依据复制法则，多案例能够相互比较，判断新的发现是仅为单案例所特有的还是能够不断地被多个案例重复印证。因此，多案例研究的案例选择就不再基于特定案例的独特性，而是基于案例群对理论发展的贡献。具体而言，就是多案例的选择是基于理论原因，如可重复性、理论拓展性、对立重复和排除其他可能的解释（Eisenhardt，1989；Yin，2009）。

2.1.2　案例研究步骤

案例研究的步骤是案例研究的规范性与严谨性的重要保障。学者们对不同的案例研究实践活动从不同视角提出了不同的研究步骤，有以下三种主流观点：一是 Eisenhardt（1989）提出的翔实、可行的八步骤研究法，属于实证主义的案例研究方法，更具可操作性。它强调基于客观事实进行多案例研究，注重实证数据的收集，目的是建立普遍规律和因果关系，这种研究思想逐渐被大众所接受，已成为现阶段主流案例研究思想（刘志迎等，2018）。但它强调严谨性，认为创新应建立在前人基础上，故较少重视情境因素。二是 Yin（2003）针对案例研究设计提出的六步研究法。它强调在探索性案例研究前进行理论预设，即提出可能的前导构念，以此来指导案例设计和调研工作，提高案例研究的效率与有效性。用研究者的观察以及自己的经验知识对案例进行丰富的描述，对案例启动、资料分析和撰写研究报告具有较好的指导意义。同时，对案例进行信效度研究品质检验，增强案例研究结果的可靠性，但它并没有全面地刻画或提供一个完整的可供参考的概念模型。三是 Pan 和 Tan（2011）基于中国情境提出了具体的、可操作化的"概念模型——结构化—实用化—情境化"的研究流程，其优点是易执行，利于形成研究问题和归纳产生新的理论，其局限性也表现在仅关注探索性案例研究上。综合这些主流学者的观点可知，每种范式都有自己的优势和局限性，虽然从具体研究步骤上来看不尽相同，但基本可以分为准备、执行、对话三个阶段，其中研究设计、资料收集与分析三个环节是提升案例研究严谨性的关键步骤（刘庆贤和肖洪钩，2010）。同时，从中也可看出这三种案例研究方法具有共同的特征：立足现有文献，选取极端的、独特的、启发式的案例，强调多元数据收集验证，这些都是案例研究的精髓。鉴于此，本书借鉴与融合主流观点，形成如表 2-3 所示的研究步骤与具体环节，对案例研究进行设计，收集数据与分析，构建创业网络、颠覆性创新与新创企业成长绩效关系的理论框架，形成初始研究命题，为后续大样本实证调查做准备。

表 2-3　探索性案例研究的具体步骤与品质检验

阶段	步骤	活动内容	关键点与目的	品质检验
准备阶段	启动	对"为什么"和"怎么样"的问题进行界定；事先寻求可能的构念	理论聚焦；为构念测量提供良好基础	外部效度
	研究设计、案例选择	不受限于理论或假设；聚焦特定群体确定总体；理论抽样；确定案例数目	聚焦有理论价值的案例；保持理论构建的灵活性；控制外部变异	外部效度
	研究方法、工具选择	多元资料收集；定性与定量资料结合；团队或多人参与研究	通过三角验证强化理论基础；证据综合剖析；多元观点，集体智慧	信度
执行阶段	资料收集	通过文献、档案、网站、报道、访谈、观察、实物等多种方法收集；建立资料库	即时分析，随时调整；帮助研究者识别独特的案例与主题	构念效度
	资料分析	案例内分析；跨案例分析，寻求不同案例的共同特征对各项构念进行证据的持续审核	进行初步理论构建；使研究者摆脱初步印象，通过各种视角观察证据	内部效度、外部效度
	形成假设	跨案例逻辑推理，通过复制而非抽样，形成每项证据的推论	凝练概念定义、效度与测量；拓展、证实及理论凝练	构念与内部效度
对话阶段	文献对话	与类似文献比较；与冲突的文献比较	提升理论水平，强化构念定义；提升类推能力，提高普适性	内部效度
	结束研究	尽量达到理论饱和	在新获得的知识增量变得极小时，便可结束案例研究，并撰写研究报告	

　　此外，由表 2-3 可知，探索性案例研究是一种符合科学研究的范式，为保证案例研究的规范性和严谨性，它从构念效度、内部效度、外部效度和信度四个指标来提高案例研究的品质。确保按照上述研究步骤及具体策略与方法可以保证案例研究结果的可复制性和可推广性，具体指标检验的策略及应用阶段如表 2-3 所示。

2.2　研究设计

2.2.1　研究问题与理论预设

颠覆性创新是一种适应发展中国家实际情况的创新方式，已成为后发情境下一种重要的自主创新模式和新创企业实现跨越式追赶的重要途径。全球化背景下，网络化成长成为新创企业寻求合作、获取资源、创造竞争优势、实现高质量成长的重要范式，网络范式也成为颠覆性创新的关键组织形态。基于网络范式的颠覆性创新正逐渐被理论与实践认为是适用于后发国家新创企业最佳的创新范式与跨越式赶超路径，是实现产业突围的重要成长机制。然而现有理论并未进行深入系统的探索，还不能有效地指导创业实践活动并为政府及管理者提供政策制定的借鉴。

创业网络作为一种独特的组织形式或制度安排，被认为是管理后发情境"新创缺陷"的有效手段，是企业与外部环境进行互动，以及创新知识、资源获取的重要组织形式，是企业与外部交互的一种载体，影响新创企业的创新及成长（Hoang & Yi，2015；Song et al.，2017；Faridian & Castrogiovanni，2017；Kumar et al.，2017；杨隽萍等，2013；庄晋财等，2013；王海花等，2019；芮正云和罗瑾琏，2019；祝振铎和李新春，2016）。网络嵌入对新创企业的影响得到了学者们的普遍认可，而对于如何构建和管理创业网络才更有利于新创企业利用网络资源促进创新与成长绩效这一问题，学者们主要从网络关系、网络结构与网络内容三个视角展开研究（Hoang & Antoncic，2003；董保宝，2013；寿柯炎和魏江，2018），然而并未取得相对一致的结果，甚至还出现了悖论。现有的关于网络关系与结构的研究都在深入探讨创业网络和企业成长的关系，并将网络节点视为均质，故基本属于事后的静态分析（寿柯炎和魏江，2018）。将新创企业机会识别与成长归因于网络的运行结果的观点（Adner & Kapoor，2010）在一定程度上解释了具有什么样的创业网络关系与结构特征的新创企业更容易实现创新和成长。然而，网络联系并不是天生的，如何事先主动选择与自身相匹配的合作伙伴（网络节点）来构建高性价比的创业网络是创业者面临的首要问题（Baron & Tang，2009；Shu et al.，2018）。数字技术与互联网应用改变了人类社交和互动行为，网络内容反映了行动者之间互动关系的本质，故网络内容更接近变量结果（Hoang & Antoncic，2003），而不是这些关系的结构和性质（Reagans & McEvily，2003）。现有基于内容视角的研究倾向于将异质性作为关注的重点，然而，异质性未必总是有利的，新兴的机会可能需要激活新的网络，创业者及其在网络中的角色也可能存在转型（Ciabuschi et al.，2012），这将导致新机会对网络有不同类型的需求和要求。

由此可见，尽管创业网络被普遍认为对促进新创企业创新活动的开展及成长绩效有着重要作用，但现有文献仍未清晰地阐述创业网络对颠覆性创新与新创企业成长的因果作用机制。主要表现为：第一，尽管创业网络为企业外部资源的获取提供了基础性保障条件，但资源不能直接创造绩效，需要创造性地将其重新集聚、组合、内化为自身难以被模仿的动态核心能力，这是新创企业成长的关键（庄晋财等，2013），创新是这种能力形成的基础，不同的创新范式会形成不同的能力（刘海兵和许庆瑞，2018），那么，颠覆性创新在这个过程中发挥着怎样的作用？第二，不同的网络与颠覆路径的匹配对新创企业成长的影响是否存在差异？两者是如何有效匹配以驱动新创企业成长的？为了打开三者之间关系的"黑箱"，本书将继续探索创业网络作用于颠覆性与新创企业成长的本质过程，以及它究竟会给两者带来怎样的影响。

基于以上分析，本书从与创业活动价值创造这一本质属性相匹配的视角出发，聚焦于网络的内容流派，根据创业网络给新创企业带来的不同价值特征，将创业网络分为异质性网络与同质化网络，探索不同网络特征将如何作用于不同的颠覆路径从而推动新创企业的成长。因此，本书借鉴"结构—行为—绩效（S-C-P）"研究范式，提出如图 2-1 所示的研究框架与理论预设。在下文中，该研究框架与理论预设将作为研究基准指导本书的理论构建，在演绎分析的基础上，将根据各案例中的经验数据和研究结论与相关文献进行比较与分析，最终形成本书研究的初始理论假设命题。

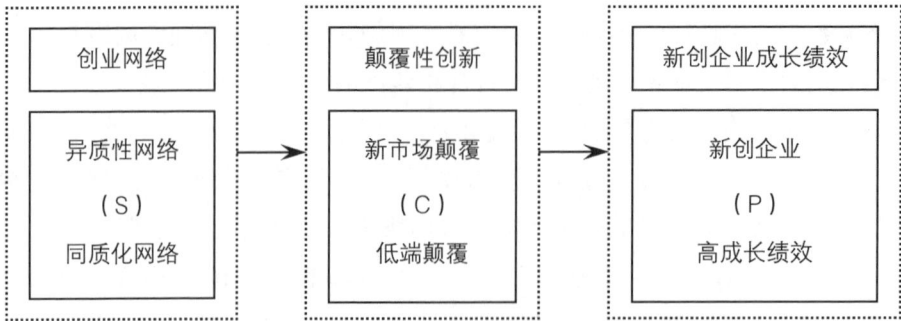

图 2-1　创业网络、颠覆性创新影响新创企业成长绩效理论框架

2.2.2　案例选择

本书采用探索性多案例研究，主要基于以下原因：首先，单案例研究主要是证实或证伪已有理论的假设，但并不适合构建新的理论框架。多案例研究基于案例群对理论的重复性、拓展性进行反复验证，有助于准确提出理论框架。其次，本书研究主题是探索"创业网络的特征与颠覆性创新具体路径间的匹配关系，及其对新创企业成长绩效的影响"，既涉及新的研究领域又在原有领域的基础上引入了新视角的研究，但其具体关系并不清晰，属于回答"为什么"和"怎么样"的问题（Eisenhardt et al，2007）。再次，本书的研究情境是近几年诸多后发新创企业通过颠覆性创新实现快速成长的独特情境，需要通过多案例的比较构建因果证据链，有利于清晰呈现中国特定情境下新创企业实现后发跨越追赶的全过程作用机制，提高研究的内部效度（Eisenhardt，1989）。最后，多案例研究可以观察到不同创业网络类型与不同颠覆性创新战略间的匹配，相比单案例研究更有利于获取数据中所蕴含的新的洞见，更精准地识别因果关系与匹配关系，提升研究的外部效度及理论的普适性（Yin，2014），从而建立或拓展后发情境下新创企业成长与追赶理论。

根据 Eisenhardt（1989）的建议，原始案例理想的个数为 4～10 个。本书在收集大量二手资料及整理的基础上，根据典型性、代表性、极端性、数据可获得性等原则选取了 12 家新创企业作为备选案例集，选择标准为成立八年以内的新创企业，以及已经或正在实施颠覆性创新战略的样本企业。在与企业进行深度访谈后，采用理论抽样与目的抽样的方法，最终选择其中的四家典型企业作为探索性案例研究对象。在具体的选择过程中遵循了以下原则。

第一，为了保证代表性与典型性，所选的四家企业分别来自新能源汽车、机械制造、移动互联、健康医疗四个不同的行业，兼顾了新兴行业和传统行业，此举能较好地保证案例的代表性和典型性，以期实现多重验证效果。

第二，为了降低技术、制度、市场等案例研究外部异质性的影响，本书将案例企业限定在浙江省内。

第三，为了达到更好的多重验证效果，本书在选择案例企业时考虑到创业网络类型、颠覆性创新路径的多样化，所选的四个案例覆盖了四种不同的匹配路径，兼顾了各种类型的新创后发追赶模式与路径。

第四，为了提高案例研究信息的可信度和充裕度，本书的案例企业并非随机选择，而是兼顾了信息的可获得性和案例代表性。

2.2.3　数据收集

本书主要通过文献搜索、档案查阅、深度访谈以及观察等多种方法收集数据，以期通过多样化的资料来源获取异构性数据进行交叉验证与相互补充（Eisenhardt，1989；Yin，2014），构成"资料三角验证"来提高案例建构的信度与效度，这不仅可以避免共同方法偏差，也能在一定程度上避免自我夸大、印象管理、回溯性释义等带来的偏差（Eisenhardt & Graebner，2007）。具体描述如下。

（1）为保证研究效度，多渠道收集数据

首先，通过互联网、微博、微信公众号、企业网站、行业新闻以及政府相关政策、公开出版的书籍等公开信息搜寻二手资料，结合查阅企业的宣传手册、内部资料、领导讲话、年度报告等来搜集案例企业的背景资料。其次，通过半结构化的深度访谈方式收集数据，这是本书数据收集的一个主要来源。在了解企业的基本背景及文献梳理的基础上，形成初步的理论框架并设计访谈提纲，然后对每一家调研企业的创始人、创业合伙人、企业高管、销售经理、产品经理、项目经理等企业高层人员进行半结构化的深度访谈（访谈提纲详

见本书附录）。每次访谈时间一般控制在 1.5 ~ 2 小时，访谈现场双方都有四人以上在场，以保证信息获取的准确性与全面性。为确保访谈人员对企业情况有全面、深入的了解，被访谈人员在企业的任职时间要求不少于三年。最后，在访谈结束之后，还会通过 E-mail、QQ、微信、电话或再次会面等形式与被访谈人员再次沟通以补充调研所需信息。

（2）为保证研究信度，进行资料的记录和整理，建立案例研究资料库

案例研究资料库包括案例调研笔记、录音资料、视频、文件资料、调研所生成的表格、文字叙述及分析材料等。在前期访谈准备阶段，通过多渠道获取的二手公开资料确定调研企业访谈重点，或根据上一次的访谈成果完善访谈提纲。在具体的访谈过程中，经被访谈人员同意后，对访谈现场进行笔录与录音，此外，向被访谈人员索取相关的企业内部资料。访谈结束后，及时整理与总结调研资料，进行分类与编码，并统一归档到案例研究资料库中，然后反馈给被访者进行信息核对与确认，一旦发现有遗漏或缺失就马上进行补充，不断地充实与完善案例研究资料库以备后续数据分析之用。

（3）建立证据链

对以上收集到的案例数据进行分类整理与分析，结合本书的理论模型与框架再次进行深入探讨，对涉及的关键问题在经过相互充分验证后得出结论。在数据收集过程中，对案例资料要本着客观性的原则，避免先入为主的主观臆断。同时，对收集的所有案例资料都要标明数据来源、过程、时间与具体场景（见表 2-4）。

表 2-4 案例企业资料来源

企业	访谈		现场观察	二手数据
	时间	对象		
A 新能源汽车	2018 年 11 月	创始人（总裁）、创业合伙人（总经理）、总裁助理、市场总监、技术总监	考察与参观公司总部。座谈时间为 2 小时，参观为 1.5 小时	企业网站、微信公众号、企业新闻、企业宣传资料、产品手册、行业发展报告
B 移动互联网	2019 年 1 月	创始人兼 CEO（首席执行官）、COO（首席运行官）、CTO（首席技术官）	参观公司总部及 O2O 平台、城市线下特色体验店。座谈 1.5 小时，参观与体验 3 小时	企业网站、微信公众号、产业联盟、新闻报道、行业网站、展览会

续表

企业	访谈		现场观察	二手数据
	时间	对象		
C 高端制造	2018 年 12 月	创始人、办公室主任、研发总监、产品经理	参观公司总部及生产流水线。座谈 2 小时，参观 1.5 小时	国家知识产权局网站、企业网站、新闻报道、企业宣传册、专业展会
D 医疗健康	2019 年 3 月	创始人、投资人、市场总监、运营经理	参观公司总部及医院现场场景应用。座谈 1.5 小时，参观与体验 3 小时	企业网站、APP 小程序、企业新闻、企业内部资料、新闻报道

2.2.4　数据分析方法

数据分析是案例研究理论构建的关键环节（陈晓萍等，2008），为了更精准地分析每一个案例创业网络与颠覆性创新路径间的匹配并对比不同匹配组合对新创企业成长绩效的影响机制，本案例研究将分为案例内分析与案例间分析两个阶段，并通过数据缩减和数据呈现，得出命题及验证。

第一，我们先通过对获取的录音、文本资料、访谈笔记等原始案例数据进行选择、聚焦、简化、摘录和转化以减缩数据（Miles & Huberman，1994），形成每个案例近 2 万字的案例报告。随后，根据整理后的数据及理论预设，对创业网络、颠覆性创新和新创企业成长绩效的数据进行分类归档，在此过程中不断与原有文献进行对比，以得到准确的数据。最后以表格形式呈现四个案例中的主要变量特征，使数据更为清晰可见，为识别创业网络与颠覆性创新路径间的匹配做准备。

第二，通过对四个企业案例间的各个变量进行归纳与总结，识别各变量间的相互关系，探寻不同创业网络类型与具体颠覆性创新路径间的匹配对新创企业成长绩效的影响机制并进行验证。在探索创业网络与颠覆性创新间的匹配时，通过反复对比四家案例企业间的相似性与不同之处，厘清两个变量的含义及其相互关系，从而得出可靠的结论；在探索创业网络与颠覆性创新间的匹配对新创企业成长绩效的影响机制时，将四个案例的创业网络与颠覆性创新路径的匹配属性进行分类，总结了不同匹配模式下新创企业绩效所表征出来的结果，尽可能对案例间多种来源数据进行相互验证，总结出令人信服的结论（Stake，2013）。这种案例间不断类比的过程类似于自然科学中的重复实验（Eisenhardt，1989；Yin，2009），也是对得出的研究结论进行相互印证的过程。

第三，通过案例内和案例间的比较分析，根据主要变量提出若干研究命题方向。开始对数据进行呈现时，会有部分命题方向的涌现，此时我们会返回到原始文本，将现有理论与语境情况相结合，初步确定这一命题是否可以做进一步的研究。在得到确认后，将其与各核心变量联系起来，提出尝试性命题。同时，将命题与现有文献进行比较，修正与完善命题，直到先验理论框架逐渐趋于稳定，形成所有案例数据相匹配的理论框架，最终得出正式的命题。命题的动态形成过程如图 2-2 所示。

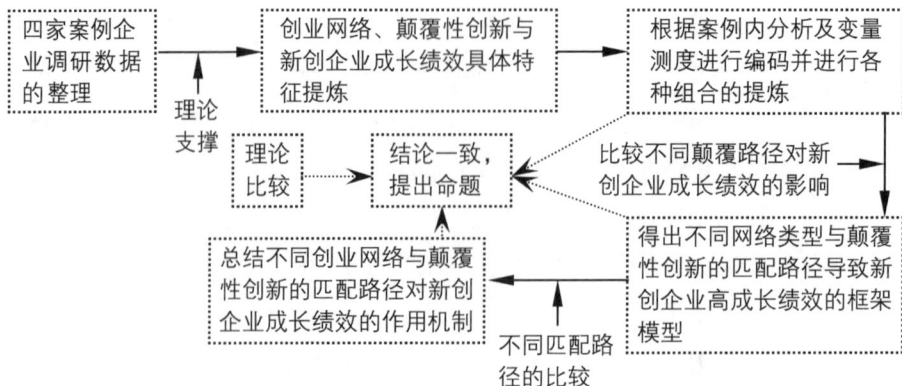

图 2-2　"新创企业成长绩效作用机制"命题提出过程

2.3　典型案例企业简介

本书选择的四家典型的探索性案例企业的基本概况如表 2-5 所示。遵循案例研究的惯例，考虑到对企业商业信息的保护，本书将这些企业进行匿名处理，用字母代码以及所处行业来表示（Yan & Gray，1994）。

表 2-5　案例企业基本概况

	A 新能源汽车企业	B 移动互联网企业	C 高端制造企业	D 医疗健康企业
创立时间	2014 年	2012 年	2013 年	2014 年
员工人数	约 300 人	约 500 人	约 50 人	约 200 人
年销售额或估（市）值	约 20 亿元	市值 68 亿元	约 1.5 亿元	估值 10 亿美金
主营业务	轻型低速新能源电动汽车的研发、生产和销售	结婚垂直领域全球性交易平台，打造结婚领域内容知识平台和以线上电商、线下体验、智能研发、内容社区为核心的结婚产业互联网生态圈	专注于先进功能型涂层刀具的研发，主要产品是纳米涂层整体硬质合金钨钢铣刀，并给客户提供国产高性能刀具以及高速、高效率加工技术服务解决方案	专注于医疗互联网产业，致力于通过互联网技术建立服务患者、医生、医院的大平台，提供一站式医院物联网应用解决方案。业务范围包含医院 Wi-Fi、医院物联网、患者端 APP、医护端 APP 等
经营市场	主要是销往国内市场，已建立全国 105 个 4S 店及销售网点	目前已发展到每年可以服务覆盖超过 80% 结婚用户的结婚垂直领域的全国交易平台。平台入驻的合作商家超过 20 万家，遍布全国 400 多座城市和主要地区，用户数量已经超过 6000 多万	高端涂层刀具制造商，从最初的模具、汽车工业，慢慢进入了国防、航空航天工业，领域不断拓宽。目前已拥有格力、美的、海尔、苹果、中国航天等优质客户。代理商已发展至新加坡、马来西亚等	以医院 Wi-Fi 为切入点，深耕医院场景服务，成功服务于上千家大型综合医院。目前已签约全国 245 个城市的 1700 多家医院（其中三甲医院 400 多家），覆盖超过 9 亿门诊人次，服务注册医生超过 140 万，AP（无线访问接入点）覆盖总数近 10 万，超过行业竞争对手总和，成为中国最大的医院 Wi-Fi 服务商

2.3.1　新能源汽车企业简介

　　A 新能源汽车企业成立于 2014 年，立足新能源交通产业，倡导绿色环保、持续创新、稳步跨越，始终坚持"成就你我"的企业愿景，秉承"合作共赢，共创辉煌"的经营理念，不断拓展与完善新能源电动汽车产业链，力争发展成为集研发、生产、销售于一体的国内一流汽车服务产业集团，成为新能源电动汽车轻量化的引领者。

　　企业下设技质中心、制造中心、企管中心、营运中心四大板块，拥有一批精干的管理人员、一支充满活力的营销团队和一支专业、高素质的技术队伍。公司项目一期投入资金 8 亿元，占地面积 6 万余平方米，目前已建成焊装、电泳及涂装、总装及检测等主要车间，逐步完善四大工艺，以最完善的制造工艺和不断升级的开发方式打造中国电动汽车品牌。在整车设计上采用轻量化、智能化等世界级先进理念，进一步优化和提升电动汽车整车品质、性能与安全性，真正将新能源的革新力量应用于实际。企业 2015 年投资 3 亿元自主研发 M1 低速电动汽车；2016 年追加投资 1500 余万元用于购进检测设备；初步建成年产 3 万台的主体工厂；2017 年实现销售额 6 亿元，利税 5500 万元；2018 年企业实现销售额 10 亿元，利税 1.2 亿元。2018 年，A 企业当选浙江省电动汽车行业协会副理事长单位。

2.3.2　移动互联网企业简介

B 企业于 2013 年在杭州注册成立，是一个专注婚庆市场，推出连接线上线下需求的综合性互联网结婚服务平台，面向婚礼垂直领域的 O2O 产品，帮助新人筹备好婚礼的移动互联网平台，有 iOS、Android 和 Web 端产品，为结婚行业数字化升级带来全新模式和机遇，成为品牌商家重要的新商业平台。平台入驻商家遍布全国 400 多座城市，涵盖婚礼策划、婚纱摄影、婚纱礼服、婚宴预订、婚车租赁、婚房布置、珠宝钻戒、喜糖请帖、摄影摄像、司仪、化妆、旅拍等各环节。B 企业平台是广受适婚人群信赖的结婚首选平台，用户可以在此平台上挑选商家、采买婚品、浏览并分享结婚知识或心得、使用电子请柬等工具。

《2015 年度 O2O 移动应用行业白皮书》显示，B 企业已经在婚庆 O2O 领域牢牢占据行业份额第一的位置，是婚庆 O2O 第一品牌，平台用户是第二名的 1.5 倍，并且活跃度是第二名的 2 倍。同时，截至 2019 年 6 月，B 企业平台入驻合作商家超过 20 万家，用户数量已超过 6000 万。用户通过平台社区用文字、图片、视频等互动方式，分享与结婚有关的经验和心得，帮助更多新人了解备婚信息。根据艾瑞网 2018 年 4 月的监测数据显示，在移动端垂直结婚服务平台领域，B 企业月独立设备覆盖数占比近 75%。目前，B 企业已完成五轮融资，融资总额过亿，是婚礼行业首个获得 D1 轮融资的公司，也是当前结婚垂直领域融资金额最高的互联网企业。B 企业被评为 2018 年创业黑马，成为新消费产业独角兽企业，并入选"中国创新成长企业 100 强"。2019 年，B 企业入选"2019 年上半年中国电子商务企业 100 强榜单"，公司总市值 68.67 亿元，成为全国唯一一家婚庆行业的独角兽企业。

2.3.3　高端制造企业简介

C 企业于 2013 年在浙江台州成立，注册资金 2000 万元，是一家业务遍及国防工业、航空航天工业、汽车工业以及模具制造等领域的高端涂层刀具制造商。成立之初，占地面积仅 1.6 亩，员工仅 30 余人，是一家名副其实的小企业。C 企业专注于先进功能型涂层刀具的研发，主要产品是纳米涂层整体硬质合金钨钢铣刀，并给客户提供国产高性能刀具以及高速、高效率加工技术服务解决方案。近三年来，企业亩产技术含量高的优势逐渐显现，年产值呈爆发式增长：2016 年，其产值突破 2000 万元；2017 年产值接近 7000 万元，亩产近 4000 万元，可以说是达到了大规模企业的标准，2018 年产值已突破 1.5 亿元大关。从正式营业算起，不过六年，C 企业就扭转了国内刀具市场长期被欧美垄断的尴尬局面，其研发的高速、高精度纳米涂层刀具，在国内高端刀具市场上的占有率达到 30%，成为行业内的隐形冠军。

目前，企业拥有 20 多台世界领先的生产设备，成立了以机械、数控、电气等专业骨干为主的 30 余人的研发团队，并引进多名外国专家参与，共同研发先进刀具。企业自主研发的刀具产品品质已经达到了国际水平，与日本高端刀具品质并驾齐驱。在纳米涂层研发方面，PVD（物理气相沉积）涂层，通过多梯度纳米涂层，实现 4 μm 涂层附着在刀具表面，产品硬度（耐磨性）达到 3000 ～ 4000HV。企业项目获得 2016 年省、市级创业大赛冠军，并且相继获得浙江省"小升规"企业"创业之星"、浙江省小微企业成长明星、浙江省高成长科技型企业、首届全国创业就业展示交流活动优秀项目、市高新技术企业、2018 年度"浙江制造精品"等各类荣誉称号。2019 年，C 企业被当地政府列入第三批瞪羚企业培育名单。企业第二期拟投入 2.2 亿元用于建设智能化厂房，建立全自动生产线，开展先进纳米涂层刀具的研发和创新，愿景是成为国内高端硬质合金涂层刀具的龙头企业，打造世界一流刀具品牌。

2.3.4　医疗健康企业简介

D 医疗健康企业 2014 年成立于杭州这个最具活力的互联网之城，专注于医疗互联网产业，致力于通过互联网技术，建立服务患者、医生、医院的大平台，以"用心打造身边的健康服务"为使命，努力实现"让生命更健康"的企业愿景。

成立之初，D 企业以医院 Wi-Fi 为切入点，投入大量资源深耕医院场景服务，凭借全球领先的专业技术、业界领先的产品组合与顶尖合作伙伴，成功服务于上千家大型综合医院。D 企业开发的医护端 APP，是国内首家专注于为中国医护打造的专属临床助手平台，帮助医护实现临床成长和学术成长、进行患者管理、提升工作和学习效率。平台可为医护人员提供免费上网、电子云病历、医拍工具、病例交流、临床指南等医学工具。同时，为全国医生提供品牌打造、运营及传播的整体解决方案。D 企业凭借以用户为中心的模块化服务设计理念开发患者端 APP，帮助患者完成免费上网、就医指南、住院计划、用药提醒、健康自查、病友交流、治病众筹、健康保险等多项服务。D 企业总部负责物联网专案的商务拓展，并与知名设备制造商富士康达成战略合作，由富士康提供医院物联网专用的设备、平台及搭建技术，围绕门诊及住院场景，以 Wi-Fi、LoRa（远距离无线电）等物联网技术，实现院内资源与服务的打通，共同为医疗机构提供物联网应用解决方案。核心技术获国家版权局颁发的计算机软件著作权证书，核心产品患者端 APP 获"最具潜力医疗／健康 APP"奖项，企业获得 2017 年杭州市第一批市级高新技术企业认定及第二届医疗市场年会最佳创新营销奖。

目前，D 企业已签约全国 245 个城市的 1700 多家医院（其中三甲医院 400 多家），覆盖超过 9 亿门诊人次，AP 覆盖总数近 10 万，注册健康用户 1500 万，日均活跃用户 100 万，医护用户突破 60 万，超过行业竞争对手总和，成为中国最大的医院 Wi-Fi 服务商。D 企业已完成亿级 B 轮融资，创医院场景应用领域单笔最高。业务范围从医院 Wi-Fi、患者端 APP、医护端 APP 拓展到提供一站式医院物联网应用解决方案。

2.4　案例企业创业网络、颠覆性创新与新创企业成长绩效分析

本节将逐一对四个典型案例中所收集的数据做初步分析，用定性与定量的方法分别对每个案例中的创业网络、颠覆性创新与新创企业成长绩效进行描述和分析，形成编码化与结构化的数据信息，以供案例间变量关系的进一步解构和重构。

2.4.1　案例企业创业网络构建特征

创业网络是创业者的社会关系与新创企业的组织关系的总和（杨隽萍等，2015），网络的构建、保持和拓展以及对其进行合理而有效的利用成为新创企业提升创新能力与实现高质量成长的关键（Ahuja，2000），在后发与转型的情境下作用更加明显（解学梅和左蕾蕾，2013），其也成为创建和发展新创企业过程中所拥有的一种重要战略资源（董保宝和葛宝山，2012）。对于新创企业而言，如何事先主动选择合适的合作伙伴以构建高性价比的创业网络已成为首要的战略问题。借鉴魏江等（2014）、寿柯炎和魏江（2018）、乐鑫（2014）、Baron 和 Tang（2009）、Maurer 和 Ebers（2006）、Bengtsson 和 Sölvell（2004）、解学梅和左蕾蕾（2013）、余维臻和李文杰（2020）等国内外学者的研究，本书将从创业活动过程本质属性（价值创造）相匹配的视角出发，聚焦网络的资源、信息、建议、合法性、情感支持、声誉、影响力等内容，根据网络内容给新创企业带来的价值属性差异，划分为同质化与异质性两个维度，从产品、技术、区域距离、文化、市场五个方面的一体化程度与差异化程度出发，衡量各案例企业的创业网络特征。通过多途径收集案例企业与其

合作伙伴的数据信息，来测度其创业网络特征，各案例创业网络构建特征的状况如下。

（1）A新能源汽车企业创业网络构建特征

企业在吸收欧洲车型元素的基础上，充分利用企业技术中心与当地的汽车配套企业和模具产业集聚的优势，构建广泛的外部合作网络，始终坚持开放、自主研发，加强创新建设。常年与知名设计公司互派人员进行学习交流，协同进步，消化吸收国外先进技术和管理理念，并高薪聘请专业高端设计研发团队，从国内知名高校积极引进专业技术人才，同时还积极聘请国内外著名专家担任企业技术中心顾问，用纳米合金材料改造汽车零部件，做成塑料轻型整车，已取得多项外观专利和实用新型专利。在动力系统方面，企业已经与美国、日本、欧洲等国家和地区的业界知名品牌达成战略合作伙伴关系。在整车设计方面，企业通过多渠道整合国内外技术服务商、国内科研院所、零部件供应商、设计公司等组织进行技术学习和联合研发，以及和深圳、河南等地的移动、联通公司合作，积极布局与参与车联网平台，形成与内部研发相互支持的研发体系。凭借丰富的开放式创业网络，企业迅速完成技术能力的积累。A企业被推荐为浙江电动汽车行业协会常务副理事单位，参与低速电动汽车行业标准的起草与制定。企业每年参加各种专业汽车展会及广交会，拓展了国内外经销商与代理商队伍，并定期对其进行技术、销售、售后服务等技能培训，旨在为用户提供更专业、更完善的服务。

在企业经营过程中，当地各级政府负责人多次对企业进行调研考察，了解企业项目的前景及当前迫切需要解决的难题。例如，在创业过程中面临多种政策障碍、融资需求及对厂房设备规模进一步扩大的迫切需求，当地政府不仅提供了"妈妈式"服务为企业排忧解难，还承诺将解决企业发展需要的土地问题，这在当地调整产业结构，逐步清理落后、高耗能企业，工业用地非常紧张的情形下实属不易，并且这也大大激发了创业团队扎根当地创业的信心与热情。A企业除了与当地政府进行密切的沟通外，还积极拓展与北京、广西、山东、河南、安徽等地方政府的关系，寻求当地政府对项目的支持以及成为当地政府的公务用车，如多地公安局采购电动汽车作为公务用车，在车身上标注"公安""警察"字样，能够充分显示各地政府对该产品的高度信任。

公务用车频率高，对性能、配置等要求很严格，当地政府选择 A 企业电动汽车的主要原因是其续航里程长、小巧灵活、驾乘舒适等特征非常适合日常工作的开展。

（2）B 移动互联网企业创业网络构建特征

B 企业通过大数据挖掘用户需求，构建 2.0 数字商业体系，致力于婚庆的一站式服务，助力结婚产业智慧成长，开拓社交新领域，联结商家网络搜寻新用户，以达成更快、更精准的市场部署，打造六大主要功能平台：第一，精选商家。已整合全球 20 多万家结婚品牌商家，像韩国艺匠、金夫人、铂爵旅拍、摩卡婚礼、汇爱婚礼、Sunny 喜铺婚礼策划、LilyGarden Bridal 等业内标杆都已入驻，同时还与希尔顿、国际铂金协会、歌帝梵、上海迪士尼乐园、周生生、浦发银行、罗莱家纺等一线品牌保持长期深度合作。第二，优选婚品。优选备受用户喜爱的婚品款式，提供千人千面的个性化推荐，无需盲目海淘，就可以轻松挑选想到的和没想到的全部婚品。第三，社区分享。社交平台以"精选＋动态＋图库＋内容"的内容形式分享与结婚有关的各个方面，通过沉浸式互动场景，为用户营造舒适的交流氛围。第四，线下体验。B 企业打造一站式备婚中心，专为提升平台商家和用户体验而设置线下空间，开创"结婚统筹师＋大数据智能推荐＋沙龙婚博日"的新体验模式，目前备婚中心已落户杭州、南京、宁波、湖州等地的购物中心和主要商圈。第五，结婚工具。B 企业提供众多具有实用性、个性化、可记录的结婚工具，包含电子请帖、婚礼 MV、一键试婚纱等，满足婚前与婚礼现场等多个需求场景。第六，结婚攻略。用户可以在 B 企业的微信公众号、官方微博、知乎、小红书等获取与结婚有关的知识、趣味话题和新鲜资讯，目前阅读量累计已超过 10 亿。B 企业已完成由兰馨亚洲、复星锐正、经纬中国、上合资本、经纬创投、祥恩股权投资等创投资本的五轮融资，正朝着企业整体上市的目标而努力。

（3）C 高端制造企业创业网络构建特征

C 企业在创业之初仅由六名来自不同领域但志同道合的合伙人组成创业团队，秉承"创新，永不止步"的经营理念，以创新为核心，不断加快企业转型升级步伐，坚持"走出去与请进来两条腿走路"，主动与行业领袖企业构建合作关系并向他们学习，并招聘国内高端专业技术人员甚至海外专家。创业团队认为，创新不仅仅在于对刀具的整体性研发、结构设计等进行技术革新，更在于要经受得起实践的检验。只有秉持利他之心，紧贴客户需求对刀具及加工参数进行不断调整，真正将创新技术转化为实际效益，刀具产品的整体水平才能上升到新高度。创业团队经常调研和参与解决用户在使用过程中出现的问题。

通过与同行及用户在测试寄样、反馈实验报告、多厂家比对、沟通调整等方面的互动，共同解决实际应用问题，研发出最适合切削对象的刀具，构建虚拟平台型"共享实验室"，实现多赢。不断推进新项目的改进并提升突破速度。企业致力研发的 PVD 纳米涂层项目再次取得新进展，刀具表面硬度随之提高，产品的切削速度、耐磨损性、红硬性、抗氧化性和润滑性等性能指标也显著提升，极大地降低了加工成本，并提高了生产效率。产品列入"浙江制造精品"目录，此目录的产品在政府采购和公共资源交易、政府性投资及补助、国有企业投资的项目等方面将享受一定的优惠扶持政策与财政资金奖励。

C 企业不仅作为国内首家战略合作刀具品牌参与了一年一度的技术盛会"牧野科技展"，还积极参与各种招标会和来自国内外其他企业的产品同场竞技，其中不乏国内知名企业和日本、韩国等国家的一流刀具企业。在现场展示环节，当其他品牌的刀具都因磨损而停止旋转时，只有 C 企业的刀具"舞"到了最后，赢得了全场的掌声。同时，C 企业还经常参与各种创新创业平台及创博会，与数字技术、物联网技术、信息技术、新材料、新能源等领域的企业互动和共享，并不断发展优质客户，目前已拥有格力、美的、海尔、苹果、中国航天等优质客户，并从最初的汽车工业，逐步进入了国防、航空航天工业等领域。C 企业已计划和世界领先的牧野机床公司合作，建立中国先进刀具研发中心和中国模具高效加工研发中心，服务民族工业，助力中国制造 2025，为制造业智能化转型贡献一己之力。

（4）D 医疗健康企业创业网络构建特征

D 企业基于在医院 Wi-Fi 市场的绝对占有率，获得了由全球领先的人工智能平台公司商汤科技 SenseTime 领投，万向投资、杭州联创投资以及多家香港顶级投资机构等跟投的 B 轮融资，在快速布局医院物联网的同时，与知名设备制造商富士康达成战略合作，并将共同出资成立合资公司，携手为医疗机构提供物联网应用解决方案，构建基于"互联网＋""物联网＋""AI＋"等的"五网一体"医疗物联网，实现以下目标：一是通过院内外的互联互通，不仅能让百姓更加便捷地就医，还能引发健康服务模式革新，持续精准地提供可及服务，为医改深化注入新活力；二是助力医院运营效率提升，构建医院万物互联，全面整合环境、设备、材料、病患、医务人员，优化医院管理，提升运营效率，增加医院营收；三是构建医疗服务创新，引入视觉识别技术，为患者提供全新的就医体验，为医院提供可靠的秩序保障，智能导诊、医保监管、行为管理业务，开创全新的医疗服务体系。

"五网一体"医疗物联网将针对医院场景，精准的地区、医院、科室、人群定向，帮助品牌进行精准的用户人群调研、会员招募与精准增粉，实现精准投放，整合内外部媒介资源，开启新一轮的数字营销。如 D 企业凭借千万流量入口及对母婴家庭人群的精准捕捉，获得了母婴品牌商的一致青睐。2017 年，除了美赞臣之外，惠氏也已经同 D 企业签约作为独家医院数字媒体合作方。D 企业与母婴奶粉巨头的合作，成为母婴用品在医院场景数字营销领域的标杆案例。同时，D 企业通过疾病科普、病例植入、用药 PK、病例挑战、科研合作等学术推广进行精准的医生教育与患者教育。

D 企业还是当地科技创新联盟的成员，该联盟是"政府引导、企业主导、各方参与"的创新组织，由政府、企业、高校、创投、媒体等共同发起，旨在协同各方力量，链接多方资源，联动创新热情，助力科技型创新企业、行业细分龙头企业等新经济创新主体快速成长，成为经济高质量发展的骨干力量。该联盟是一个综合性生态联盟，由五大体系构成：其核心是由科技型创新领军企业、行业细分龙头企业和以科技创新为主导的成长企业构成的；联盟的智力支撑是由浙江大学、西湖大学等高校科研院所，专家、院士、技术带头人等组成的人才智库；资本支撑是由 IDG、银杏谷、浙商创投等知名投资机构构成的资本通道；品牌支撑方面，有由 36 氪、浙商传媒等组成的百家媒体联盟；同时，还有由科技局等九部门组成的科技创新联盟小组，合力为联盟提供一线服务。

（5）案例企业创业网络构建水平

通过对案例企业的探索性研究，本部分分别从同质化与异质性两大维度，聚焦产品、技术、区域距离、文化、市场的相似性与差异化五个子维度进行描述分析和归纳，具体如表 2-6 所示。

表 2-6　案例企业创业网络构建特征

企业	创业网络构建	
	构成维度	创业网络具体内容
A 新能源汽车企业	异质性网络	广交会等综合性展览会、车联网平台、拓展海外经销商与代理商及各地政府部门和组织的积极沟通等。高薪聘请各行业专业设计研发团队等。国内外零部件供应商、技术服务商、国内高校及科研院所、设计公司
	同质化网络	汽车专业性展会、行业协会
B 移动互联网企业	异质性网络	社交平台、金融机构等
	同质化网络	行业协会，专注婚庆市场 O2O 平台、婚庆产业供应链与产业整合、用户互动等
C 高端制造企业	异质性网络	不同领域背景的创业者团队、创新创业平台，拓展不同类型代理商
	同质化网络	国内外专业研发团队的构建、同行交流与合作，行业竞标会与相关产业的协同，如磨具集聚产业合作、"共享实验室"、国内专业研究机构，用户互动，进入政府采购目录
D 医疗健康企业	异质性网络	科技联盟、政府机构、投资机构、高校等研发机构、市场推广等中介传媒、"五网一体"医疗物联网平台等
	同质化网络	基于现有技术的整合在新场景中的应用，涉及各个模块，与 D 企业类似的产品与服务相对较少，交流与互动较少

2.4.2　案例企业颠覆性创新分析

颠覆性创新是一种新产品和新服务，它首先是在简单的应用市场中导入，然后不断向高端市场攀升，最终取代市场上现有产品的过程（Christensen，1997，2003）。基于克里斯坦森颠覆性创新的概念和特征，分为新市场颠覆与低端颠覆两种创新类型，具体表现为新产品或服务的价值体现，内容包括颠覆性技术创新、产品创新、流程创新和商业模式创新等（Markides，2006；Govindarajan & Kopalle，2006，2011；Schmidt & Druehl，2008；Lin et al.，2015）。

低端市场的颠覆性创新并不能创造新的市场，而是专注低价格和低成本的结构，为主流市场中对价格敏感的客户提供具有良好主流性能的产品，并通过低成本商业模式收购低端市场的核心业务而逐步发展（Christensen & Raynor，2003；Droege & Johnson，2010）。因此，相对简单、便宜，易于使用或方便的产品是低端颠覆成功的关键因素。新市场颠覆性创新是以潜在消费者或非消费者为初始目标，它创造了一个全新的价值网络，并提供了具有鲜明特征的产品性能，以满足那些曾经有需求，但被在位者遗忘或无法负担的消费者，从而使供给者在颠覆的初始阶段获得生存的利基市场（Christensen，1997；Christensen & Raynor，2003）。因此，本书借助以上两种颠覆性创新类型的探索来衡量案例企业的颠覆性创新水平，具体情况如下。

（1）A 新能源汽车企业颠覆性创新分析

2009 年，国家开始大力倡导新能源电动汽车，但是相关的政策和法规还是比较滞后的，近年来，高速新能源已经有 170 万台的产能，而对于低速的四轮车目前国家的产业政策还不明朗。A 企业生产的车是低速的，在产业政策不明朗的背景下，整个市场的保有量突破 350 万辆。A 企业为什么会选择这个市场进入，创业团队认为：第一，虽然中国的汽车保有量绝对数已较高，但个人保有量相对国际市场而言还较低；第二，未来要大力发展的绝对不是燃油车；第三，高速新能源车发展因其结构、充电设备比较复杂，导致发展较为缓慢，实际上，轻型电动车容量是跟高速车差不多的，但 A 企业新能源汽车更加轻便灵巧，只需要家用 220V 电就可以充。因此，基于国家政策支持与老百姓的需求，这款车的市场前景值得期待。目前，全国有 125 个城市已陆续支持 A 企业这种低速新能源汽车挂牌上路。

A 企业的车很时尚，消费人群的定位不是老年人，而是年龄在 18 岁到 40 岁之间的群体，这个群体占了 63.5% 的比例。而且这些消费群体大多是奔着时尚的外观来的，3 万多元的车型配置了 GPS、倒车仪、空调等设备，功能能基本满足需求，因此深受年轻群体的喜爱。

（2）B 移动互联网企业颠覆性创新分析

B 企业自成立以来，通过搭建"线上展示交易＋内容社区＋线下体验＋垂直电商＋智能 SaaS（软件即服务）系统＋X"的平台模式，不断拓宽垂直领域的边界，带领结婚行业从单体、传统型经营，向平台化、数字化升级，成为全国领先的结婚垂直领域全球性交易平台，打造结婚产业互联网生态圈，引起了行业的广泛关注。

B企业引领结婚行业的数字化升级，具体体现在其平台整合、大数据分析、产品研发、精准营销等多个方面的实力与创新。对品牌商家而言，B企业平台数字能力在科技的加持下不断蜕变，打造解决行业线上线下营销问题的智能系统，联动商家实现从线上到线下与用户的无缝对接，提升品牌商家的专业服务能力，同时构建云服务平台，帮助商家提高运营效率、减少操作环节。从用户角度出发，B企业不仅聚焦结婚垂直内容社区的矩阵布局，还以线上大数据和人工智能为依托，布局核心城市线下特色体验店服务，打造线上消费和线下体验的服务闭环，为商家和用户打造更有效、更舒适的服务交流空间。目前，B企业已经形成以产业服务型电商为核心的互联网"商业综合体"、结婚产业数字生态。

（3）C高端制造企业颠覆性创新分析

中国制造业的多数企业仍在以廉价劳动力作为降低成本的主要手段，而较少关注通过改进加工手段提高效率来节省费用，所以中国制造业的刀具消费水平普遍较低，仅占制造成本的1%～2%。在发达国家都把发展现代高效刀具作为提高制造业竞争力的重要手段的情况下，中国制造业却仍处于较低水平，这已经成为制约中国制造业发展的瓶颈之一。C企业通过大量实验一点点摸索，同时加入微量元素等不断进行调整，提高刀具的耐磨性、耐冲击性、耐高温性，找出对应每一种切削对象的最佳组合，在细分领域做到极致。只有紧贴客户需求对刀具及加工参数进行不断调整，真正将创新技术转化为实际效益，刀具产品的整体水平才能上升到新的高度。

最终，在高速、高精度的金属切削加工中，C企业生产的刀具，无论是在切割精度、硬度、效率方面，还是在最为关键的使用寿命上，都达到了国内先进水平，与国际刀具巨头的差距从最初的实力悬殊，到不断拉近，再到持平，直至反超。

（4）D 医疗健康企业颠覆性创新分析

随着消费升级和老龄化进程加快，以及网络技术的飞速发展，"互联网＋医疗""物联网＋医疗"拥有越来越广阔的前景和空间。D 企业以院内免费上网为切入点，建立流量优势，以"互联网＋医疗""物联网＋医疗"为创新理念，开启医院场景新应用。作为知识密集型企业，D 企业持续投入了大量人才和资金进行科技创新，直接从事研究开发的科技人员占公司总人数的 52%，2016 年研究开发经费投入超过 800 万元，核心技术"禾连无线软件 V3.0"获国家版权局颁发的计算机软件著作权证书，核心产品患者端健康 APP 获"最具潜力医疗／健康 APP"奖项。

以 Wi-Fi、LoRa（远距离无线电）等物联网技术及 AI 技术加快落地医院场景，深入布局智慧健康医疗领域，以 AI 原创技术赋能医院和推动健康医疗产业升级。构建"五网一体"医疗物联网平台：Wi-Fi 内网，移动输液、移动护理、移动查房、移动 PACS（影像归档和通信系统）；Wi-Fi 外网，院内患者导医、医疗协同信息、病患诊疗交互、微信认证上网；医疗遥测网络，医学装备管理、智能输液监护、生命体征监测、医疗冷链监测；物联定位网络，无线报警求助、母婴安全管理、贵重资产定位、病患监护管理；物联识别网络，手术流程管理、总务后勤管理、智能被服管理、医疗资产管理。实现系统、平台、主体之间的互联互通，打破原有产业边界，使产业与创新主体之间的边界发生颠覆性变革。"五网一体"平台打通了院内资源与服务，帮助医疗机构降低运营成本，提升服务效率，提高营收效益。集结全国顶级医疗资源，依托人工智能精准算法，重新定义体检，全方位解读个人健康数据，为企业定制 365 天个性化健康管理方案、差别化运动处方、平衡膳食计划，打造企业健康服务生态链，让员工更健康，让企业更有活力。

D 企业凭借千万流量入口、对母婴家庭人群的精准捕捉，以及垄断性和强制性的用户入口，获得了母婴品牌商一致的青睐。至今，除了美赞臣，惠氏也已同 D 企业签约，并将其作为惠氏在医院数字营销的唯一合作媒体，两家母婴巨头通过 D 企业平台向全国的妇幼、儿童医院进行妈妈会员招募，每天新增注册会员达 2000 人，在合作期内超额完成招募计划，并取得了满意的转化效果，成为母婴用品在医院场景数字营销领域的标杆案例。目前，D 企业还将继续与富士康、华大基因等专业公司及广大医院进行合作，快速成长壮大，不断探索科技、大数据与医疗健康产业更多结合的可能，推进新技术、新业态、新模式的产生。

（5）案例企业颠覆性创新内容与类型汇总

表 2-7 对以上案例企业颠覆性创新内容的描述与分析，以及具体的颠覆性创新类型进行了汇总。

表 2-7　案例企业颠覆性创新内容与类型

企业	颠覆性创新内容	颠覆性创新类型
A 新能源汽车企业	产品创新、工艺创新、流程创新	低端市场颠覆性创新
B 移动互联网企业	服务创新、商业模式创新、数字生态与业态创新	新市场颠覆性创新
C 高端制造企业	颠覆性技术创新、产品创新、工艺创新	低端市场颠覆性创新
D 医疗健康企业	商业模式创新、颠覆性技术创新、服务创新、业态创新	新市场颠覆性创新

2.4.3　案例企业成长绩效

企业成长是质和量的统一：质指的是内涵的变化，是企业自身核心能力和知识的提升；量指的是规模的扩张，是表象的扩张。对于新创企业而言，首先要考虑的是生存的问题，然后才是发展的问题（Haber & Reichel，2005；Covin & Slevin，1990）。因此，企业成长绩效的测量有财务与非财务指标的客观和主观两种测量方法（Avlonitis & Salavou，2007；Gilbert et al.，2006）。财务绩效指标主要包含企业的销售额、市场份额、企业规模及企业利润（李新春等，2010）；非财务指标包括新发展客户、利益相关者的认同度与满意度、感知印象、忠诚度、竞争地位等（刘井建和史金艳，2013）。本书中四个案例企业的成长绩效情况如下。

（1）A 新能源汽车企业成长绩效

A 企业项目一期占地面积 6 万余平方米，目前已建成焊装、电泳及涂装、总装及检测等主要车间，逐步完善四大工艺，主要生产设备有：组焊生产线一条、电泳自动程控生产线一条、烤漆自动流水线一条、总装生产线一条，以及各种现代化的机械加工和检测设备。企业在 2015 年投资 3 亿元用于自主研发 M1 低速电动汽车；2016 年追加投资 1500 余万元用于购进检测设备，初步建成年产 3 万台的主体工厂；2017 年实现销售额 6 亿元，利税 5500 万元；2018 年企业实现销售额 10 亿元，利税 1.2 亿元。2018 年，A 企业当选浙江省电动汽车行业协会副理事长单位。

（2）B 移动互联网企业成长绩效

《2015 年度 O2O 移动应用行业白皮书》显示，B 企业已经在婚庆 O2O 领域牢牢占据行业份额第一的位置，是婚庆 O2O 第一品牌，平台用户是第二名的 1.5 倍，并且活跃度是第二名的 2 倍。根据艾瑞网 2018 年 4 月的监测数据显示，在移动端垂直结婚服务平台领域，B 企业月独立设备覆盖数占比近 75%。目前已完成五轮融资，融资总额已经过亿，是婚礼行业首个获得 D1 轮融资的公司，也是目前结婚垂直领域融资金额最高的互联网企业。截至 2019 年 6 月，B 企业已完成数字商业 2.0 体系，入住平台合作商家超过 20 万家，用户数量已超过 6000 万。B 企业被评为 2018 年创业黑马，成为新消费产业独角兽企业，并入选该年度"中国创新成长企业 100 强"，成为 100 家最具发展潜力和创新力的新贵，凭借其在结婚垂直领域的创新突破，成为唯一入选该榜单的互联网独角兽。2019 年，B 企业入选"2019 年上半年中国电子商务企业 100 强榜单"，企业总市值 68.67 亿，成为全国唯一一家婚庆行业的独角兽企业。

（3）C 高端制造企业成长绩效

创业三年，仅有 23 人（包括后勤、销售等人员在内）的 C 企业在 2016 年创造出了 2000 多万元产值。2017 年产值更是接近 7000 万元，亩产近 4000 万元，可以说是达到了"大"规模企业的标准。2019 年，企业订单呈爆发式增长，上半年销售额已达 8000 多万元。从正式营业算起，不过六年 C 企业就扭转了国内刀具市场长期被欧美垄断的尴尬局面，其研发的高速、高精度纳米涂层刀具，在国内高端刀具市场的占有率达到 30%。企业"高速、高精度切削刀具"项目获得 2016 年省、市级创业大赛冠军，企业相继获得浙江省"小升规"企业"创业之星"、浙江省小微企业成长明星、浙江省高成长科技型企业、首届全国创业就业展示交流活动优秀项目、市高新技术企业、2018 年度"浙江制造精品"等各类荣誉称号。从最初的模具、汽车工业，慢慢进入了国防、航空航天工业，领域不断拓宽，技术难度也逐渐增大，目前已拥有格力、美的、海尔、苹果、中国航天等优质客户。2019 年，C 企业荣列市第三批瞪羚企业，成为行业名副其实的"隐形冠军"。企业第二期拟投入 2.2 亿元用于建设智能化厂房，建立全自动生产线，开展先进纳米涂层刀具的研发和创新，愿景是成为国内高端硬质合金涂层刀具的龙头企业，打造世界一流刀具品牌。

（4）D 医疗健康企业成长绩效

D 企业已签约全国 245 个城市的 1700 多家医院（其中三甲医院 400 多家），覆盖超过 9 亿门诊人次，AP 覆盖总数近 10 万，注册健康用户 1500 万，日均活跃用户 100 万，医护用户突破 60 万，超过行业竞争对手总和，成为中国最大的医院 Wi-Fi 服务商。D 企业已完成亿级 B 轮融资，由全球领先的人工智能平台公司商汤科技 Sense Time 领投，万向投资、杭州联创投资以及多家香港顶级投资机构等跟投，经过这轮融资，D 企业成为市场估值接近 10 亿美元的独角兽企业，创下医院创新场景应用领域单笔融资额最高的纪录。业务范围从医院 Wi-Fi、患者端 APP、医护端 APP 拓展到提供一站式医院物联网应用解决方案。核心技术获国家版权局颁发的计算机软件著作权证书，核心产品患者端 APP 获"最具潜力医疗 / 健康 APP"奖项，企业获得 2017 年杭州市第一批市级高新技术企业认定，及第二届医疗市场年会最佳创新营销奖。D 企业积极响应国家《"健康中国 2030"规划纲要》，全方位、全周期保障人民健康，以大幅度提高健康水平和显著改善健康公平为目标。

（5）案例企业成长绩效水平分析

表 2-8 对各案例企业的成长绩效进行了总结与归纳，从表 2-8 中可以看出企业间成长绩效水平的差异。

表 2-8 案例企业成长绩效

企业	案例企业成长绩效
A 新能源汽车企业	近几年企业产量、销售额持续快速增长
B 移动互联网企业	婚庆行业市场占有率第一，品牌价值第一。已完成五轮融资，融资总额超 1 亿美元，行业内唯一一家独角兽企业，入选"中国创新成长企业 100 强"，2019 年企业总市值为 68.67 亿元
C 高端制造企业	近几年销售额每年翻番，在国内高端刀具市场的占有率达到 30%。入选 2018 年度"浙江制造精品"，2019 年荣列市第三批瞪羚企业，成为行业的"隐形冠军"
D 医疗健康企业	中国最大的医院 Wi-Fi 服务商，完成亿级 B 轮融资，创下医院创新场景应用领域单笔融资额最高的纪录，成为市场估值接近 10 亿美元的独角兽企业，获 2017 年第二届医疗市场年会最佳创新营销奖，及杭州市第一批市级高新技术企业认定

2.5 案例比较分析与命题提出

上节对四个典型案例的创业网络、颠覆性创新和新创企业成长绩效进行了详细描述与分析。为了方便案例间的比较研究，在以上描述与分析的基础上，对创业网络、颠覆性创新及新创企业成长绩效进行 1 ~ 5 分的编码：分别用 5 分（非常好）、4 分（较好）、3 分（一般）、2 分（较差）、1 分（很差）来表示相关指标的强弱程度。根据案例企业的实际描述情况进行评判与打分并得出各变量初步的编码结果，然后请案例企业被采访人员与业内专家对其做进一步的审核和修正，最终得到的编码结果如表 2-9 所示。本书将对四家案例企业的各组变量指标进行对比分析，归纳出创业网络、颠覆性创新和新创企业成长绩效之间的相互关系，并且提出相应的研究命题。

表 2-9　案例企业创业网络、颠覆性创新及成长绩效

		A 企业	B 企业	C 企业	D 企业
创业网络	异质性网络	4	2	1	5
	同质化网络	2	5	4	1
颠覆性创新	低端颠覆	5	1	4	1
	新市场颠覆	2	5	2	5
成长绩效	财务绩效	4	5	3	5
	非财务绩效	3	4	3	4

2.5.1　创业网络对新创企业成长绩效的影响

在分别梳理四个典型案例企业各变量特征的基础上，进一步梳理案例企业中创业网络与成长绩效之间的关系（见表 2-10）。

表 2-10　创业网络对新创企业成长绩效的影响

网络嵌入特征	新创企业成长绩效			
	A	B	C	D
同质化网络	－	＋＋＋	－	－
异质性网络	＋＋	－	－	＋＋＋

注：－代表不存在或基本无影响，＋代表有影响，＋＋代表有较高影响，＋＋＋代表有高影响。

由表 2-10 可以看出，新创企业在成长过程中普遍选择与外部环境建立合作关系以获取机会和资源。综合来看，四家企业总体成长绩效较高，其中，B、D 企业最为突出，A 企业次之，C 企业则稍逊一些，并且它们都十分重视开发与构建外部合作伙伴，如 D 企业积极构建与拓展社交网络，与特定的潜在利益相关者进行连接、聚类和互动，以激发新的创意和寻求新的市场机会。它们通过参与创业网络克服了技术和市场的双重压力，获得了创新与成长资源（梅亮和许庆瑞，2011）。从案例企业具体嵌入的网络相似程度来看，A、D 企业更倾向于异质性网络，积累了大量的异质性合作伙伴，实现了用户规模的迅速增长，并从中获取了大量的互补性资源，从而推动企业成长（Barney，2001）。而 B、C 企业则更多地聚焦于行业内的沟通与互动，如积极参加专业

展会，与同行开展探索和合作，共同解决用户的需求，为已有市场或顾客创造新的供给（郭海和沈睿，2014），使其快速成长（Rosenbusch et al.，2011）。由此可见，同质化网络对新创企业的成长也起到了积极的作用，同质化网络可以使企业更加快速地利用环境中嵌入的机会与其他行动者互动，并获得他们已有的经验、相关市场的知识、服务市场的方法，以及处理客户问题的建议等，这将帮助创业者采用一致的策略，设计与调整他们的营销组合，以及理解和发现与机会相关的风险和决策实践。同质化的信息与知识，对新创企业而言是有价值的，中国的新创企业普遍存在信息、知识与资源"非饱和"的问题，这也体现了中国后发情境下新创企业自身的独特性。

　　通过以上理论分析、案例企业访谈结果与表 2-10 综合分析，在前面的理论预设中，本书提出的创业网络对新创企业成长的重要影响作用在探索性案例中得到了支持和验证（见图 2-3）。

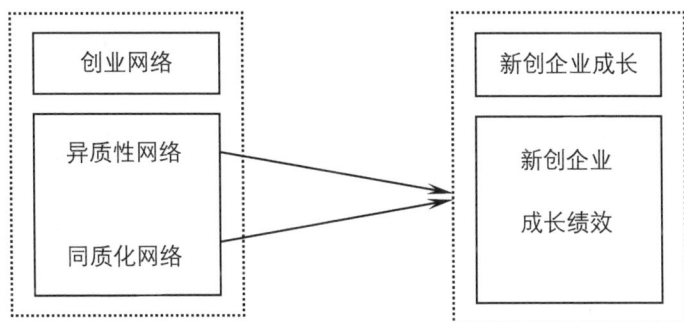

图 2-3　创业网络与新创企业成长绩效间的关系

基于此，本书提出以下命题。

命题 1：创业网络对新创企业成长绩效有正向影响。

命题 1a：异质性网络对新创企业成长绩效有正向影响。

命题 1b：同质化网络对新创企业成长绩效有正向影响。

2.5.2 创业网络对颠覆性创新的影响

同理，进一步梳理案例企业中创业网络与颠覆性创新之间的关系（见表2-11）。

表 2-11 创业网络对颠覆性创新的影响

网络嵌入特征	颠覆性创新			
	A	B	C	D
	低端颠覆	新市场颠覆	低端颠覆	新市场颠覆
同质化网络	−	＋＋＋	＋＋	−
异质性网络	＋＋	−	−	＋＋＋

注：−代表不存在或基本无影响，＋代表有影响，＋＋代表有较高影响，＋＋＋代表有高影响。

可以看出，四个案例企业构建的创业网络都较好地支持了低端颠覆或新市场颠覆活动。B企业基于现有互联网与数字技术寻找到婚庆行业新的应用场景，把行业内的利益相关者整合到新的平台上进行交互与交易，产生了新市场的颠覆性创新。这种同质化网络成员之间因为认知和沟通的障碍较少，故更能实现专有的隐性知识与能力的交流，侵略性和冒险决策易达成一致（解学梅，2015；Campos, et al., 2015）。而C企业通过共享实验室平台，与同行共享信息，在遇到技术难题时也会协同解决，并且借助平台深入供应商和客户，加强市场和技术的信息交流，将他们的一些建设性意见用于生产工艺改进与产品创新，从而推出适合客户的新产品。这种利用式的学习较好地推动了低端颠覆性创新的产生（林春培等，2015）。A企业则尽可能地与行业外的不同利益相关者建立关系，尤其是主动与各目标市场的不同政府部门建立良好的合作关系。D企业通过"互联网＋""物联网＋"构建合作平台，通过与它们的互动来搜寻更多的互补性知识和资源。显然，A、D企业在与不同类型网络成员的沟通和思想碰撞过程中，容易产生新的火花，在环境多变与不确定性的情境下，企业解决问题的理念越新颖、思路就越开阔、处理问题的方法就越灵活，发现新技术与市场的机会就越多，就越能作出高质量的决策，从而较好地开展产品创新、商业模式创新与业态创新，进而实现新市场颠覆性创新。由此可见，创业网络作为开放式创新的最佳载体，内部的组织形式和协调方式使其能够灵活地调动资源进行创新，故成为颠覆性创新的关键所在（郝斌等，2014）。

通过以上理论分析、案例企业访谈结果与表 2-11 的综合分析，在前文的理论预设中，本书提出的创业网络对颠覆性创新有重要的影响作用在探索性案例中得到了支持和验证（见图 2-4）。

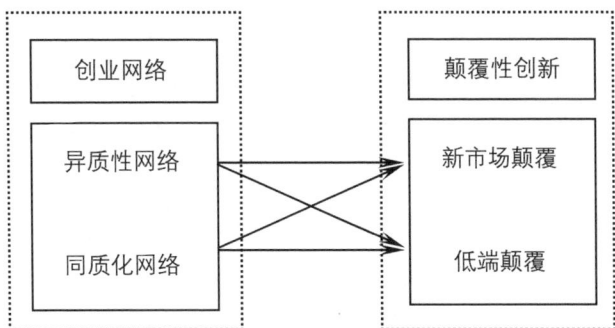

图 2-4　创业网络与颠覆性创新间的关系

基于此，本书提出如下研究命题。

命题 2：创业网络对颠覆性创新产生正向影响。

命题 2a：异质性网络对新市场颠覆产生正向影响。

命题 2b：异质性网络对低端颠覆产生正向影响。

命题 2c：同质化网络对新市场颠覆产生正向影响。

命题 2d：同质化网络对低端颠覆产生正向影响。

2.5.3　颠覆性创新对新创企业成长绩效的影响

进一步梳理案例企业中颠覆性创新与新创企业成长绩效间的关系（见表 2-12）。

表 2-12　颠覆性创新对新创企业成长绩效的影响

颠覆路径	新创企业成长绩效			
	A	B	C	D
新市场颠覆	－	＋＋＋	－	＋＋＋
低端颠覆	＋＋	－	＋	－

注：－代表不存在或基本无影响，＋代表有影响，＋＋代表有较高影响，＋＋＋代表有高影响。

可以看出，新创企业进行颠覆性创新有助于成长绩效的提升。A 企业开发的低速新能源汽车和 C 企业开发的刀具涂层技术都是采用低价与简化功能策略，在吸引低端用户的同时往往也能吸引那些原有的非主流消费群体（王志玮和陈劲，2012），从而开辟新的消费市场。A 企业销售业绩实现爆发式增长，C 企业成为行业内的隐形冠军，并被当地政府列为瞪羚企业。而 B、D 企业则通过商业模式的创新，催生出新的业态与新的模式，构建了一个非竞争性的新市场，使其能够以较快的速度接受颠覆性创新产品，并逐渐在主流市场上吸引消费者（Govindarajan et al.，2011），使其在短短的几年内成为独角兽企业，以及行业的引领者与领导者。由此可见，低端颠覆与新市场颠覆均能促进新创企业高速成长，这也在一定程度上说明了颠覆性创新是新兴市场国家新创企业产业突围的重要成长机制与跨越式后发追赶的有效路径（王志玮和陈劲，2012）。

通过以上理论分析、案例企业访谈结果与表 2-12 的综合分析，在前面的理论预设中，本书提出的颠覆性创新对新创企业成长的重要影响作用在探索性案例中得到了支持和验证（见图 2-5）。

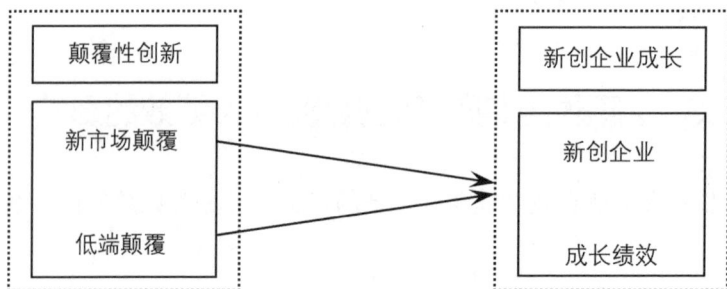

图 2-5　颠覆性创新与新创企业成长绩效间的关系

同上，本书提出以下命题。

命题 3：颠覆性创新对新创企业成长绩效起着积极的作用。

命题 3a：低端颠覆对新创企业成长绩效起着积极的作用。

命题 3b：新市场颠覆对新创企业成长绩效也起着积极的作用。

2.5.4　不同创业网络与颠覆路径匹配模式的比较

通过对上述四个案例企业中的创业网络、颠覆性创新与新创企业成长绩效间的关系分析，可以看出四个新创企业呈现四种不同的高成长路径（见图 2-6）。Ⅰ象限是基于同质化网络的低端颠覆，Ⅱ象限是基于同质化网络的新市场颠覆，Ⅲ象限是基于异质性网络的低端颠覆，Ⅳ象限是基于异质性网络的新市场颠覆。从实际的高成长绩效来看：Ⅱ、Ⅳ的路径效果最为突出，五年左右的时间就成为独角兽企业；Ⅲ的效果次之，成为准独角兽企业；而Ⅰ的效果较为逊色，虽成立年限与前三家企业相近，且被当地政府列为瞪羚企业，但与另三家企业相比，无论是在员工规模还是在成长绩效上都存在着数量级的差距。

同质化网络	Ⅰ基于同质化网络的低端颠覆 C 企业＋	Ⅱ基于同质化网络的新市场颠覆 B 企业＋＋＋
异质性网络	Ⅲ基于异质性网络的低端颠覆 A 企业＋＋	Ⅳ基于异质性网络的新市场颠覆 D 企业＋＋＋
	低端颠覆	新市场颠覆

图 2-6　不同创业网络与颠覆路径匹配模式的成长绩效模型

第 3 章

新创企业颠覆性创新及网络化成长理论模型

　　第二章探索性案例研究提出的初始假设命题不仅是对现有研究的补充与拓展，也是本书理论模型和研究假设的重要基础。探索性的案例研究初步得出了创业网络对新创企业成长有显著影响的结论，并进一步提出这种影响是通过创业网络来驱动颠覆性创新活动，进而促进新创企业成长绩效提升的。本章将在第二章推导出的命题与基本框架的基础上，进一步系统梳理现有文献进行理论讨论，提出创业网络、颠覆性创新与新创企业成长作用机制的细化假设和理论模型。

3.1　创业网络与新创企业成长关系

　　对于新创企业而言，企业的首要目标是在维持自身生存的基础上努力获取稀缺资源，积极应对所面临的环境不确定性以实现初步成长。资源作为其创立和发展过程中的核心投入要素，在新创企业的成长过程起着至关重要的作用。然而，新创企业具有"新、小、弱性"的特征，故往往面临着进入陷阱和合法性问题（杜运周等，2009），可接触与拥有的资源和自身的能力也十分有限。同时，我国正处于经济转型时期，制度信任水平较低，企业市场交易成本高，这些都会阻碍新企业进入市场和自由竞争（朱秀梅和李明芳，2011）。现实中，由于存在上述缺陷，导致大量的新创企业往往无法在激烈的市场竞争中生存下来。因此，创业网络被认为是管理后发情境"新创缺陷"的有效手段，其本质是新创企业与外部环境进行互动，发现与创造机会，整合内外部各种资源，开展创新活动创造新的价值，以实现跨越式发展（Engel et al.，2017；Sullivan & Ford，2014；鲁喜凤，2017）。创业者倾向于通过构建与利用创业网络来获取所需资源，促进识别与开发创业机会，以提升新创企业的绩效（单标安等，2011）。

　　新创企业的一切活动都发生在具体的社会关系网中，依赖创业网络来获得更加充足与多样化的资源、信息和人力资本，以完成各种经营任务（杨隽萍等，2017），密切关注市场和技术的发展变化，准确把握消费者偏好变化趋势，关注行业竞争水平，为已有市场或顾客创造新的供给，或以创新的产品与服务创造性地满足市场需求（郭海和沈睿，2014）。其本质是发现与创造机会，通过合作网络整合各种内外部资源，借助创新创造新的价值活动，以实现跨越式发展（Engel et al.，2017）。基于不同的网络产出，创业者可以选择不同的战略行动以提高创业绩效（陈海涛和于晓宇，2011）。另外，创业网络能够提高企业知识的多元化与异质性，有利于促进企业技术和商业模式的创新，从而促进新创企业的成长（孙凯等，2016）。大量研究显示，一些新创企业之所以能够大获成功，是因为创业网络有效推动了相关资源的流动和再配置（Cardon et al.，2017），实现了企业的价值创造。因此，创业网络与新创企业成长有着密切的联系，创业网络越完善越有利于新创企业在市场中获得竞争优势，从而提高新创企业成长绩效（Rosenbusch et al.，2011），使得其实现高质量成长。

　　尽管网络对新创企业的重要作用被学者们广泛认同，但是研究的结果并未形成一致的意见，甚至存在悖论（任兵等，2016）。究其原因，多数研究只考虑了网络结构，而忽略了不同创新类型、不同的情境和结果变量间的匹配（Phelps，2010），创业网络的类型与功能受情境变化的影响深刻（任兵等，2016）。网络关系流派和结构流派的研究大多以既存网络结构与关系属性对创业资源的获取、创新行为及成长绩效的影响为主，具有很强的解释力（张玉利，2010；朱秀梅，2011），属于事后的分析，在一定程度上回答了具有什么样的创业网络关系与结构特征更有利于新创企业实现创新和成长，但仍不能很好地解释创业实践中类似的网络关系和结构为何会产生不同的影响，并且没有实现与创业活动本质属性的有机匹配。值得关注的是，网络联系并非天生（Shu et al.，2018），如何获得更高质量关系与结构的网络是创业者的一大挑战（陈熹等，2015），了解创业网络为何、如何以及在什么条件下会成为促进或阻碍创新创业的内在机制，事先构建有效的创业网络以及风险规避已经成为新创企业网络化成长首要解决的问题（Baron & Tang，2009；寿柯炎和魏江，2018）。因此，基于网络单一维度无法揭示新创企业内在特质与外部创业网络之间匹配的有效性，应把网络融入创业活动的具体情境当中，把网络的属性与创业活动的本质属性匹配起来。在数字经济时代，创业者更注重从网络中获得的是什么，而不是这些网络的关系、结构和性质（Reagans & McEvily，2003），网络研究从原来重点关注的关系与结构流派转向内容流派。

资源基础观认为企业的竞争优势源于企业可以有效地利用异质性资源（Barney，1991；Hamel & Prahalad，1990），而异质性网络恰好是新创企业获取上述优势资源的主要途径（万小燕和程李梅，2016）。异质性网络主要是指在网络中充当中间桥梁作用的非冗余关系，既能带来控制性信息，又能带来利益，团队内部如果吸纳较多具有异质性特征的创业成员，则更容易形成知识互补，并具有更多的战略优势，这也是开放式创新环境下新创企业创业网络的主要特征。从知识的角度来看，网络蕴含着大量的资源、知识、技术和信息等要素，可以为新创企业开展创新活动提供可靠的基础保障，且满足技术、知识等要素向创新转化的条件。异质性网络意味着企业拥有较多可接触的网络关系和知识资源，多样化的知识能够带来互补性的非冗余知识，增加创新要素的组合机会（宋晶和陈劲，2019），并拓宽企业知识搜寻的广度，帮助企业找到适合的合作伙伴与知识源。此外，高异质性企业内部成员间的互动与交流往往较为频繁，这可以激发企业主动与网络成员建立合作关系及增进交流的意愿，通过成员提供的不同意见来引导企业的思维，帮助企业认清自我、权衡利弊以提高决策质量，从而在一定范围内推动知识流动，优化资源配置。同时，在与不同类型网络成员的知识沟通和碰撞过程中，更容易产生新的火花，做出高质量的决策，从而有利于企业的长远发展。

与异质性网络相对，同质化网络是指企业与创新合作伙伴之间在产品、技术、文化和市场等方面的一体化程度。一方面，在同质化的条件下，企业生产所需的资源都是确定的、无差别的和完全流动的，都可以通过要素市场交易获得（喻卫斌，2007）。另一方面，解学梅（2015）等研究发现，网络同质化程度越高，网络中企业文化趋同程度就越强，外部文化资源获取的效果也就越好。同时，高同质化能够促进网络参与者间专有的隐性能力与知识的交流，减少资源流动的壁垒，获取一些在竞争性要素市场上无法获取的资源。此外，同质化也有利于促进企业间的合作研发。相较于在位的成熟企业，机制灵活、市场反应灵敏等是新创企业的独特优势，但在创新活动日益复杂、技术融合趋势日益明显的现代社会，企业规模偏小也制约了高水平创新活动的顺利开展。当企业无法借助自身内部资源、能力以及外部市场突破约束时，就必须跨越自身的边界，通过资源共享、优势互补，实现整体收益的提升和个体利益的增长，而这更多地需要借助动态的生产关系或合作创造价值的同质化网络来实现。运行良好的同质化网络具有协同效应，其具有的能力将超过网络中的个人乃至各企业具有的能力的总和，因此，选择采用合作的同质化网络更有利于新创企业趋利避害、谋求发展（陈畴镛等，2010）。

根据以上分析，本书提出如下假设。

H1：创业网络对新创企业成长绩效具有显著的正向影响。

H1a：异质性网络对新创企业成长绩效有显著的正向影响。

H1b：同质化网络对新创企业成长绩效有显著的正向影响。

H1ab：异质性网络与同质化网络的交互作用对新创企业成长绩效有显著的正向影响。

综上所述，创业网络与新创企业成长绩效假设模型如图 3-1 所示。

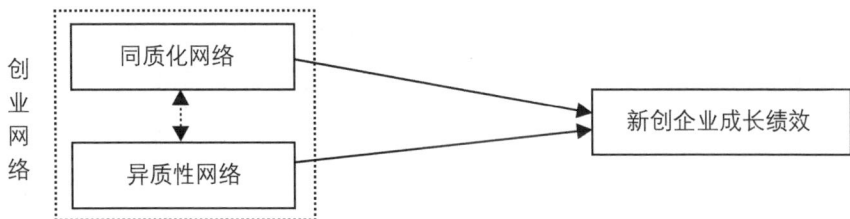

图 3-1　创业网络与新创企业成长绩效假设模型

3.2　创业网络与颠覆性创新关系

在经济全球化的背景下，尤其是在后发的新时代情境下，企业仅根据自身的内部资源开展创新活动是难以在竞争日益激烈的市场中存活的（陈熹等，2015）。网络嵌入被普遍认为是后发转型情境下新创企业克服"新创缺陷"、获取关键资源和识别潜在颠覆性机会的重要管理手段（芮正云等，2020；

Slotte-Kock & Coviello，2010），也是理解颠覆性创新理论本质特征的重要途径（Yu & Hang，2010），还是导致新创企业创新绩效差异产生的重要原因（Andersson et al.，2002；李平等，2019）。创业网络作为开放式创新的最佳载体，其内部的组织形式和协调方式使其可以灵活地调动资源进行创新，这是颠覆性创新的关键所在（Leavy，2018）。新创企业通过网络嵌入建立信任、信息和知识共享、问题共同解决与合作共赢四个机制（Chung & Luo，2013），来获取隐性知识以及开展互动学习（顾昕，2017），促进创新过程中新知识、新思想、新模式的产生，在颠覆性创新推进过程中发挥着重要作用（Lin et al.，2018；Kang & Lee，2017）。

基于此，本书提出以下假设。

H2：创业网络对颠覆性创新有正向影响。

本书从网络内容视角的异质和同质两个维度探讨创业网络与颠覆性创新之间的关系。在企业间以及产业层面，任何一个企业都不具有实现整个价值链中每一项活动所需要的全部资源，因此，资源的获取主要是通过网络组织实现资源的跨企业流动（Lavie，2006；张乙明和丁永健，2010）。异质性网络拥有的网络关系和知识资源丰富，能够使企业及时接触到较多的多样化信息（Burt，2004），并对这些信息进行整合以增加创造力和促进创新，从而发现更多的商业机会（陈熹等，2015），同时，这种多样化的知识又加强了企业的创新能力，增加了企业创新要素组合的机会。在异质性网络中，其内部的异质性知识可以帮助企业加深对市场的理解（曹勇等，2016），更好地把握创业机会，提高企业的颠覆性创新水平。网络内部的异质性成员间的自发交流也能够促进知识的积累以及资源获取渠道的开发，进而满足企业创新所需的知识、技术、资源等条件，最终推动创新的实施（吴晓波等，2005）。

低端颠覆聚焦于非主流市场，主打将低价与差异化相结合，而异质性网络可以拓展获取资源、知识、信息的途径，助力新创企业在进行低端颠覆的过程中不断革新产品、服务与组织方式来迅速占领低端市场。而有效地进入新市场需要对各种资源进行整合，且这种对信息和资源的整合与网络结构密切相关（张玉利等，2014）。新创企业的网络异质性越高，所掌握的技术、知识越多，就可以更加快速地改善企业的组织模式，形成具有自身特色的价值网络，吸引主流市场上的客户以占据新市场。

基于此，本书提出研究假设 H2a、H2b，具体如下。

H2a：异质性网络对低端颠覆有显著的正向影响。

H2b：异质性网络对新市场颠覆有显著的正向影响。

同质性网络与颠覆性创新也存在着紧密的联系。在创新活动日益复杂的现代社会，各企业由于自身能力的约束，大多都选择通过相互学习、合作的方式，聚集各种创新资源来快速提高技术能力，以进一步提升生产力水平。由于低端颠覆创新的产品对性能的要求低于主流市场，新创企业完全可以通过同质化网络成员间相互学习、合作的方式进行资源共享、优势互补，借鉴其他企业的成功模式，从而快速地侵占低端市场。新市场颠覆同样需要以合作的方式进行，企业在合作的过程中能够了解自身的优势和缺点，这可以有效地促进企业在新市场颠覆的过程中建立全新的价值体系。且同质化网络内部成员之间因为认知和沟通的障碍较少，侵略性和冒险策略易达成一致（Watson et al.，1993），这在一定程度上可以减少企业在新市场开发过程中所遇到的困难，使新市场颠覆的价值网络系统建立得更完善。由此可见，参与同质化网络的互动更易产生信任和互惠规范，增加了合作和知识共享的兼容性，促进了隐性知识转移和创新（Matthew，2013；Reinhardt & Gurtner，2018）。另外，同质化网络成员内部的高度趋同性，使其在获得主导技术下的竞争优势的同时加剧了产业竞争，故实际情况通常是行业内的创新在极短的时间内就会遍布整个行业。在这种竞争力的推动下，同质化网络加快了整个行业的创新速度，并促使企业加大创新力度（陈畴镛等，2010）。

基于此，本书提出如下假设。

H2c：同质化网络对低端颠覆有显著的正向影响。

H2d：同质化网络对新市场颠覆有显著的正向影响。

H2ac：异质性网络与同质化网络的交互作用对低端颠覆具有显著的正向影响。

H2bd：异质性网络与同质化网络的交互作用对新市场颠覆具有显著的正向影响。

综上所述，创业网络与颠覆性创新假设模型如图 3-2 所示。

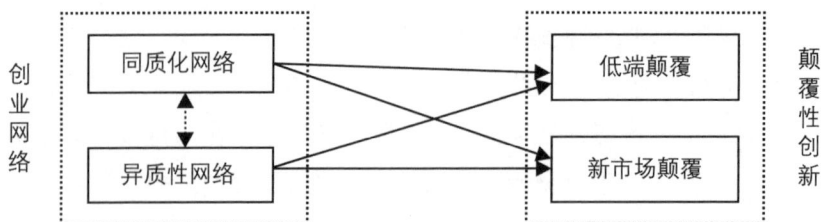

图 3-2　创业网络与颠覆性创新假设模型

3.3　颠覆性创新与新创企业成长关系

随着信息革命和知识经济时代的到来，企业成长已由需求驱动、投资驱动步入创新驱动的阶段。创新逐渐成为企业成长的核心动力，创新驱动在企业成长研究中发挥着关键作用（汪建等，2012；祝振铎和李新春，2016），它可以帮助企业及时把握市场机遇，并有效促进新创企业成长（Grossman & Helpman，1994）。其中，技术水平反映了创新主体的能力，技术创新是新创企业建立起不易被模仿的异质性能力以及保证经济持续发展的关键环节，是新创企业提高自主创新能力、实施追赶的重要途径（吴晓波等，2013；林润辉等，2016；郑刚等，2016）。在我国由以生存型创业为主转向以机会型创业为主的现实背景下，商业环境已经得到改善，良好的创业氛围也逐渐形成，但越来越多的创新机会以及日益激烈的竞争意味着新创企业为了获取竞争优势，迫切需要依靠技术创新来提供差异化的产品、服务、销售渠道等。从先发国家企业的发展路径来看，绝大多数成功的研究和实践都是通过技术创新来实现企业成长的，然而，随着全球化、"互联网＋"和数字经济时代的到来，技术发展已经达到了一定的饱和程度，这时候，企业技术就需要寻找合适的应用场景，使创新具有颠覆性。

随着全球化进程的加快，发展中国家新创企业越来越接近技术前沿，其技术能力与领先者之间的差距已经大大缩小，领先的技术企业将更加注重前沿技术的更新和保护，以保持其在行业中的领先地位，从而大大降低了技术溢出的边际效应（吴先明等，2018），加之技术本身也愈加复杂，通过单纯的技术引进来实现进一步追赶的方式将面临困境。同时，市场需求的多样化和复杂性加剧了竞争环境的波动性与不确定性，对于存在资源劣势和市场劣势的新创企业而言，越来越难通过技术渠道来获得进入市场的机会。在全球新一轮产业变革中，技术创新在市场竞争中的主导地位也被极大地削弱（臧树伟等，2018），可见单一的技术创新并不能确保企业获得成功。我国后发追赶已从国外经验可循技术追赶阶段逐渐进入了前沿科技的"无人区"，创新驱动经济发展模式亟待转型，仅依靠传统的技术引进和模仿的追赶模式很可能使我国新创企业陷入"落后—追赶—落后"的"追赶陷阱"（张米尔和田丹，2008）。因此，越来越多的新创企业为了获得更多的发展机会和更快的追赶效率，极力摆脱单一技术创新驱动的惯性思维，摒弃路径依赖（柳卸林等，2017），希望通过颠覆性创新成为新的市场领导者。颠覆性创新理论为新创企业的市场进入战略制定提供了一个全新的思考方向（臧树伟、李平，2016）。

颠覆性创新是指新创企业偏离主流市场用户所重视的绩效属性，引入低端用户或新用户看重的绩效属性或属性组合的产品或服务，首先占据低端市场或新市场，然后逐步颠覆和替换现有主流市场的产品或服务的一类创新（Christensen，1997，2003）。显然，颠覆性创新解释了低端行业的发起者是如何通过发明新的价值主张、释放新的需求和盈利增长，来挑战并最终超越现有主流企业的（Leavy，2018）。在实践中，由于新创企业成立时间不长、组织规范不完善且缺乏必要的资源，在市场竞争中面临着较高的约束，而以市场导向为主的颠覆性创新市场进入方式恰好具有前期资源投入少、技术风险低、不易被察觉等优势，所以颠覆性创新更适合技术实力相对较弱的新创企业借鉴与采用（臧树伟和李平，2016）。研究认为，颠覆性创新是新创企业进行后发追赶的独特创新模式，不仅能提高企业的创新效率，还能保证企业获得可持续性竞争优势（施萧萧和张庆普，2017）。

颠覆性创新所具有的差异化及低成本的特点能够开辟出新的发展机遇，使新创企业不必去挑战主流市场完善的"防御体系"，其最大贡献就在于能够有效地打破企业成长的困境，并开启新的增长模式。颠覆性创新作为一种战略性竞争工具（Christensen & Raynor, 2003; Broekstra, 2002; Christensen, 2002），对新进入企业有重要的应用价值和现实意义；作为一种审视企业经营成败的重要手段，能够检验企业经营发展的哲学理念及其立足的环境基础，在促进企业快速成长的过程中起着重要的支持作用（Kenagy & Christensen, 2002）。如今，颠覆性技术和颠覆性创新以指数型速度激增，进行颠覆性创新的新创企业往往具有更高的绩效（郭政，2007），颠覆性创新已经成为新时代追赶超越、弱者击败强者的普遍战略选择，是企业跨越式发展的技术跨越窗口和市场机会跨越窗口。

基于此，本书提出研究假设 H3。

H3：颠覆性创新对新创企业成长绩效有正向影响。

颠覆性创新的客户群是目前的非主流消费者，新市场颠覆和低端颠覆为新创企业争取主动权与优势地位提供了有效途径（沈志渔和孙婧，2014）。占领低端市场和新兴市场的目标是瞄准颠覆性创新的客户群。新创企业虽然在技术和市场经验上处于劣势，但通过合理的战略制定，可以赢得低端客户群或开拓新客户群。颠覆性创新理论的提出者克里斯坦森教授指出，企业不应坐等技术突破，而应主动寻找技术能够为其服务的消费者。颠覆性创新无法为主流市场的消费者提供更好的产品，因此，这种创新不太可能会最先出现在主流市场，只有远离主流市场或对主流市场意义不大的新兴市场才会重视这些产品组合的属性。总而言之，颠覆性创新不仅仅是一种颠覆性技术，同时也是一种对原有商业模式和市场规则的颠覆（臧树伟和李平，2016），其最终目的是提高企业的成长效率。根据国内外学者的研究，颠覆性创新可分为三种路径，即低端颠覆、新市场颠覆以及混合颠覆。

低端颠覆是指对原有价值网络中最低端、最无利可图和服务要求最低的市场发起攻击，进而颠覆主流市场。从本质上讲，这种颠覆并没有打开新的市场，而是通过吸引"被过分满足"的主流用户来改变传统行业的商业模式，即通过低成本的渠道来接触被在位企业认为是最缺乏吸引力的客户而不断得到发展（王志玮，2010）。开始时，新创企业仅能够满足低端市场的要求，但随着时间的推移，经过技术积累、资金品牌积累和经验积累，新创企业的不断迭代升级使其能够满足中、高端市场的要求，进而形成对行业巨头的威胁（沈志渔和孙婧，2014）。在创业初期，这些企业受到资金、技术和人才的限制，没有足够的实力与市场领导者进行正面竞争，因此，它们只能选择进入竞争较弱的低端市场（非主流市场）并发动颠覆性攻击，在低端市场立足后，通过积极开展技术、产品、服务、管理等变革，不断推动颠覆性创新向纵深方向发展，进而形成巨大的颠覆能力，最终成为行业的主流企业。

新市场颠覆指创新将产生全新的客户价值感知体系并形成新的价值网络，从而将原来潜在的或不存在的消费群体变为现实的市场容量（郭政，2007）。在新市场颠覆之初，与主流产品并没有激烈的竞争，但是，随着创新产品性能的不断提高，最终足以让客户脱离原有的价值结构，进入这个从"最不挑剔"市场发展起来的新网络。新市场的颠覆往往是共存或部分替代，并非完全取代（王志玮，2010），其主要的任务不是与主流产品进行直接竞争，而是通过努力扩大自己的吸引点来争取潜在的消费者。虽然新市场的颠覆性产品最初在其独特的价值网络中并没有面向主流市场的消费者，但是一旦这些产品的性能得到提高，最终会在原有的价值网络中吸引一些主流客户，从低端客户开始，逐渐吸引主流客户进入新的价值网络。这就是新市场颠覆的魔力所在：颠覆性创新并不主动侵犯主流市场，而是将消费者带出主流市场进入新的市场，因为这些消费者会发现新产品比旧产品更加便利（Christensen，1997）。新市场颠覆是新创企业建立竞争优势的重要方式。

混合市场颠覆是低端颠覆和新市场颠覆的结合体。虽然新市场颠覆和低端颠覆之间存在差异，但它们都可能给在位企业带来挑战，也会给后来者带来机遇。市场在位者往往会忽视那些采用新市场颠覆的竞争对手，而当他们发现时后者已经在市场中站稳了脚跟。此外，在位企业往往会避免来自低端颠覆的攻击。在现实中，许多颠覆是新市场颠覆和低端颠覆的混合体（韩志鸿，2018），即企业往往在引入新的价值函数的同时采用低价策略和简化功能。因此，混合市场颠覆的产品在吸引低端用户的同时，往往也能吸引那些原有的非消费群体（王志玮，2010），从而开辟新的消费市场，获取竞争优势，使新创企业实现进一步的追赶。

基于此，本书提出如下假设。

H3a：低端颠覆对新创企业成长绩效有正向影响。

H3b：新市场颠覆对新创企业成长绩效有正向影响。

H3c：混合市场颠覆对新创企业成长绩效有正向影响。

综上所述，颠覆性创新与新创企业成长绩效的假设模型如图 3-3 所示。

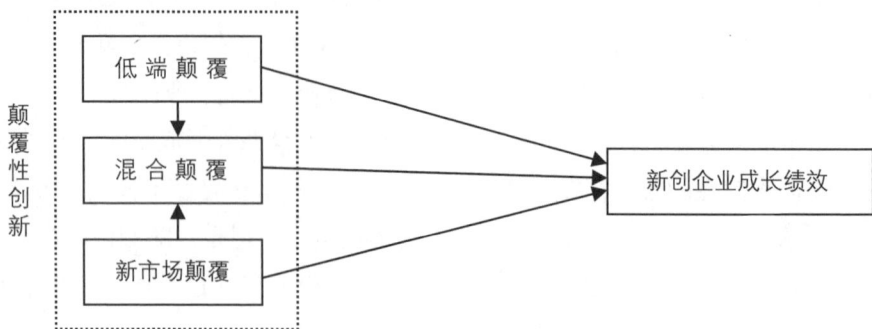

图 3-3   颠覆性创新与新创企业成长绩效假设模型

3.4   颠覆性创新的中介作用

针对新创企业处于环境动态性、资源缺乏和技术水平低的现状，创业者更倾向于通过建立和利用创业网络来获取创业所需的资源，从而促进创业者识别和开发创业机会（即开展创业活动）、提升新创企业的绩效。可以说，创业者网络类似一个"婴儿的脐带"，会源源不断地为新创企业提供"养分"。然而，接收不等于接受，拥有不等于会用，获得的大量资源只有被新创企业充分利用才能发挥出应有的价值（孙中博，2014），这一过程要求创业者不断地进行创新（方亮和徐维祥，2016）。深度理解企业真正需要的资源，再将相互关联的资源重新整合，以一种全新的形式回到企业当中，从而使企业能够更容易地实现从外界获取资源到产出绩效的转换，提高企业的核心竞争优势。

不同的创新形式所需要获取的资源不同，整合的方式也大不相同，可能会导致创业者在面对市场时选择创业的方向不同，从而直接影响企业未来的绩效。由此可见，新创企业的成长不仅需要创业者从外界获取大量资源，还需要通过剖析资源的内在联系，将资源以一种全新的形式整合出来。根据理论的相关研究和现实表明，在新创企业成长的过程中，单纯的资源获取并不能成为其获得高绩效背后的说服逻辑，即使拥有完善的网络资源也可能无法有效地转换为企业的绩效。创业者必须借助创新的手段，从多种角度来看待问题，对企业真正需要的资源进行内在分析，摒弃不相关的内容，并进行独创性地解析与整合，以实现颠覆性创新（徐久香等，2014）。

可以看出，创业网络对于新创企业成长而言是一种必要条件。在新创企业成长的过程中，必然包括创业者对外界资源处理（剖析和整合）的措施，创业网络与新创企业之间并非简单的直接促进关系，而是创业网络要通过颠覆性创新这一媒介来实现。因此，从因果逻辑关系来看，创业网络会对颠覆性创新产生影响，而颠覆性创新又是影响新创企业成长的重要因素，在这一过程中，颠覆性创新起到了中介作用。

基于此，本书提出如下假设。

H4：颠覆性创新在创业网络与新创企业成长绩效之间起中介作用。

根据前文假设，颠覆性创新主要分为低端颠覆和新市场颠覆，而创业网络根据价值属性分为同质化网络和异质性网络。那么，不同路径的颠覆性创新在创业网络与新创企业成长绩效之间产生的作用是否相同？是否依然能起到中介作用来帮助创业者处理不同情境的创业问题？

基于此，本书在假设 H4 的基础上提出以下假设。

H4a：低端颠覆在异质性网络与新创企业成长绩效之间起中介作用。

H4b：低端颠覆在同质化网络与新创企业成长绩效之间起中介作用。

H4ab：低端颠覆在网络交互与新创企业成长绩效之间起中介作用。

H4c：新市场颠覆在异质性网络与新创企业成长绩效之间起中介作用。

H4d：新市场颠覆在同质化网络与新创企业成长绩效之间起中介作用。

H4cd：新市场颠覆在网络交互与新创企业成长绩效之间起中介作用。

综上所述，颠覆性创新的中介作用假设模型如图 3-4 所示。

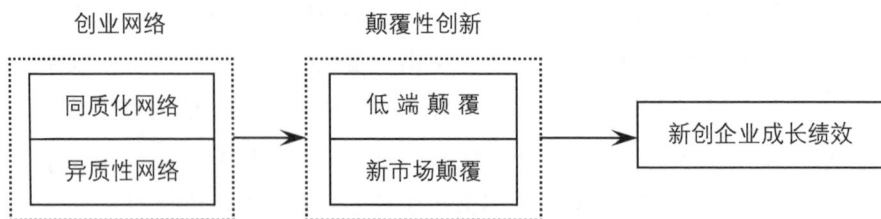

图 3-4　颠覆性创新的中介效应假设模型

3.5　网络能力的调节作用

学术界普遍认为网络能力在企业的生产经营、技术创新和竞争优势的获取等方面具有积极的影响（朱晓琴，2011），创业网络与新创企业的成长绩效还可能受到网络能力强弱的影响。孙文文和蔡宁（2012）等呼吁将网络能力作为调节变量来构建自变量与企业绩效之间的关系整合框架。创业网络能够给新创企业提供获得优质资源的途径，但网络中互补性资源的整合与转换、信息与知识的交流和沟通都依赖于企业对外部资源的整合、消化与吸收（任胜钢等，2011），只有当企业对资源加以吸收和利用并转化为自身的动态核心能力时，创业网络才能真正发挥作用（陈寒松和陈金香，2016），这种提高企业网络综合地位和处理特定网络关系的能力就是网络能力（Hakansson，2015）。马鸿佳等（2010）通过实证研究发现，网络能力能正向调节信息获取和企业绩效之间的关系，且网络能力越强，越有利于企业绩效的提高。

因此，本书提出如下假设。

H5：网络能力对创业网络与新创企业成长绩效之间的关系具有正向调节作用。

在网络异质化程度较高的新创企业中，网络能力作为一种调节网络关系的能力，促使企业利用个体和组织等多层面的关系去获取外部资源，以增加获得市场优势的成功概率，同时能够及时调整企业与各连带对象之间关系的嵌入程度，减少对现有外部连带对象的资源依赖，为企业发展获取更多差异化的资源（Doving & Gooderham，2008）。网络能力强的企业，可以更好地协调和处理网络成员之间的关系，促进企业网络内部各种资源功效的发挥（郭帅，2015），以获取高额绩效。

网络同质化程度较高的新创企业之间的相互关系依赖于共同的资源，这意味着企业不能撇开外部关系来决定自身的活动（马鸿佳等，2010）。企业可以通过参与网络系统内的各种活动或与相似的网络成员建立关系来获得外部的同质信息，尤其是深入的信息和知识。网络能力作为一种整体战略能力，能够帮助企业提高对整个外部网络环境的认识，更好地感知同构网络环境中的战略机遇。

因此，本书提出以下假设。

H5a：网络能力对异质性网络与新创企业成长绩效之间的关系具有正向调节作用。

H5b：网络能力对同质化网络与新创企业成长绩效之间的关系具有正向调节作用。

在异质性网络中，低端颠覆对新企业所需的知识、资源、技术等条件的要求不高，网络能力越强，企业资源获取类型和渠道也越丰富，这可以减少外部资源供应者对企业战略变革的束缚并减少企业资源惯性（郭帅，2015），提高企业低端颠覆的能力。而新市场颠覆则需要开辟新的市场，生产新的产品，形成一种完全不同的网络来满足各种不同的消费需求。网络能力越强，表明网络内资源具有更大的储量，使企业能够接触到更丰富的外部资源，对资源进行更有效的配置，同时有利于获取外部多样化的技术，减少因信息交流导致的消极影响，从而提高新市场颠覆能力。

对于同质化网络，网络能力是指可以改善企业所处的网络位置、处理有关联的网络成员合作关系，并通过获取网络资源促进创新和赢得市场竞争地位的综合性能力（Ritter & Gemunden，2004）。就低端颠覆而言，网络能力能够帮助企业提高自身的动态创新能力，获得更丰富的市场知识，更好地分配同质资源，集中共同优势来生产产品，从而极大地增强企业创新能力。而新创企业在进行新市场颠覆之时，网络能力越强，企业管理网络的能力也就越强，这可以提高企业对网络成员关系管理的有效性和环境适应性，更容易优化外部关系网络、整合各种资源，从而吸引更多的新成员加入，扩大企业的创新优势，确保企业获得良好的绩效（杜俊枢等，2018）。

因此，本书提出以下假设。

H6：网络能力对创业网络与颠覆性创新之间的关系具有正向调节作用。

H6a：网络能力在异质性网络与低端颠覆之间起正向调节作用。

H6b：网络能力在异质性网络与新市场颠覆之间起正向调节作用。

H6c：网络能力在同质化网络与低端颠覆之间起正向调节作用。

H6d：网络能力在同质化网络与新市场颠覆之间起正向调节作用。

综上所述，网络能力的调节作用假设模型如图3-5所示。

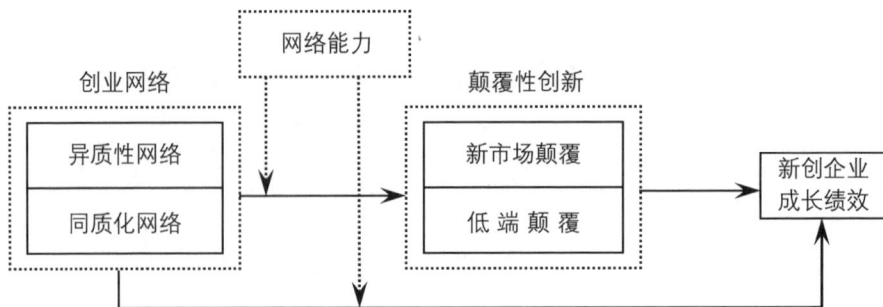

图 3-5　网络能力的调节作用假设模型

3.6　有调节的中介效应

随着实证研究在管理学中的进一步发展，学者们开始关注在一个整体模型框架中中介作用与调节作用的结合。具体而言，不仅需要检验中介作用与调节作用，还要检测是否存在被调节的中介作用和被中介的调节作用（温忠麟和叶宝娟，2014），Hayes（2013）在研究中将它们统称为有调节的中介效应。被中介的调节作用是指调节变量是通过中介变量起作用的；而被调节的中介作用则是指中介变量的作用要受到调节变量的影响（Edwards & Lambert，2007）。针对本书研究的问题，将网络能力对于创业网络通过颠覆性创新对企业成长绩效的有调节的中介效应进行分析。

根据本书研究的理论分析，创业网络（异质、同质）正向影响颠覆性创新（新市场、低端），而网络能力正向调节两者之间的关系。在企业创业网络中，网络能力越强，能力的变化对网络的调节作用就会越强，进而增加企业对于颠覆性创新的影响。而当网络能力相对较低时，企业则会相对减少需要耗费一定时间与成本的颠覆性创新的使用。结合上述分析，本书认为可能会存在网络能力的有调节的中介效应，即网络能力的调节作用通过颠覆性创新影响企业成长绩效。

另外，前文中所提到的假设指出，创业网络会通过颠覆性创新影响企业成长绩效，而且颠覆性创新与企业成长绩效之间的关系会受到网络能力的正向调节作用的影响。网络能力较强时，企业颠覆性创新的机会较多，从而能够满足能力对变化的需要，并进一步提升企业成长绩效。而网络能力较低时，情况则刚好相反。综合前文中的假设所涉及的变量关系，本研究推断网络能力对新市场颠覆和低端颠覆的中介作用也存在调节效应。

由此提出有调节的中介效应假设如下。

H7：网络能力正向调节创业网络通过颠覆性创新影响新创企业成长绩效的中介作用。

H7a：网络能力正向调节异质性网络通过低端颠覆影响新创企业成长绩效的中介作用。

H7b：网络能力正向调节异质性网络通过新市场颠覆影响新创企业成长绩效的中介作用。

H7c：网络能力正向调节同质化网络通过低端颠覆影响新创企业成长绩效的中介作用。

H7d：网络能力正向调节同质化网络通过新市场颠覆影响新创企业成长绩效的中介作用。

3.7　理论模型与研究假设

　　企业的任何经营活动都是在具体的环境中发生的，这也说明新创企业外部环境的影响是非常重要的。随着社会网络概念被引入新企业创建过程（Mitchell，1969），创业网络对经济运行的影响逐渐得到重视，企业的成长与发展越发离不开其嵌入的创业网络，企业绩效受其所嵌入的创业网络的影响也越来越大。创新驱动网络化成长成为新创企业成长的新范式，本书借鉴了产业经济学中分析企业行为的"S-C-P"主流分析范式，其核心观点是：市场结构决定企业在市场中的行为，而企业行为又决定市场运行在各个方面的经济绩效。随着网络理论的发展，"S-C-P"范式被大量应用到管理学领域。综合前文中的研究假设，本书构建了新创企业网络化成长的基本理论模型（见图3-6）。创业网络影响新创企业的成长，但这种影响过程并不是简单的线性关系，颠覆性创新在这种影响过程中起到了关键的中介作用，即创业网络在特定条件下促进了颠覆性创新，通过颠覆性创新的不同路径作用于新创企业，最终实现了企业的成长。同时，创业网络作用的发挥离不开网络能力，网络能力会影响创业网络与颠覆性创新之间的关系。

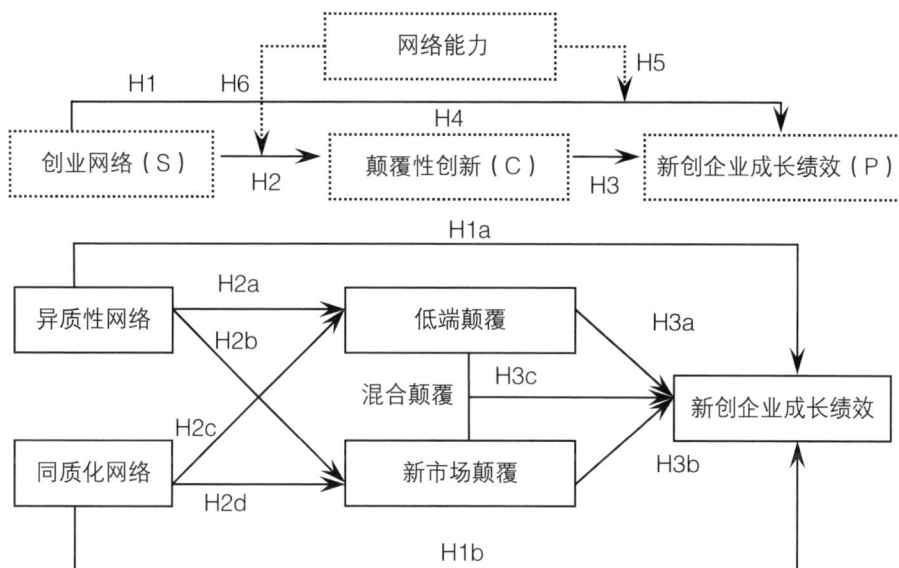

图 3-6　基于 S-C-P 范式新创企业网络化成长的颠覆性创新驱动机制理论模型

综合本章论述，本书对创业网络、颠覆性创新、网络能力和新创企业成长绩效之间的关系共有以下有待检验的假设（见表 3-1）。

表 3-1　待检验假设汇总

序号	编号	研究假设
1	H1	创业网络对新创企业成长绩效具有正向影响
2	H1a	异质性网络对新创企业成长绩效具有正向影响
3	H1b	同质化网络对新创企业成长绩效具有正向影响
4	H1ab	同质化网络与异质性网络的交互作用对新创企业成长绩效具有正向影响
5	H2	创业网络对新创企业颠覆性创新具有正向影响
6	H2a	异质性网络对低端颠覆具有正向影响
7	H2b	异质性网络对新市场颠覆具有正向影响
8	H2c	同质化网络对低端颠覆具有正向影响
9	H2d	同质化网络对新市场颠覆具有正向影响
10	H2ac	网络的交互作用对低端颠覆具有显著的正向影响
11	H2bd	网络的交互作用对新市场颠覆具有显著的正向影响

续表

序号	编号	研究假设
12	H3	颠覆性创新对新创企业成长绩效具有正向影响
13	H3a	低端颠覆对新创企业成长绩效具有正向影响
14	H3b	新市场颠覆对新创企业成长绩效具有正向影响
15	H3c	混合颠覆对新创企业成长绩效具有正向影响
16	H4	颠覆性创新在创业网络与新创企业成长绩效之间起中介作用
17	H4a	低端颠覆在异质性网络与新创企业成长绩效之间起中介作用
18	H4b	低端颠覆在同质化网络与新创企业成长绩效之间起中介作用
19	H4ab	低端颠覆在网络交互与新创企业成长绩效之间起中介作用
20	H4c	新市场颠覆在异质性网络与新创企业成长绩效之间起中介作用
21	H4d	新市场颠覆在同质化网络与新创企业成长绩效之间起中介作用
22	H4cd	新市场颠覆在网络交互与新创企业成长绩效之间起中介作用
23	H5	网络能力在创业网络与新创企业成长绩效之间起正向调节作用
24	H5a	网络能力在异质性网络与新创企业成长绩效之间起正向调节作用
25	H5b	网络能力在同质化网络与新创企业成长绩效之间起正向调节作用
26	H6	网络能力在创业网络与颠覆性创新之间起正向调节作用
27	H6a	网络能力在异质性网络与低端颠覆之间起正向调节作用
28	H6b	网络能力在异质性网络与新市场颠覆之间起正向调节作用
29	H6c	网络能力在同质化网络与低端颠覆之间起正向调节作用
30	H6d	网络能力在同质化网络与新市场颠覆之间起正向调节作用
31	H7	网络能力正向调节创业网络通过颠覆性创新影响新创企业成长绩效的中介作用
32	H7a	网络能力正向调节异质性网络通过低端颠覆影响新创企业成长绩效的中介作用
33	H7b	网络能力正向调节异质性网络通过新市场颠覆影响新创企业成长绩效的中介作用
34	H7c	网络能力正向调节同质化网络通过低端颠覆影响新创企业成长绩效的中介作用
35	H7d	网络能力正向调节同质化网络通过新市场颠覆影响新创企业成长绩效的中介作用

第 4 章

新创企业颠覆性创新
及网络化成长机制实证分析

4.1　研究方法

本书中涉及的创业网络、颠覆性创新、网络能力以及新创企业成长绩效等变量属于企业层面的内容，其相关数据无法从公开资料中获得，因而实证研究所需数据以企业问卷调查为主要方式进行大样本收集。问卷设计与数据收集过程的科学性和合理性将决定本书研究的质量。因此，本章在参考权威、成熟文献与量表的基础上结合中国新创企业的具体情况，从问卷设计与结构、问卷发放、数据收集过程、变量测度等方面对本书的研究设计和方法进行阐述。

4.1.1　问卷设计与结构

问卷调查法是管理学领域广泛应用的实证研究方法，问卷作为调研方法的主要载体，其合理的设计是获取高质量数据的关键。首先，高质量的问卷设计需要简洁明了的语言来清晰地表达研究问题；其次，必须明确问题的范围，问题设计应符合研究目的和理论假设，问项不应存在交叉和重叠的情况；最后，问卷的问项不宜过长，问项过长容易使调研对象失去耐心，从而影响调研数据的质量。根据上述问卷设计的基本原则，本书对调研问卷进行了详细的设计。

（1）根据研究问题与研究框架，收集现有研究的相关量表

以本书研究主题为关键词，检索国际高水平期刊上刊发的相关学术研究，选取相似度高且引用率较高的成熟量表作为本书研究的量表基础。因为高被引率的成熟量表已被许多学者验证和认可，更有利于获取高质量的数据，提高数据分析结果的可靠性。

（2）翻译并纠正所选量表

本书使用的量表主要来自国外高水平期刊，因此需要对量表进行翻译。为避免在翻译过程中产生错误和歧义，本书特别邀请相关专家结合原文对量表进行修改和更正。此外，结合本书的具体研究问题和我国后发追赶的特殊情境，问卷还补充了相关题项以贴合本书的研究主题。

（3）问卷设计采用选定量表与修订量表相结合的方法

问卷总共分为四个部分。第一部分为对新创企业成长的调查，主要通过三个情况来反映，包括员工增长情况、销售额增长情况以及产品增长情况。第二部分为被调查企业的基本特征，主要包括：创业者的性别、年龄、学历，企业成立年限、所属行业、年营业额、创新研发的费用占比等。第三部分为企业与外部机构或组织保持联系的情况，主要包括创新网络和网络能力。其中，创新网络分为异质和同质两个维度，网络能力分为愿景、构建能力、管理能力三个维度。第四部分为对企业经营过程中的颠覆性创新的调查，包含六个问题项。

4.1.2　预调研修改问卷

首先，将调查问卷初稿在课题小组之间进行讨论，课题组成员就问卷问题构成的合理性以及具体问题的措辞提出改进意见，并根据他们的建议对调查问卷进行第一次修改。其次，通过访谈和沟通的形式，咨询相关专家，探讨本书研究变量与计量项目具体设计的合理性和可行性之间的逻辑关系，提出相应的修改建议，并对问卷进行第二次修改。最后，实地走访杭州、台州高新区的十余家新创企业，和这些企业的创业者、高管人员、科技人员，尤其是研发人员进行深入交流，了解企业的创新情况以及对调查问卷的意见，并根据交谈的结果，对问卷的问项以及语言表达进行进一步的修改和完善，形成最终问卷，以确保问卷能够清晰地阐述调研问题和高质量回收。

4.2　样本选择与数据收集

4.2.1　样本选择

本书的研究对象为长三角地区的新创企业，即成立时间为八年及以内的企业。一方面，长三角地区是我国经济最具活力、开放程度最高以及创新能力最强的区域之一，也是全国最大的创新经济带。在新时代积极转型和双创氛围下，长三角区域依托强大的人才优势和良好的创新孵化环境，涌现出了一大批新创企业，在某种程度上可以代表我国企业发展的最新方向。另一方面，长三角地区的新创企业涉及制造业、服务业、高新技术产业等多个行业，故研究的样本选择具有多样性。本书选择从思想最活跃、最早接受新事物和新理念的创业者视角出发，在创业网络背景下，被调查的新创企业通过颠覆性创新进行后发追赶，并取得了一定的成果，这与本书的研究主题是一致的。同时，为了保证调研数据的有效性和准确性，具体受访对象为新创企业的创业者或者创业团队的核心成员，这些受访者熟悉新创企业运营的具体情况，并且在新创企业的发展过程中起着决定性的作用，以他们作为受访对象符合本书的研究目的。

在确定了研究对象之后，下一步需要确定的是具体的样本数量。本书采用 SPSS 22.0 软件对数据进行处理，运用相关性分析、描述性分析、分层回归分析法以及 Bootstrap 法对研究假设进行检验。同时，为了更加全面地了解新创企业的全貌并验证理论的普适性以及提高研究结果的可信度，本书采用了大样本的调查方式。最终确定本书的调查问卷计划发放数量为 1000 份。

4.2.2　数据收集

在确定问卷调查的对象和问卷发放数量后，本研究正式问卷调查分阶段进行，从 2018 年 12 月开始到 2019 年 5 月结束。为提高样本的有效性，调查小组从各高新园区管理委员会拿到了相关新创企业名单，这些企业名单比较详细地标明了企业的主要产品或提供的服务以及企业的联系方式，为后期与这些企业联系提供便利。

通过四种主要方式收集问卷。一是根据先前所获得的企业名单上的新创企业，与被调研企业取得联系，进行预约。在获取准确的调研时间后，调研小组前往被调研企业与创业者或高层管理者进行面对面的交流，当场填写问卷，并及时回收。二是在各高新园区管理委员会（或经济和信息化委员会）放置部分纸质问卷，邀请到场的创业者填写问卷并进行回收。三是通过事先联系企业名单上的创业者或高层管理者，在征得同意后利用问卷星向其发送问卷链接来进行精准的点对点移动终端微信推送。四是委托高校教师在 MBA、EMBA、DBA 课堂上向创业者学生发放纸质问卷，让学员当场填写并回收。

通过以上四种方式共发放问卷 1000 份，回收问卷 820 份，剔除不完整及有问题残缺的问卷后，得到有效问卷 618 份，回收率 82%，有效率 75.4%。问卷的回收数量达到设计标准，这为下一步的实证分析奠定了基础。具体问卷发放及回收情况如表 4-1 所示。

表 4-1　问卷发放与回收情况汇总

类别	发放数量（份）	回收数量（份）	回收百分比（%）	有效数量（份）	有效比（%）
现场调研	200	179	89.5	161	89.9
委托各高新园区管理委员会（或经济和信息化委员会）	250	211	84.4	165	78.2
点对点网络推送	400	302	75.5	190	62.9
MBA、EMBA、DBA 课堂	150	128	85.3	102	79.7

4.3 主要变量与测量

在查阅相关文献的基础之上，结合长三角地区的实际情况对这些文献中实证分析涉及的相关量表进行整理和分析，借鉴国内外经过实证研究检验、具有较高信度和效度的量表设计具体题项。对于没有可以参考的题项，依据对变量内涵的分析，结合本书研究的实际情况进行编制，通过上述方式形成各变量的量表。

本书涉及的主要变量包括网络能力、创业网络、颠覆性创新、新创企业成长绩效。为提高调研的可信度，每个变量设计多个测量项目，且每个测量项目通过多个问题来具体化。测量项目在语句设计上，要语义明确、易于理解。在内容设计方面，借鉴中外相关的理论成果，同时结合被调查企业的实际情况，力求能准确反映出问题的本质，为研究提供真实可靠的数据。

根据测量项目的设置，提出相应的测量方法。本书采用利克特量表的形式（即 1、2、3、4、5，其中，1 表示很不满意或者很不赞同，5 表示很满意或者很赞同），对网络能力、创业网络、颠覆性创新、新创企业成长绩效分别设计测量项目，每个项目均采用陈述语句，向被调查者传递明确的信息，以供被调查者判断，具体设计如下。

（1）因变量

本书的因变量是新创企业成长绩效。所谓新创企业成长绩效，是指新创企业所从事活动的业绩和效率，通常被视为企业战略（成长性）目标的实现程度。尽管新创企业成长绩效并未取得统一的测量体系，但是根据国内外大多数学者的研究，比较常用的测量项目为员工人数、销售额、市场份额等的增长情况。如 Baum 等（2001）对 307 家新创企业进行研究，为了探讨新创企业成长的影响因素，以销售额、雇员和利润的年均增长率作为衡量企业成长绩效的指标。Cavazos 等（2012）沿用了 Baum 等（2001）的观点，对 183 家新创企业进行的实证研究中，同样采用销售额、员工人数和营业利润三个指标的增长情况来衡量新创企业成长绩效。芮正云和庄晋财（2014）在三个指标的基础上增加了市场份额来作为衡量新创企业成长绩效的指标。

因此，本书借鉴鲍姆与卡瓦佐斯等的相关研究，结合本书研究样本实际情况，采用由问卷填答人对其企业近三年内，相对其同行业而言，在企业员工人数、销售额、新产品或新服务的增长速度、市场利润以及市场份额五个方面表现评价的主观性指标，来测量新创企业的成长。量表项目如表 4-2所示。

表 4-2　新创企业成长绩效的测度

变量	题项	参考文献来源
新创企业成长绩效	与同行相比，贵企业近三年员工数量增加较快	Baum 等（2001），Cavazos 等（2012），芮正云和庄晋财（2014），Brasil 和 Abreu（2016）
	与同行相比，贵企业近三年销售额增长显著	
	与同行相比，贵企业近三年新产品或服务增长速度较快	
	与同行相比，贵企业近三年市场份额增长显著	
	与同行相比，贵企业近三年市场利润增长显著	

（2）自变量

本书研究的自变量是创业网络。基于与具有新价值创造潜力这一创业机会的本质相匹配，以及行动者网络理论对机会的重新认知，根据创业网络的价值特征分为异质性网络与同质化网络两个维度。借鉴国外学者 Bengtsson 和 Sölvell（2004）、Aral 和 Walker（2012）等以及国内学者杨善林等（2015）、解学梅和左蕾蕾（2013）、余维臻和李文杰（2020）等的研究，从行业类型（主营业务）、文化与思维方式、区域分布、研究方向、共同目标市场五个题项进行测量，根据差异程度来测量是同质化还是异质性。量表项目如表 4-3所示。

表 4-3　创业网络的测度

变量	维度	题项	参考文献来源
创业网络	异质性网络	与不同类型行业（主营业务）及不同性质的行动者保持密切关系	Bengtsson 和 Sölvell（2004），解学梅和左蕾蕾（2013），杨隽萍等（2015），杨善林等（2015），Aral 和 Walker（2012），余维臻和李文杰（2020）
		与不同研究方向的行动者保持密切关系	
		与不同区域的行动者保持密切关系	
		与不同目标市场的行动者保持密切关系	
		与不同文化和思维方式的行动者保持密切关系	
	同质化网络	与相近行业（主营业务）及相似性质的行动者保持密切关系	
		与相近研究方向的行动者保持密切关系	
		与相近区域的行动者保持密切关系	
		与类似目标市场的行动者保持密切关系	
		与相近文化和思维方式的行动者保持密切关系	

（3）中介变量

本书研究的中介变量是新创企业颠覆性创新。颠覆性创新是一种偏离主流市场用户所重视的产品属性，转而开发那些能够满足低端用户或新用户需求的产品的创新。这种创新并不是为了生产出更好的产品，而是为了做出更简单、更便利、更便宜的产品给潜在顾客，或是要求不那么高的顾客群。根据颠覆性创新的概念，我们可以从顾客、技术和市场三个方面来对其进行测量。

从顾客方面来看，企业通过简化原有产品的功能，或者降低原有产品成本来满足低端客户。从技术方面来看，并没有采用先进的技术改进产品性能，而是在保持原有创新的立场下进行改进。从市场方面来看，主要通过满足企业未开发或忽视的市场来实现颠覆。

本书借鉴 Christensen（1997，2003）、Markides（2006）、Govindarajan 等（2011）、Lin 等（2018）、王志玮（2010）、徐久香等（2014）、臧树伟和李平（2016）、周洋和张庆普（2019）的相关研究，结合本书新创企业的实际情况，采用由问卷填答人对其企业顾客、技术和市场三个方面创新情况的评价来测量颠覆性创新。量表项目如表 4-4 所示。

表 4-4　颠覆性创新的测度

变量	维度	题项	参考文献来源
颠覆性 创新	新市场 颠覆	在过去五年内，贵企业通过商业模式的重构，重新定义了需求拓展市场空间的边界，或创造了新的价值逻辑	Christensen（1997，2003），Markides（2006），王志玮（2010），徐久香等（2014），臧树伟和李平（2016），Govindarajan 等（2011），Lin 等（2018），周洋和张庆普（2019）
		在过去五年内，贵企业基于现有的技术引入了全新的理念，推出了性价比更高的新产品或服务	
		在过去五年内，贵企业引入的新产品或服务开辟了一个新的市场	
	低端 颠覆	在过去五年内，贵企业引入的新产品或服务不被主流市场关注但能吸引低端客户，满足他们以前未被满足的需求	
		在过去五年内，贵企业引入的新产品或服务对非主流客户、特定市场客户极具吸引力	
		在过去五年内，随着时间的推移，贵企业引入的新产品或服务逐渐从满足低端客户发展到能满足原有主流市场客户的需求，从而吸引他们选择新的产品或服务	

（4）调节变量

本书研究的调节变量是网络能力。在综合国内外多位学者研究的基础上，主要借鉴国内学者徐金发等（2001）、任胜钢等（2011）、孙文文和蔡宁（2012）、陈玉娇和覃巍（2017）等的研究，将网络能力分为愿景能力、构建能力、管理能力三个方面来测量。愿景能力主要是指企业对外部网络关系的战略识别能力和发展网络关系的规划能力，相关问题项从企业是否能发现有利于自身发展的机会、资源和能力三个角度来设置。构建能力是企业根据其在网络中所扮演角色的要求，在与他方合作的基础上，承担相应的职能，相关问题项从企业能否合理利用自身能力并建立关系网络的角度来设置。管理能力主要是指在网络组织内企业自身的角色管理能力，相关问题项从企业能否在网络中与其他组织保持良好的经营关系的角度来设置。综上所述，对于网络能力变量共设计了如表4-5所示的九个题项进行测量。

表4-5   网络能力的测度

变量	维度	题项	参考文献来源
网络能力	愿景能力	贵企业非常重视各种社会网络关系在商业活动中的作用	Hansson 等（2005），王鹏耀和刘延平（2010），任胜钢（2011），Mu（2013），伍晶等（2016）
		贵企业能识别各种社会网络关系带来的价值与机会	
		贵企业能预测企业网络关系未来的发展方向	
	构建能力	贵企业能根据自身条件及市场环境进行调整，具有很强的发现、评估和选择合作伙伴的能力	
		贵企业能利用各种机会与途径（如商会、咨询机构、行业协会、政府组织、展览会、行业会议、互联网、数据库、出版物等）来寻找潜在合作伙伴	
		贵企业经常以正式和非正式的形式与合作伙伴进行沟通（如会议、电话、互联网、聚会等）	
	管理能力	贵企业能够从对方的角度来思考如何发展双方关系	
		贵企业善于处理与合作伙伴的冲突并经常改进和优化与其的关系	
		贵企业在生产经营过程中能及时调整与合作伙伴的关系和资源整合	

（5）控制变量

正如国内外大部分相关学者所指出的，新创企业成长受多种元素的共同影响。除了创业网络和颠覆性创新，还有许多因素会影响新创企业成长绩效，包括成立年限、营业额、创新研发费用占销售额的比例、是否为初创企业以及行业这五个变量。忽略掉这些因素会同时影响自变量与因变量，从而产生内生性问题，并在多元化研究中产生无效结论（Campa & Kedia，2002）。在已有的研究中发现，上述变量与创业网络、颠覆性创新以及新创企业成长存在一定的相关关系（Politis，2005）。由于这些变量不是此次研究的重点，为使本书研究的结果更加准确可靠，故将其分别设置为相应的控制变量以最大程度地减少这些因素对研究结果的影响。选择控制变量的具体理由为：第一，企业在不同的发展阶段所面临的外部环境和内部环境存在较大的差异，为了排除时间因素的影响，本书研究按照新创企业成立的实际年限，设置相应的成立年限这一控制变量。第二，企业的营业额可能会影响企业未来与其他企业竞争资源、扩大企业规模、研发新型产品的能力。第三，对于新创企业而言，一旦缺乏创新，新创企业就不得不依赖传统的技术、商业模式、产品形式、销售渠道与老牌企业进行竞争，也就注定会由于资源限制和缺乏规模效应而失败（伍满桂和骆骏，2008），企业投入的创新研发费用的多少将在很大程度上决定企业未来的走向。第四，创业者是否拥有创业经验对于新创企业成长而言具有重要影响。有创业经验的创业者往往选择熟悉的行业，因为其拥有相关的市场和行业知识（Politis，2005），而缺乏创业经验的创业者往往需要更多的探索和实践。因此，创业者拥有创业经验对于企业未来良好绩效的获得存在积极的影响。为了排除这一影响，本书研究将是否为初创企业作为控制变量。第五，行业类型也可能对新创企业成长绩效有影响。处于不同行业的新创企业存在不同的特性，所面临的外部环境也不同。一般认为：高新技术行业由于市场空间增长潜力很大，且在位企业比较少，所以企业的组织学习和技术创新活动比较频繁；传统行业由于市场相对成熟，市场空间增长一般会不断趋缓，故企业学习和创新活动相对要少。

4.4　问卷有效性检验

信度和效度是衡量问卷质量好坏的两个重要条件。其概念来源于心理学领域，用于检验主观选择相关问题的可靠性与有效性，是衡量主要研究构念测量质量的重要指标。本书研究以问卷调查方式收集数据，所采用的量表以国内外已有量表为基础，结合专家学者以及预测试受访者的意见进行了部分修订。为了确保量表的科学性和准确性，在构建回归模型进行分析前，需要对本书所用的量表进行信度和效度检验。

4.4.1　信度分析

信度分析主要是分析测量题项的稳定性和内部一致性，测量题项的稳定性指的是受访者在填写问卷时使用了同样的衡量标准，故在一定范围内的偏差是可以接受的，而测量题项的内部一致性指的是测量题项之间的相关性（Revelle & Zinbarg，2009），即几个测量题项是否代表了同一构念。本书利用克朗巴哈系数作为检验量表信度是否合格的指标。根据对信度分析的阐述，本书研究对各量表和其维度的信度进行检验，要求量表的克朗巴哈系数值至少要达到 0.7 的标准水平。结果显示，新创企业成长绩效、颠覆性创新、创业网络和网络能力的克朗巴哈系数值分别为 0.898、0.873、0.887 和 0.921，均大于 0.7，且创业网络的两个维度——异质性网络和同质化网络的克朗巴哈系数值分别为 0.801 与 0.897，颠覆性创新的两个维度——新市场颠覆和低端颠覆的克朗巴哈系数值分别为 0.821 与 0.887，也均大于 0.7，因此，可以认为量表具有较好的信度。本书研究变量的信度分析情况如表 4-6 所示。

表 4-6　本书研究信度分析情况

变量	维度	题项数量	维度的 克朗巴哈系数	变量的 克朗巴哈系数	KMO
新创企业 成长绩效	——	5		0.898	0.865
颠覆性创新	新市场颠覆 低端颠覆	6	0.821 0.887	0.873	0.832
创业网络	异质性网络 同质化网络	5	0.801 0.897	0.887	0.887
网络能力	——	9		0.921	0.904

4.4.2　探索性因子分析

信度只是效度的必要条件，而非充分条件，信度低则效度一定低，但信度高未必表示效度也高。根据吴明隆（2010）的讲解，内容效度、建构效度与聚合效度是效度检验的重要内容。内容效度是指测验或量表的内容或题目的适切性与代表性。内容效度的检验通常以题目分布的合理性来判断，属于一种命题的逻辑分析。建构效度是指能够测量出理论的特质或概念的程度，可以通过探索性因子分析来判断。

本书采用统计软件 SPSS 22.0，通过探索性因子分析方法来对问卷量表的建构效度进行分析。通过计算取样适切性量数值（Kaiser–Meyer–Olkin measure of sampling adequacy，KMO）的大小来检验题项之间的相关性，判断量表题项间是否适合进行因子分析。根据吴明隆（2010）对相关研究的总结，在探索性因子分析中，KMO 值大于 0.50，并且巴特利球形检验统计具有显著性。

（1）新创企业成长绩效

通过 KMO 与巴特利球形检验，KMO 值为 0.865，巴特利球形检验卡方值为 1564.628（自由度为 10），达到显著，表明相关矩阵间有共同因素存在，可以进行因子分析。因子分析结果得到一个因子结构，各项的因子载荷均在 0.7 以上，该因子解释了总方差的 66.610%，表示该部分量表的检验可以通过。本书新创企业成长绩效的探索性因子分析结果如表 4-7 所示。

表 4-7　新创企业成长绩效的探索性因子分析结果

变量	题项	因子载荷
新创企业成长绩效	与同行相比，贵企业近三年员工数量增加较快	0.772
	与同行相比，贵企业近三年销售额增长显著	0.866
	与同行相比，贵企业近三年新产品或服务增长速度较快	0.830
	与同行相比，贵企业近三年市场份额增长显著	0.887
	与同行相比，贵企业近三年市场利润增长显著	0.867
	解释方差（%）	66.610

（2）颠覆性创新

通过 KMO 与巴特利球形检验，KMO 值为 0.832，巴特利球形检验卡方值为 1887.036（自由度为 10），达到显著，表明相关矩阵间有共同因素存在，可以进行因子分析。两个因子解释了总方差的 73.323%，表示该部分量表的检验可以通过。本书颠覆性创新的探索性因子分析结果如表 4-8 所示。

表 4-8　颠覆性创新的探索性因子分析结果

变量	维度	题项	因子1	因子2
颠覆性创新	新市场颠覆	在过去五年内，贵企业通过商业模式的重构，重新定义了需求拓展市场空间的边界，或创造了新的价值逻辑	0.100	0.910
		在过去五年内，贵企业基于现有的技术引入了全新的理念，推出了性价比更高的新产品或服务	0.265	0.832
		在过去五年内，贵企业引入的新产品或服务开辟了一个新的市场	0.279	0.804
	低端颠覆	在过去五年内，贵企业引入的新产品或服务不被主流市场关注但能吸引低端客户，满足他们以前未被满足的需求	0.831	0.073
		在过去五年内，贵企业引入的新产品或服务对非主流客户、特定市场客户极具吸引力	0.843	0.243
		在过去五年内，随着时间的推移，贵企业引入的新产品或服务逐渐从满足低端客户发展到能满足原有主流市场客户的需求，从而吸引他们选择新的产品或服务	0.775	0.322
		解释方差比例（%）	45.632	27.691
		累计解释方差（%）	73.323	

（3）创业网络

通过 KMO 与巴特利球形检验，KMO 值为 0.887，巴特利球形检验卡方值为 3327.836（自由度为 45），达到显著，表明相关矩阵间有共同因素存在，可以进行因子分析。因子分析结果得到两个因子结构，两个因子解释了总方差的 64.938%，表示该部分量表的检验可以通过。本书创业网络的探索性因子分析结果如表 4-9 所示。

表 4-9　创业网络的探索性因子分析结果

变量	维度	题项	因子 1	因子 2
创业网络	异质性网络	贵企业与不同类型行业（主营业务）及不同性质的行动者保持密切关系	0.061	0.790
		贵企业与不同研究方向的行动者保持密切关系	0.088	0.765
		贵企业与不同区域的行动者保持密切关系	0.384	0.623
		贵企业与不同目标市场的行动者保持密切关系	0.336	0.649
		贵企业与不同文化和思维方式的行动者保持密切关系	0.372	0.669
	同质化网络	贵企业与相近行业（主营业务）及相似性质的行动者保持密切关系	0.574	0.454
		贵企业与相近研究方向的行动者保持密切关系	0.845	0.215
		贵企业与相近区域的行动者保持密切关系	0.858	0.203
		贵企业与类似目标市场的行动者保持密切关系	0.855	0.201
		贵企业与相近文化和思维方式的行动者保持密切关系	0.854	0.207
		解释方差比例（%）	36.516	28.422
		累计解释方差（%）	64.938	

（4）网络能力

通过 KMO 与巴特利球形检验，KMO 值为 0.904，巴特利球形检验卡方值为 3820.106（自由度为 36），达到显著，表明相关矩阵间有共同因素存在，可以进行因子分析。因子分析结果得到一个因子结构，各项的因子载荷均在 0.7 以上，该因子解释了总方差的 61.659%，表示该部分量表的检验可以通过。本书网络能力的探索性因子分析结果如表 4-10 所示。

表 4-10　网络能力的探索性因子分析结果

变量	题项	因子载荷
网络能力	贵企业非常重视各种社会网络关系在商业活动中的作用	0.774
	贵企业能识别各种社会网络关系带来的价值与机会	0.803
	贵企业能预测企业网络关系未来的发展方向	0.751
	贵企业能根据自身条件及市场环境进行调整，具有很强的发现、评估和选择合作伙伴的能力	0.781
	贵企业能利用各种机会与途径（如商会、咨询机构、行业协会、政府组织、展览会、行业会议、互联网、数据库、出版物等）来寻找潜在合作伙伴	0.786
	贵企业经常以正式和非正式的形式与合作伙伴进行沟通（如会议、电话、互联网、聚会等）	0.781
	贵企业能够从对方的角度来思考如何发展双方关系	0.812
	贵企业善于处理与合作伙伴的冲突并经常改进和优化与其的关系	0.778
	贵企业在生产经营过程中能及时调整与合作伙伴的关系和资源整合	0.799
	解释方差（%）	61.659

4.4.3　验证性因子分析

本书采用验证性因子分析来检验聚合效度，具体如表4-11所示。可以看出，本书研究量表符合聚合效度的三个条件：一是各测量题项的因子载荷都大于0.5；二是平均提取方差 AVE 也大于 0.5；三是量表的组合信度大于 0.8。同时，根据模型的各拟合指数来看，符合模型拟合标准的要求。

表 4-11　各变量验证性分析结果

变量	维度	题项	因子载荷	AVE	CR	拟合指标
创业网络	异质性网络	Q1	0.790	0.669	0.821	$\chi^2/\mathrm{df} = 2.980$ NFI = 0.922 CFI = 0.935 GFI = 0.911 RMSEA = 0.068 TLI = 0.907 AGFI = 0.925
		Q2	0.765			
		Q3	0.623			
		Q4	0.649			
		Q5	0.669			

续表

变量	维度	题项	因子载荷	AVE	CR	拟合指标
创业网络	同质化网络	Q6	0.574	0.652	0.833	
		Q7	0.845			
		Q8	0.858			
		Q9	0.855			
		Q10	0.854			
颠覆性创新	新市场颠覆	Q11	0.910	0.735	0.901	
		Q12	0.832			
		Q13	0.804			
	低端颠覆	Q14	0.831	0.726	0.893	
		Q15	0.843			
		Q16	0.775			$\chi^2/\mathrm{d}f = 2.98$
网络能力	——	Q17	0.774	0.698	0.875	NFI $= 0.922$
		Q18	0.803			CFI $= 0.935$
		Q19	0.751			GFI $= 0.911$
		Q20	0.781			RMSEA $= 0.068$
		Q21	0.786			TLI $= 0.907$
		Q22	0.781			AGFI $= 0.925$
		Q23	0.812			
		Q24	0.778			
		Q25	0.799			
新创企业成长绩效	——	Q26	0.772	0.677	0.858	
		Q27	0.866			
		Q28	0.830			
		Q29	0.887			
		Q30	0.867			

4.4.4　同源偏差分析

同源偏差是指在问卷调查时，所有题项均由同一填写者填写所造成的问题。在绝大多数的情况下，同源偏差会造成概念间相关性的膨胀，从而导致第一类误差，以致出现知识累计错误。同源偏差有时也会造成概念间相关性的降低，从而导致第二类误差，以致错失显著的概念相关。本书研究在问卷设计及数据收集过程中均采取了一定措施来预防该问题。第一，在问卷设计过程中，优化并改进量表项目，减少题项模糊性，打乱相关题项之间的逻辑顺序，来克服问卷填写者的填写惯性。第二，在发放问卷时，进行时间和空间的分离，选取长三角不同地区的新创企业在不同时间进行问卷调查，来消除一致性动机等。

虽然本书研究通过以上流程控制调研的程序来减少同源偏差，但还需采用 Harman 单因素检验方法对该问题进行检验，即将所有的变量都放到同一探测性因子分析中，检验未旋转的因子分析结果，如果只得出某个因子的解释力特别大的结论，则表明所收集的数据存在较为严重的同源偏差。本书将问卷中的所有量表一起运用 SPSS 22.0 软件进行因子分析。在未旋转时共得到六个因子，且第一个因子所占的贡献率是 24.1%，没有超过 40%，所以可以确定本书研究中的共同方法偏差问题并不严重，在可以接受的范围内。

综上所述，第一，本研究对各变量维度对应的题项进行信度检验，采用 SPSS 22.0 计算各维度的克朗巴哈系数。结果显示，各维度的克朗巴哈系数均大于 0.7，说明各变量维度的信度水平较高，测量具有一定的稳定性和一致性，完全符合进一步数据处理的要求。第二，从探索性因子分析结果可以看出，相应的因子载荷均为以最大方差法正交旋转后得到的值，相应因子上的因子载荷值均大于 0.5，说明问卷具有较好的结构效度。又因为本研究使用的测量题项大部分来自国内外权威成熟量表，并根据中国情境进行了适度改进，考虑到学术专家及业界资深管理人员的意见，在预调研的基础上进行了修改完善，因此本研究具有一定的内容效度。第三，探索性因子分析结果显示本研究所提出的变量及其维度间的区别较为明显，各个题项均能准确反映相应维度和变量。同时，验证性因子分析结果显示聚合效度良好，整体模型拟合指数符合要求，表明所构建模型及研究假设合理。第四，为了排除同源偏差，又对所有变量的测量题项进行结构效度检验，即采用 SPSS 22.0 统计软件进行探索性因子分析。结果显示方差贡献率为 24.1%，没有超过 40% 的标准，所以可以确定本研究中的共同方法偏差问题并不严重，在可以接受的范围内，说明研究中不存在同源偏差情况。

4.5　主要变量描述性统计与相关性分析

4.5.1　描述性分析

对被调查的创业者和新创企业进行描述性分析，具体数据如表 4-12 所示。

表 4-12　被调查新创企业特征的描述性统计

变量	定义	频率	百分比	变量	定义	频率	百分比
性别	男	527	85.3	研发占比	低于 3%	192	31.1
	女	91	14.7		3%（含）～ 10%	333	53.9
年龄	25 岁及以下	81	13.1		10%（含）～ 20%	61	9.8
	26 ～ 35 岁	248	40.1		20% 以上	32	5.2
	36 ～ 45 岁	205	33.2	自主专利特色产品	是	311	50.3
	46 岁及以上	84	13.6		否	307	49.7
学历	高中及以下	282	45.6	高科技企业	是	145	23.5
	大专与本科	304	49.2		否	473	76.5
	硕士及以上	32	5.2	是否为初创企业	是	241	39.0
成立年限	3 年以下	86	13.9		二次及以上创业	377	61.0
	3 ～ 6 年	309	50.0	行业	新兴行业	309	50.0
	6 ～ 8 年	223	36.1		传统行业	158	25.6
营业额	500 万元以下	288	46.6		其他	151	24.4
	501 万～ 5000 万元	195	31.6	样本分布情况	浙江	338	54.7
	5001 万 ～ 1 亿元	53	8.6		上海	104	16.8
	1 亿元以上	82	13.2		江苏	115	18.6
是否为创新型新创企业	是	341	55.2		安徽	61	9.9
	否	277	44.8	合计有效问卷 618 份			

从被调查者的性别与年龄来看，创业者以男性居多，年龄集中于 26～45岁；从被调查者的受教育程度来看，本科及以下学历的创业者占 94.8%；从样本企业的成立时间来看，成立时间在 3～6 年的企业所占比重较大；从被调查新创企业的行业来看，新兴行业占 50.0%，比重最大，传统行业占 25.6%，其他行业占 24.4%。综上所述，本课题所研究的样本分布广泛且具有代表性，基于该数据分析得到的研究结果具有较高的可信度和较好的普遍性。

4.5.2　变量相关性分析

根据 Senyard 等（2011）等的研究建议，本书将企业的成立年限、营业额、创新研发费用占销售额的比例（以下简称研发占比）、创业者是否为初次创建企业（以下简称是否初创）、企业所处的行业（用两个虚拟变量区分三类所属行业）五个变量作为本书的控制变量，进行相关性检验，回归变量之间的皮尔逊相关系数以及它们的显著性情况如表 4-13 所示。

表 4-13　主要研究变量的相关系数矩阵

变量	1	2	3	4	5	6	7	8	9	10	11
成立年限	1										
营业额	0.419**	1									
研发占比	0.093*	0.305**	1								
是否初创	−0.034	−0.204**	−0.153**	1							
行业	0.062	−0.258**	−0.276**	0.118**	1						
异质性网络	0.035	−0.162**	−0.259**	0.106**	0.094*	1					
同质化网络	0.171**	0.075	−0.004	0.099*	0.130**	0	1				
企业成长绩效	0.027	−0.330**	−0.348**	0.120**	0.640**	0.449**	0.174**	1			
网络能力	0.025	−0.210**	−0.300**	0.112**	0.357**	0.590**	0.200**	0.536**	1		
新市场颠覆	−0.006*	−0.091*	−0.223**	0.111**	0.295**	0.420**	0.194**	0.380**	0.320**	1	
低端颠覆	−0.009*	−0.247**	−0.279**	0.101*	0.287**	0.375**	0.039	0.442**	0.760**	0	1
均值	3.38	3.10	2.27	1.61	1.74	2.90	2.64	2.56	2.22	2.40	2.43
标准差	1.471	1.653	1.152	0.488	0.825	0.930	0.850	0.820	0.760	0.807	0.810

注：本研究的回归系数为标准化回归系数；*表示 $0.01 < p \leqslant 0.05$，**表示 $p \leqslant 0.01$。

　　其中，控制变量中成立年限与营业额对颠覆性创新的两条颠覆路径均存在负相关关系，即规模相对较小的新创企业反而更倾向于开展颠覆性创新。这与 Wu 等（2019）发表的研究成果不谋而合：大团队往往因为失败代价太高而走了中庸之路，而小团队反而更容易做出颠覆性的创新。同时，也较好地解释了 90% 的颠覆性创新都是由小企业创造的现实情况。研发占比与颠覆性创新的两个维度之间也呈负相关关系，这表明研发费用少的新创企业反而更易开展颠覆性创新，这也间接说明了颠覆性创新是一种低成本的创新。大样本统计结果支持了"颠覆性创新是适合新创企业采用的一种有效创新模式"的主流观点（荣帅等，2018；郭萍，2016；沈志渔和孙婧，2014）。

　　观察变量均值发现：企业成长绩效均值为 2.56，总体偏低，说明虽然长三角地区的创业活跃指数较高，但整体成长效果不是很理想，这与目前中国新创企业整体高失败、低成长的现状较为符合，这也说明了本书的样本具有广泛的代表性，研究结果应具一定的普适性。低端颠覆和新市场颠覆的均值分别为 2.43 与 2.40，说明创业实践中颠覆性创新驱动模式的运用还不是很普遍。异质性网络和同质化网络的均值为 2.90 与 2.64，网络能力的均值为 2.22，数值普遍偏低，说明在现实中，新创企业网络构建情况不容乐观。这几个变量之间是否存在关系，以及存在何种关系，本书将对其进行深入研究。其余变量的描述性统计不再赘述。

4.6　回归分析与假设检验

　　为了研究变量之间的关系及各维度的不同影响程度，在进行回归分析前，本研究对共线性问题进行诊断。结果表明，所有研究变量与控制变量的 VIF 值均在 10 以下，可见共线性问题并不严重。本书利用 SPSS 22.0 对研究假设进行检验。对直接效应采用层级回归分析；对中介效应先采用 Baron 和 Kenny（1986）所提出的逐步法来进行分析与检验，然后用 Bootstrap 法做进一步检验；对于调节效应直接用 Bootstrap 法分析结果；而对有调节的中介效应则采用 Hayes（2013）所给出的 PROCESS 宏命令模型八来进行 Bootstrap 法分析。

4.6.1　直接效应检验

（1）创业网络对新创企业成长绩效回归分析

为了探讨创业网络的两个维度及网络交互对新创企业成长绩效的具体影响作用，本研究将新创企业成长绩效作为因变量，创业网络的同质化网络、异质性网络及网络交互作为本研究的自变量，并将多个控制变量放入回归方程，进行多元回归，其结果如表 4-14 所示。

表 4-14　创业网络对新创企业成长绩效的层级回归结果

	因变量	新创企业成长绩效		
		模型 1a	模型 1b	模型 1c
自变量	异质性网络	——	0.325**	0.339**
	同质化网络	——	0.170**	0.160**
	网络交互	——	——	−0.032
控制变量	成立年限	0.117**	0.083**	0.082**
	营业额	−0.186	−0.169	−0.167**
	研发占比	−0.134**	−0.095**	−0.096**
	是否初创	0.004	0.060	0.267**
	行业	控制	控制	控制
	R^2	0.262	0.378	0.366
	调整后的 R^2	0.250	0.366	0.358
	F 值	21.583**	30.679**	50.230**

注：本研究的回归系数为标准化回归系数；*表示 $0.01 < p \leqslant 0.05$，**表示 $p \leqslant 0.01$。

模型 1a 仅考虑了控制变量对新创企业成长绩效的影响，模型 1b 在 1a 的基础上加入了创业网络的两个维度对新创企业成长绩效的影响。在模型 1b 中，调整后的 R^2 值为 0.366，说明模型 1b 能够解释新创企业成长绩效 36.6% 的变化，比模型 1a 有所提高。同质化网络和异质性网络对新创企业成长绩效的回归系数分别为 0.170（$p \leqslant 0.01$）与 0.325（$p \leqslant 0.01$），并且异质性网络的回归系数大于同质化网络的回归系数，表明异质性网络对新创企业成长绩效的影响大于同质化网络。根据以上分析，创业网络的同质化网络和异质性网络对新创企业成长绩效具有显著的积极作用，假设 H1a 和 H1b 得到验证。模型 1c 在模型 1b 的基础上增加了异质性网络与同质化网络交互项对新创企业成长绩效的影响，结果显示其回归系数为 -0.032（$p > 0.05$），表明网络的交互作用对新创企业成长绩效不存在显著的正向影响。

（2）创业网络对颠覆性创新回归分析

为了检验创业网络各维度对颠覆性创新的影响作用，本研究仍将颠覆性创新作为因变量，异质性网络、同质化网络、网络交互作为本研究的自变量，并将多个控制变量加入回归方程中，进行多元回归。具体分析结果如表 4-15 所示。

表 4-15　创业网络对颠覆性创新的层级回归结果

因变量		低端颠覆			新市场颠覆		
		模型 2a	模型 2b	模型 2ab	模型 2c	模型 2d	模型 2cd
自变量	异质性网络	——	0.294^{**}	0.287^{**}	——	0.388^{**}	0.339^{**}
	同质化网络	——	0.039	0.025	——	0.196^{**}	0.160^{**}
	网络交互	——	——	-0.035	——	——	-0.053
控制变量	行业	控制	控制	控制	控制	控制	控制
	成立年限	0.086^{**}	0.054	0.035	-0.013	-0.053	0.075^{**}
	营业额	-0.221	-0.183	0.104^{**}	0.025	0.021	-0.165^{**}
	研发占比	-0.209^{**}	-0.147^{**}	-0.072^{*}	-0.200^{**}	-0.116^{**}	-0.110^{**}
	是否初创	0.028	0.009	0.357^{**}	0.077	0.035	0.291^{**}
R^2		0.127	0.205	0.229	0.063	0.231	0.238
调整后的 R^2		0.120	0.196	0.220	0.055	0.222	0.230
F 值		17.879^{**}	22.493^{**}	25.887^{**}	8.171^{**}	26.109^{**}	27.273^{**}

注：本研究的回归系数为标准化回归系数；*表示 $0.01 < p \leqslant 0.05$，**表示 $p \leqslant 0.01$。

其中，模型 2a 和 2c 检验了控制变量对低端颠覆与新市场颠覆的影响。两个模型的 R^2 值分别为 0.127、0.063，F 值分别为 17.879（$p \leqslant 0.01$）和 8.171（$p \leqslant 0.01$），均显著。模型 2b 在 2a 的基础上加入了异质性网络、同质化网络对低端颠覆的影响。在模型 2b 中，调整后的 R^2 值为 0.196，F 值显著（$F = 22.493$）。异质性网络对低端颠覆的回归系数为 0.294（$p \leqslant 0.01$），表明异质性网络对低端颠覆影响显著；同质化网络对低端颠覆的回归系数为 0.039（$p > 0.05$），表明同质化网络对低端颠覆无显著影响，因此，H2a 假设成立，H2c 假设不成立。同理，在模型 2d 中：异质性网络对新市场颠覆的回归系数为 0.388（$p \leqslant 0.01$），表明异质性网络对新市场颠覆影响显著；同质化网络对新市场颠覆的回归系数为 0.196（$p \leqslant 0.01$），表明同质化网络对新市场颠覆影响显著，因此，H2b 和 H2d 假设成立。模型 2ab 在模型 2b 的基础上增加了网络交互项，结果显示网络交互对低端颠覆影响的回归系数为 -0.035（$p > 0.05$），表明网络交互对低端颠覆不存在显著的正向作用。同理，模型 2cd 在模型 2d 的基础上增加了网络交互项，其回归系数为 -0.053（$p > 0.05$），表明网络交互对新市场颠覆不存在显著的正向影响。因此，假设 H2 部分成立。

（3）颠覆性创新对新创企业成长绩效回归分析

为了检验颠覆性创新各维度对新创企业成长绩效的影响作用，本研究仍将新创企业成长绩效作为因变量，低端颠覆和新市场颠覆作为本研究的自变量，并将多个控制变量加入回归方程中，进行多元回归。具体分析结果如表 4-16 所示。

表 4-16　颠覆性创新对新创企业成长绩效的层级回归结果

因变量		新创企业成长绩效			
		模型 3a	模型 3b	模型 3c	模型 3d
自变量	低端颠覆	——	0.322**	——	0.330**
	新市场颠覆	——	——	0.304**	0.358**
交互项	混合（低端＊新市场）	——	——	——	−0.026
控制变量	行业	控制	控制	控制	控制
	成立年限	0.177**	0.142**	0.173**	0.142**
	营业额	−0.326	−0.240	−0.318	−0.240
	研发占比	−0.257**	−0.117**	−0.196**	−0.119**
	是否初创	0.021	−0.014	−0.002	−0.016

续表

因变量	新创企业成长绩效			
	模型 3a	模型 3b	模型 3c	模型 3d
R^2	0.211	0.301	0.298	0.406
调整后的 R^2	0.204	0.295	0.291	0.399
F 值	32.697**	43.951**	43.155**	52.005**

注：本研究的回归系数为标准化回归系数；*表示 $0.01 < p \leqslant 0.05$，**表示 $p \leqslant 0.01$。

模型 3a 为控制变量对新创企业成长绩效的影响分析，模型 3b 和模型 3c 在模型 3a 的基础上增加了低端颠覆和新市场颠覆两个自变量，模型 3b 的 F 值为 43.951（$p \leqslant 0.01$），低端颠覆对新创企业成长绩效的回归系数为 0.322（$p \leqslant 0.01$），说明低端颠覆对新创企业成长绩效影响显著，因此，假设 H3a 得到支持。同理，新市场颠覆对新创企业成长绩效的回归系数为 0.304（$p \leqslant 0.01$），说明新市场颠覆对新创企业成长绩效影响显著，假设 H3b 得到支持。虽然在模型 3b 和模型 3c 中低端颠覆与新市场颠覆都能对新创企业成长产生积极影响，但在模型 3d 中发现，两者交互项的回归系数为 –0.026（$p > 0.05$），表明混合颠覆对新创企业成长绩效无显著影响，假设 H3c 不成立。综上所述，可知假设 H3 部分成立。

4.6.2　颠覆性创新中介效应检验

中介变量是用于探索自变量和因变量之间关系的中介，是自变量对因变量产生影响的重要内因，中介变量的引入可以帮助我们更加深入地理解自变量对因变量的影响，并且有利于相关理论的整合，使其更加完善（方杰等，2012）。Baron 和 Kenny（1986）认为，中介变量的回归步骤有三个，分别为：第一步，自变量和因变量的关系测量，其回归系数的值应该显著；第二步，自变量与中介变量的关系测量，其回归系数的值也应该显著；第三步，将自变量与中介变量同时放入回归方程中，测量两者与因变量之间的关系。其中，第三步可以分为两种情况：若自变量与因变量关系不显著，而中介变量与因变量间的关系依然显著，则为完全中介效应；若自变量与因变量关系显著，且中介变量与因变量关系显著，同时自变量对因变量的回归系数小于第一步中的回归系数，则为部分中介效应。

（1）低端颠覆在创业网络与新创企业成长绩效间的中介效应

在创业网络各维度对低端颠覆和新创企业成长绩效的回归模型中，同质化网络对低端颠覆不存在显著影响，网络交互对新创企业成长绩效及低端颠覆的影响均不显著，因此，这两个中介效应不成立，即 H4b、H4ab 假设不成立。为了检验低端颠覆在异质性网络与新创企业成长绩效之间的中介效应，研究了控制变量模型 4a，发现异质性网络对新创企业成长绩效的回归系数为 0.325（$p \leq 0.01$），异质性网络对新创企业成长绩效具有显著的积极影响。在模型 4b 中，异质性网络对低端颠覆的回归系数为 0.294（$p \leq 0.01$），异质性网络对颠覆性创新具有显著的正向影响。在模型 4c 中，将异质性网络和中介变量颠覆性创新放入回归方程，进行回归时，可以发现，异质性网络和低端颠覆对新创企业成长绩效的回归系数分别为 0.283（$p \leq 0.01$）和 0.232（$p \leq 0.01$），都显著。

将模型 4a 和模型 4c 进行对比可以看到，在模型 4c 中增加了中介变量低端颠覆。此时异质性网络的回归系数均显著。异质性网络的回归系数从 0.325 降低（$p < 0.05$）到 0.283（$p \leq 0.01$），表明低端颠覆在异质性网络与新创企业成长绩效之间起到了部分中介作用，假设 H4a 得到验证。具体回归结果如表 4-17 所示。

表 4-17　低端颠覆在创业网络与新创企业成长绩效间中介效应的检验

	因变量	新创企业成长绩效	低端颠覆	新创企业成长绩效
		模型 4a	模型 4b	模型 4c
自变量	异质性网络	0.325**	0.294**	0.283**
中介变量	低端颠覆	——	——	0.232**
控制变量	行业	0.022	0.062**	0.001
	成立年限	0.083**	0.054	0.106**
	营业额	−0.169**	−0.183**	−0.242**
	研发占比	−0.095**	−0.147**	−0.148**
	是否初创	−0.060	0.009	−0.018

续表

因变量	新创企业成长绩效	低端颠覆	新创企业成长绩效
	模型 4a	模型 4b	模型 4c
R^2	0.378	0.205	0.390
调整后的 R^2	0.366	0.196	0.382
F 值	30.679**	22.493**	48.728**

注：本研究的回归系数为标准化回归系数；*表示 $0.01 < p \leqslant 0.05$，**表示 $p \leqslant 0.01$。

（2）新市场颠覆在创业网络与新创企业成长绩效间的中介效应

同样，在上述创业网络各维度对新创企业成长绩效的回归模型中，网络交互对成长绩效及新市场颠覆不存在显著影响，因此，H4cd 假设不成立。为了检验新市场颠覆在异质性网络与新创企业成长绩效间的中介效应，在研究了控制变量的基础上做了更进一步的研究。在模型 4d 中，异质性网络和同质化网络对新创企业成长绩效具有显著的正向影响（$p \leqslant 0.01$）；模型 4e 中，异质性网络和同质化网络对新市场颠覆的回归系数分别为 0.388（$p \leqslant 0.01$）与 0.196（$p \leqslant 0.01$），具有显著的正向影响；在模型 4f 中，将异质性网络、同质化网络和中介变量新市场颠覆放入回归方程，进行回归时，可以发现异质性网络、同质化网络和新市场颠覆对新创企业成长绩效回归系数分别为 0.283（$p \leqslant 0.01$）、0.142（$p \leqslant 0.01$）和 0.174（$p \leqslant 0.01$），都有显著的正向影响。

将模型 4d 和模型 4f 进行对比可以看到，在模型 4f 中，增加了中介变量新市场颠覆。此时异质性网络和同质化网络的回归系数均显著，并且异质性网络和同质化网络的回归系数分别从没加入中介变量的 0.325 与 0.170 降低到了 0.283 和 0.142，表明新市场颠覆在异质性网络和同质化网络与新创企业成长绩效之间均起到了部分中介作用，假设 H4b 和 H4c 得到验证。综上所述，假设 H4 部分成立。具体回归结果如表 4-18 所示。

表 4-18　新市场颠覆在创新网络与新创企业成长绩效间中介效应的检验

因变量		新创企业成长绩效	新市场颠覆	新创企业成长绩效
		模型 4d	模型 4e	模型 4f
自变量	异质性网络	0.325**	0.388**	0.283**
	同质化网络	0.170**	0.196**	0.142**

续表

因变量		新创企业成长绩效 模型 4d	新市场颠覆 模型 4e	新创企业成长绩效 模型 4f
中介变量	新市场颠覆	——	——	0.174**
控制变量	行业	控制	控制	控制
	成立年限	0.083**	−0.053	0.127**
	营业额	−0.169**	0.021	−0.288**
	研发占比	−0.095**	−0.116**	−0.161**
	是否初创	−0.060	0.035	−0.022
	R^2	0.378	0.231	0.371
	调整后的 R^2	0.366	0.222	0.363
	F 值	30.679**	26.109**	44.864**

注：本研究的回归系数为标准化回归系数；*表示 $0.01 < p \leqslant 0.05$，**表示 $p \leqslant 0.01$。

近几年来，经典的逐步回归中介检验方法受到颇多质疑（MacKinnon，2000；Shrout & Bolger，2002；Preacher & Hayes，2004；Zhao et al.，2010），此方法被指只能用于简单的中介检验，即仅适合一个中介变量的模型，但是对于复杂的多个中介的检验，却未能明晰。Preacher 和 Hayes（2004）、MacKinnon 等（2007）建议采用 Bootstrap 中介检验方法。然而，逐步法和 Bootstrap 法之间互有利弊，若逐步法分析结果显著的话，其检验的效果可能会优于 Bootstrap 法（Heimeriks et al.，2012；Lin et al.，2016）。为此，国内学者温忠麟和叶宝娟（2014）提出新的中介效应检验流程，首先采用逐步法来检验中介效应，然后再用 Bootstrap 法进行分析以提升中介效应检验的效力。因此，本书按照 Zhao 等（2010）提出的中介分析程序，采用多个并列的中介变量检验方法（Preacher & Hayes，2008）进行偏差校正，并用百分位 Bootstrap 法进一步检验中介效应，具体检验步骤分为两步：第一，运用 Bootstrap 法通过中介效应来判断中介路径是否存在；第二，在控制了中介变量之后，通过判断自变量的系数即直接效应是否显著来判断中介是否唯一。采用 Hayes（2013）编制的 SPSS 宏中的 Model 4 进行数据处理，样本量设置为 5000，选择 95% 置信区间，结果如表 4-19 所示。

表 4-19　Bootstrap 中介检验结果

路径	点估计	标准误	Z 值	95%CI 下限	95%CI 上限
总效应：异质性网络→新创企业成长绩效	0.449**	0.036	4.86	0.378	0.520
直接效应：异质性网络→新创企业成长绩效	0.181**	0.039	3.56	0.105	0.258
间接效应：异质性网络→低端颠覆→新创企业成长绩效	0.140**	0.021	2.97	0.100	0.183
间接效应：异质性网络→新市场颠覆→新创企业成长绩效	0.128**	0.023	2.85	0.086	0.176
总效应：同质化网络→新创企业成长绩效	0.175**	0.040	2.68	0.097	0.252
直接效应：同质化网络→新创企业成长绩效	0.087**	0.033	2.41	0.022	0.152
间接效应：同质化网络→低端颠覆→新创企业成长绩效	0.017	0.021	1.03	−0.024	0.058
间接效应：同质化网络→新市场颠覆→新创企业成长绩效	0.070*	0.017	2.38	0.040	0.106

注：*表示 $0.01 < p \leqslant 0.05$，**表示 $p \leqslant 0.01$。

　　首先检查总效应，如果总效应显著则可能存在间接效应。在异质性网络、颠覆性创新与新创企业成长绩效模型中，总效应显著，置信区间为［0.378，0.520］，其中不包含 0 且 Z 值大于 1.96，说明有可能存在中介效应。直接效应与间接效应路径中 Z 值都大于 1.96。直接效应路径的置信区间为［0.105，0.258］，其中不包含 0，说明直接效应显著；间接效应路径中，低端颠覆的置信区间为［0.100，0.183］，新市场颠覆的置信区间为［0.086，0.176］，均不包含 0，说明间接效应路径均显著，表明低端颠覆、新市场颠覆作为并列中介变量在异质性网络与新创企业成长绩效之间发挥了显著的部分中介作用。综上所述，假设 H4a 和假设 H4c 成立。

　　同理，在同质化网络、颠覆性创新与成长绩模型中，总效应显著，置信区间为［0.097，0.252］，其中不包含 0 且 Z 值大于 1.96。直接效应路径的置信区间为［0.022，0.152］，其中不包含 0 且 Z 值大于 1.96，说明直接效应显著；间接效应路径中，低端颠覆的置信区间为［−0.024，0.058］，包含 0 且 Z 值小于 1.96，说明低端颠覆在同质化网络与新创企业成长绩效之间不存在中介作用，假设 H4b 不成立；间接效应路径中，新市场颠覆的置信区间为［0.040，0.106］，不包含 0 且 Z 值大于 1.96，说明新市场颠覆在同质化网络与新创企业成长绩效之间发挥了显著的中介作用，并且为部分中介作用。综上所述，假设 H4d 成立，假设 H4 部分成立。

上述结果与分步回归检验中介效应结果一致，进一步确认了颠覆性创新在创业网络与新创企业成长绩效之间发挥了部分中介效应。

4.6.3　网络能力调节效应检验

（1）网络能力在异质性网络与新创企业成长绩效间的调节作用

网络能力对异质性网络影响新创企业成长绩效的分析结果如表 4-20 所示。由表可知，异质性网络对新创企业成长绩效有显著的正向影响（$\beta = 0.206$，$p \leqslant 0.01$），网络能力对新创企业成长绩效有显著的正向影响（$\beta = 0.413$，$p \leqslant 0.01$），且交互项的回归系数显著（$\beta = 0.122$，$p \leqslant 0.01$），置信区间为 [0.135，0.259]，其中不包含 0，说明网络能力调节了异质性网络对新创企业成长绩效的影响，假设 H5a 得到支持。

表 4-20　网络能力在异质性网络与新创企业成长绩效间的调节作用检验

因变量：新创企业成长绩效		回归系数 β	标准差	t	p	LLCI	ULCI
自变量	异质性网络	0.206	0.042	4.932	0	0.124	0.288
调节变量	网络能力	0.413	0.042	9.868	0	0.331	0.495
交互项	异质性网络 * 网络能力	0.122	0.044	3.500	0.006	0.135	0.259

为了更加直观地呈现调节效应，分别取调节变量均值上下一个标准差，绘制了如图 4-1 所示的调节效应图。异质性网络对新创企业成长绩效能够起到较为明显的促进作用，并且这种缓冲作用会随着网络能力程度的改变而发生变化。具体而言，随着网络能力程度的不断提升，异质性网络对新创企业成长绩效的作用会增强。

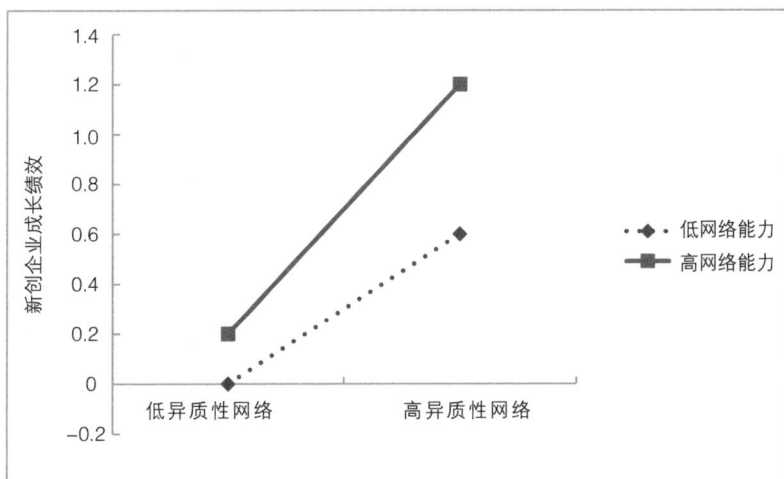

图 4-1　网络能力在异质性网络与新创企业成长绩效之间的调节效应

（2）网络能力在同质化网络与企业成长绩效间的调节作用

网络能力对同质化网络影响新创企业成长绩效的分析结果如表 4-21 所示。由表可知，同质化网络对新创企业成长绩效有显著的正向影响（ $\beta = 0.341$ ，$p \leqslant 0.01$ ），网络能力对新创企业成长绩效有显著的正向影响（ $\beta = 0.413$ ，$p \leqslant 0.01$ ），且交互项的回归系数显著（ $\beta = 0.227$ ，$p \leqslant 0.01$ ），置信区间为 [0.074，0.241]，其中不包含 0，说明网络能力调节了同质化网络对新创企业成长绩效的影响，假设 H5b 得到支持。

表 4-21　网络能力在同质化网络与新创企业成长绩效间的调节作用检验

因变量：新创企业成长绩效		回归系数 β	标准差	t	p	LLCI	ULCI
自变量	同质化网络	0.341	0.036	2.777	0.008	0.067	0.135
调节变量	网络能力	0.413	0.042	9.868	0	0.331	0.495
交互项	同质化网络 * 网络能力	0.227	0.029	2.573	0.006	0.074	0.241

为了更加直观地呈现调节效应，分别取调节变量均值上下一个标准差，绘制了如图 4-2 所示的调节效应图。同质化网络对新创企业成长绩效能够起到较为明显的促进作用，并且这种缓冲作用会随着网络能力程度的改变而发生变化。具体而言，随着网络能力程度的不断提升，同质化网络对新创企业

成长绩效的作用会增强。

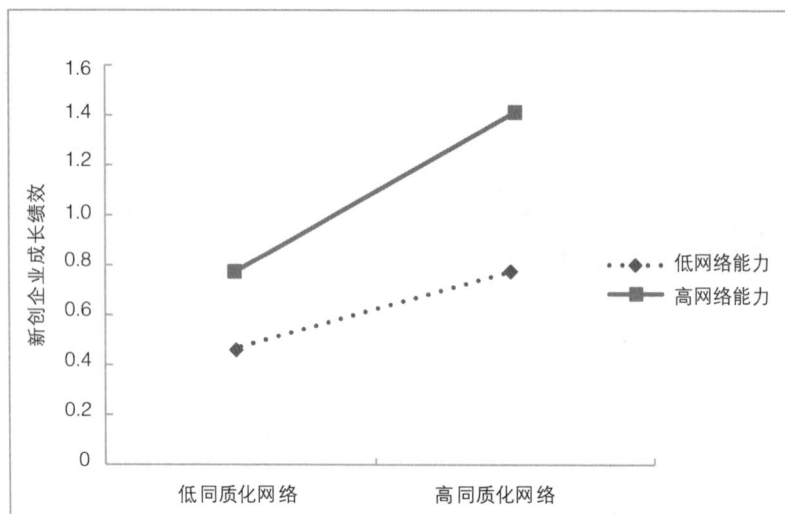

图 4-2　网络能力在同质化网络与新创企业成长绩效之间的调节效应

（3）网络能力在同质化网络与新市场颠覆间的调节作用

网络能力对同质化网络影响新市场颠覆的分析结果如表 4-22 所示。由表可知，同质化网络对新市场颠覆有显著的正向影响（$\beta = 0.105$，$p \leqslant 0.01$），网络能力对新市场颠覆有显著的正向影响（$\beta = 0.301$，$p \leqslant 0.01$），且交互项的回归系数显著（$\beta = 0.088$，$p \leqslant 0.01$），置信区间为 $[0.021, 0.154]$，其中不包含 0，说明网络能力调节了同质化网络对新市场颠覆的影响，假设 H6d 得到支持。

表 4-22　网络能力在同质化网络与新市场颠覆间的调节作用检验

因变量：新市场颠覆		回归系数 β	标准差	t	p	LLCI	ULCI
自变量	同质化网络	0.105	0.040	2.621	0.009	0.026	0.183
调节变量	网络能力	0.301	0.039	7.802	0	0.225	0.376
交互项	同质化网络 * 网络能力	0.088	0.032	2.711	0.007	0.021	0.154

为了更加直观地呈现调节效应，分别取调节变量均值上下一个标准差，绘制了如图 4-3 所示的调节效应图。同质化网络对新市场颠覆能够起到较为

明显的促进作用，并且这种缓冲作用会随着网络能力程度的改变而发生变化。具体而言，随着网络能力程度的不断提升，同质化网络对新市场颠覆的作用会增强。

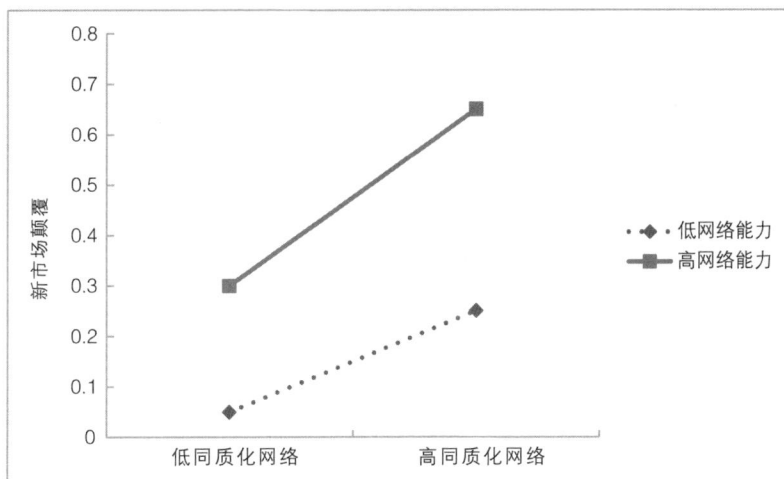

图 4-3　网络能力在同质化网络与新市场颠覆之间的调节效应

（4）网络能力在异质性网络与新市场颠覆间的调节作用

网络能力对异质性网络影响新市场颠覆的分析结果如表 4-23 所示。由表可知，异质性网络对新市场颠覆有显著的正向影响（$\beta = 0.357$，$p \leqslant 0.01$），网络能力对新市场颠覆有显著的正向影响（$\beta = 0.107$，$p \leqslant 0.05$），且交互项的回归系数显著（$\beta = 0.118$，$p \leqslant 0.05$），置信区间为 $[0.040，0.163]$，其中不包含 0，说明网络能力调节了异质性网络对新市场颠覆的影响，假设 H6b 得到支持。

表 4-23　网络能力在异质性网络与新市场颠覆间的调节作用检验

因变量：新市场颠覆		回归系数 β	标准差	t	p	LLCI	ULCI
自变量	异质性网络	0.357	0.046	7.837	0	0.268	0.447
调节变量	网络能力	0.107	0.046	2.349	0.019	0.018	0.197
交互项	异质性网络 * 网络能力	0.118	0.026	2.450	0.045	0.040	0.163

为了更加直观地呈现调节效应，分别取调节变量均值上下一个标准差，

绘制了如图4-4所示的调节效应图。异质性网络对新市场颠覆能够起到较为明显的促进作用，并且这种缓冲作用会随着网络能力程度的改变而发生变化。具体而言，随着网络能力程度的不断提升，异质性网络对新市场颠覆的作用会增强。

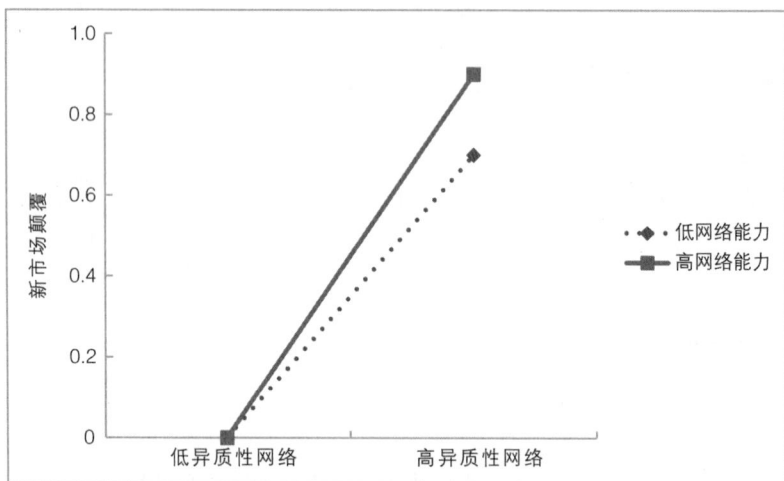

图 4-4　网络能力在异质性网络与新市场颠覆之间的调节效应

（5）网络能力在异质性网络与低端颠覆间的调节作用

网络能力对异质性网络影响低端颠覆的分析结果如表 4-24 所示。由表可知，异质性网络对低端颠覆有显著的正向影响（ $\beta = 0.116$ ，$p \leqslant 0.01$ ），网络能力对低端颠覆有显著的正向影响（ $\beta = 0.380$ ，$p \leqslant 0.01$ ），且交互项的回归系数显著（ $\beta = 0.111$ ，$p \leqslant 0.01$ ），置信区间为 [0.048，0.126]，其中不包含 0，说明网络能力调节了异质性网络对低端颠覆的影响，假设 H6a 得到支持。

表 4-24　网络能力在异质性网络与低端颠覆间的调节作用检验

因变量：低端颠覆		回归系数 β	标准差	t	p	LLCI	ULCI
自变量	异质性网络	0.116	0.033	3.572	0	0.060	0.172
调节变量	网络能力	0.380	0.033	25.494	0	0.766	0.894
交互项	异质性网络 * 网络能力	0.111	0.019	4.583	0	0.048	0.126

从如图 4-5 所示的调节效应图中可以看出，异质性网络对低端颠覆能够起到较为明显的促进作用，并且这种缓冲作用会随着网络能力程度的改变而发生变化。具体而言，随着网络能力程度的不断提升，异质性网络对低端颠覆的作用会增强。

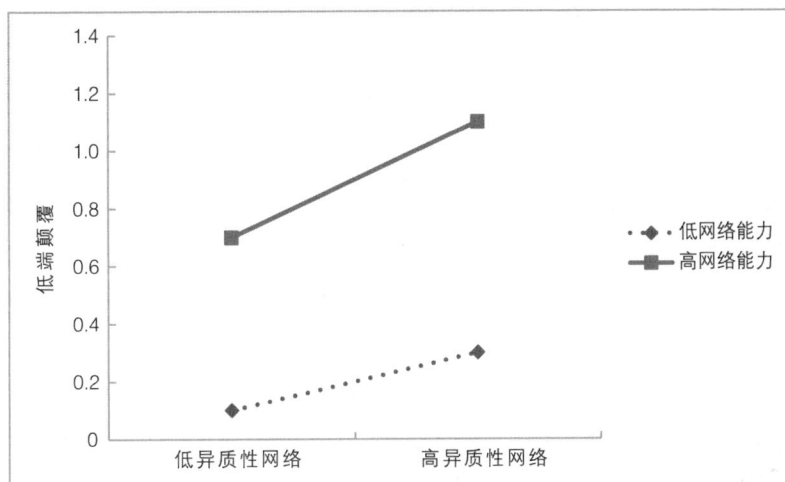

图 4-5　网络能力在异质性网络与低端颠覆之间的调节效应

（6）网络能力在同质化网络与低端颠覆间的调节作用

网络能力对同质化网络影响低端颠覆的分析结果如表 4-25 所示。由表可知，同质化网络对低端颠覆有显著的负向影响（ $\beta = -0.126$ ， $p \leqslant 0.01$ ），网络能力对低端颠覆有显著的正向影响（ $\beta = 0.230$ ， $p \leqslant 0.01$ ），且交互项的回归系数不显著（ $\beta = -0.011$ ， $p > 0.05$ ），置信区间为 [-0.048， 0.026]，说明网络能力在同质化网络与低端颠覆之间没有调节作用，假设 H6c 不能得到支持。

表 4-25　网络能力在同质化网络与低端颠覆间的调节作用检验

因变量：低端颠覆		回归系数 β	标准差	t	p	95%CI 下限	95%CI 上限
自变量	同质化网络	−0.126	0.033	−3.572	0	−0.180	−0.052
调节变量	网络能力	0.230	0.033	25.494	0	0.766	0.894
交互项	同质化网络 * 网络能力	−0.011	0.019	−0.583	0.560	−0.048	0.026

4.6.4　有调节的中介效应检验

根据中介效应和调节效应的分析结果，本书进一步对有调节的中介效应进行分析。以往研究较多采用的是 Muller 等（2005）提出的检验方法，总体思路与 Baron 和 Kenny（1986）提出的简单中介检验方法相似：首先，检验自变量和调节变量对因变量的交互影响；其次，检验自变量和调节变量对中介变量的交互影响；再次，检验加入了中介变量之后，自变量和调节变量对因变量的交互作用是否显著降低；最后，依据调节变量的不同水平分析自变量对因变量影响的中介路径。此方法过程较为烦琐，且有效性较弱。故本书采用 Preacher 和 Hayes（2004）、Mac Kinnon 等（2007）提出的通过 Bootstrap 方法直接对有调节的中介进行检验。此方法将不同水平下的调节变量中介分析置于同一个模型中，避免了数据遗漏，并且使检验更为便捷、有效性更强。

检验步骤如下：第一步，检验自变量与因变量的关系和自变量与调节变量交互项同因变量的关系，不论是否显著，均要进行下一步检验。第二步，先检验自变量与中介变量的关系和自变量与调节变量交互项同中介变量的关系，再检验中介变量与因变量的关系和中介变量与调节变量交互项同因变量的关系。若这两组关系中至少有一组显著，则表示中介效应会受到调节。若不显著，则还不能下结论，需要进行下一步检验。第三步，使用非参数百分位 Bootstrap 法，对第二步中的交互项做区间检验，若这两组关系中至少有一对交互项显著，则表示中介效应会受到调节。如果交互项的区间检验结果还不显著，则需要进行下一步检验。第四步，检验中介效应的最大值与最小值之差。若中介效应最大值和最小值之差显著，则表示中介效应会受到调节。

（1）网络能力对新市场颠覆在异质性网络与新创企业成长绩效之间有调节的中介效应

就异质性网络对新创企业成长绩效的影响而言，采用 Hayes（2013）编制的 SPSS 宏中的 Model 8 进行数据处理，依据温忠麟和叶宝娟（2014）推荐的 Bootstrap 方法，对颠覆性创新在创业网络与新创企业成长绩效之间的中介效应以及网络能力的调节效应进行检验。选取 5000 个样本量，以异质性网络作为自变量，新市场颠覆为中介变量，新创企业成长绩效为因变量，分别代入 PROCESS 程序。具体结果如表 4-26 所示。用网络能力的均值加、减一个标准差来表示高网络能力与低网络能力，检验结果显示，相比低网络能力（效应量 = 0.055），高网络能力（效应量 = 0.064）下异质性网络对新创企业成长绩效的中介作用更大，置信区间分别为［0.028，0.108］、［0.027，0.110］，且均不包含 0。随着网络能力的提升，新市场颠覆的中介效应逐渐增强，即中介效应被网络能力所调节，其置信区间为［0.016，0.116］，其中不包含 0，即被调节的中介效应成立，假设 H7b 得到了支持。

表 4-26　网络能力对新市场颠覆在异质性网络与新创企业
成长绩效间的中介效应调节检验

路径	网络能力	效应量	标准差	95%CI 下限	95%CI 上限
总效应：异质性网络→新创企业成长绩效		0.098	0.021	0.060	0.142
直接效应：异质性网络→新市场颠覆→新创企业成长绩效	$M - SD$	0.055	0.021	0.028	0.108
	M	0.063	0.020	0.030	0.105
	$M + SD$	0.064	0.022	0.027	0.110
被调节的中介效应		0.061	0.028	0.016	0.116

（2）网络能力对低端颠覆在异质性网络与新创企业成长绩效之间有调节的中介效应

就异质性网络对新创企业成长绩效的影响而言，将中介变量换成低端颠覆，其他变量不变，采用同上方法进行检验。具体结果如表 4-27 所示。用网络能力的均值加、减一个标准差来表示高网络能力与低网络能力，检验结果显示，相比低网络能力（效应量 = 0.103），高网络能力（效应量 = 0.128）下异质性网络对新创企业成长绩效的中介作用更大，置信区间分别为［0.021，0.104］、［0.027，0.126］，且均不包含 0。随着网络能力的提升，低端颠覆的中介效应逐渐增强，即中介效应被网络能力所调节，其置信区间为［0.036，0.103］，其中不包含 0，即被调节的中介效应成立，假设 H7a 得到了支持。

表 4-27　网络能力对低端颠覆在异质性网络与新创企业
成长绩效间的中介效应调节检验

路径	网络能力	效应量	标准差	95%CI 下限	95%CI 上限
总效应： 异质性网络→新创 企业成长绩效		0.120	0.020	0.081	0.159
直接效应：异质性 网络→低端颠覆→ 新创企业成长绩效	$M - SD$	0.103	0.020	0.021	0.104
	M	0.107	0.027	0.023	0.215
	$M + SD$	0.128	0.028	0.027	0.126
被调节的中介效应		0.101	0.022	0.036	0.103

（3）网络能力对新市场颠覆在同质化网络与新创企业成长绩效之间的有
调节的中介效应

就同质化网络对新创企业成长绩效的影响而言，将中介变量换成新市场
颠覆，自变量换成同质化网络，其他变量不变，采用同上方法进行检验，具
体结果如表 4-28 所示。用网络能力的均值加、减一个标准差来表示高网络能
力与低网络能力，检验结果显示，相比低网络能力（效应量＝ −0.001），高网
络能力（效应量＝ 0.040）下同质化网络对新创企业成长绩效的中介作用更大，
置信区间分别为 [−0.026，0.023] 和其中不包含 0 的 [0.018，0.071]。随着
网络能力的提升，新市场颠覆的中介效应逐渐增强，即中介效应被网络能力
所调节，其置信区间为 [0.009，0.077]，其中不包含 0，即被调节的中介效应
成立，假设 H7d 得到了支持。

表 4-28　网络能力对新市场颠覆在同质化网络与新创企业
成长绩效中介效应调节检验

路径	网络能力	效应量	标准差	95%CI 下限	95%CI 上限
总效应： 同质化网络→新创企 业成长绩效		0.070	0.016	0.039	0.103
直接效应：同质化网 络→新市场颠覆→新 创企业成长绩效	$M - SD$	−0.001	0.012	−0.026	0.023
	M	0.026	0.010	0.008	0.049
	$M + SD$	0.040	0.014	0.018	0.071
被调节的中介效应		0.021	0.008	0.009	0.077

（4）网络能力对低端颠覆在同质化网络与新创企业成长绩效之间的有调节的中介效应

就同质化网络对新创企业成长绩效的影响而言，将中介变量换成低端颠覆，自变量换成同质化网络，其他变量不变，采用相同方法进行检验。具体结果如表 4-29 所示。其置信区间为 [−0.004，0.002]，即被调节的中介效应不成立，假设 H7c 不能得到支持。

表 4-29　网络能力对低端颠覆在同质化网络与新创企业
成长绩效间的中介效应调节检验

路径	网络能力	效应量	标准差	95%CI 下限	95%CI 上限
总效应： 同质化网络→新创 企业成长绩效		0.017	0.021	−0.023	0.057
直接效应：同质化 网络→低端颠覆→ 新创企业成长绩效	$M - SD$	−0.005	0.005	−0.015	0.005
	M	−0.005	0.006	−0.017	0.005
	$M + SD$	−0.006	0.007	−0.021	0.006
被调节的中介效应		−0.001	0.002	−0.004	0.002

4.6.5　基于行业类型的分组回归分析

不同行业由于应用场景、盈利方式和技术密集程度不同，使得新创企业在成长过程中采取的网络策略、创新策略及成长路径可能存在差异。因此，本书将样本按照企业主营业务类别进行分类：把新创企业归为一组作为新兴行业，样本总数为 309 份；传统企业归为传统行业一组，样本量为 158 份；其他为 151 份。将三组样本纳入"创业网络—颠覆性创新—新创企业成长绩效"模型进行回归，对新兴行业与传统行业进行对比分析，具体数据如表 4-30 和表 4-31 所示。

通过表 4-30 和表 4-31 可以看出，新兴行业中的检验结果与之前全样本的检验结果基本类似，传统行业的检验结果则呈现出新的特征。异质性网络与同质化网络均对新创企业成长绩效产生了积极的正向影响，并且同质化网络对低端颠覆与新市场颠覆均未产生积极的影响，只有异质性网络对新市场颠覆产生了显著的正向影响，故新市场颠覆在异质性网络与新创企业成长绩效之间发挥部分中介作用。

表4-30　新兴行业样本企业多元回归结果

变量	低端颠覆		新市场颠覆			新创企业成长绩效			
	模型1	模型2	模型3	模型4	模型5	模型6	模型7	模型8	模型9
成立年限	0.071	0.042	0.014*	-0.052	0.088	0.040	0.058	0.050	0.046
营业额	-0.157**	-0.135**	0.007	0.040	-0.152**	-0.128**	-0.093**	-0.094**	-0.133**
研发占比	-0.068	-0.035	-0.147*	-0.105*	-0.125**	-0.096	-0.056	-0.082*	-0.084*
是否初创	0.386**	0.329**	0.135	0.046	0.184	0.120	0.003	0.040	0.115
行业	控制	控制	控制	控制	控制	控制	控制	控制	控制
异质性网络	—	0.306**	—	0.423**	—	0.301**	—	0.216**	0.256**
同质化网络	—	0.018	—	0.176**	—	0.133**	—	0.272**	0.115**
低端颠覆	—	—	—	—	—	—	0.390**	—	—
新市场颠覆	—	—	—	—	—	—	0.274**	—	0.107*
混合（低端*新市场）	—	—	—	—	—	—	0.065	—	—
R^2	0.139	0.235	0.044	0.255	0.136	0.259	0.335	0.296	0.269
调整后的 R^2	0.128	0.221	0.032	0.241	0.125	0.246	0.321	0.283	0.254
F 值	13.477**	17.038**	3.839**	18.955**	13.131**	19.424**	23.909**	23.287**	17.450**

注：*表示 $0.01 < p \leqslant 0.05$，**表示 $p \leqslant 0.01$。

表4-31 传统行业样本企业多元回归结果

变量	低端颠覆		新市场颠覆			新创企业成长绩效			
	模型1	模型2	模型3	模型4	模型5	模型6	模型7	模型8	模型9
成立年限	-0.044	-0.070	-0.051	-0.074	0.029	0.011	0.039	0.026	0.016
营业额	-0.009	-0.009	-0.023	-0.026	-0.067	-0.067*	-0.058	-0.065*	-0.066*
研发占比	-0.198*	-0.161	-0.038	-0.030	-0.031	-0.009	0.002	0.006	-0.007
是否初创	0.099	0.045	0.270	0.235	0.211	0.175	0.165	0.185	0.158
行业	控制	控制	控制	控制	控制	控制	控制	控制	控制
异质性网络	—	0.398**	—	0.167*	—	0.248**	—	0.224**	0.235**
同质化网络	—	0.160	—	0.180	—	0.116*	—	—	0.103*
低端颠覆	—	—	—	—	—	—	0.165**	0.050	—
新市场颠覆	—	—	—	—	—	—	0.140**	—	0.074*
混合（低端 * 新市场）	—	—	—	—	—	—	-0.035	—	—
R^2	0.058	0.232	0.040	0.093	0.081	0.296	0.195	0.270	0.311
调整后的 R^2	0.026	0.191	0.007	0.045	0.049	0.259	0.145	0.231	0.268
F值	1.784	5.678**	1.201	1.930	2.549*	7.936**	3.886**	6.970**	7.228**

注：*表示 $0.01 < p \leq 0.05$，**表示 $p \leq 0.01$。

4.6.6　内生性问题的解决

近年来，内生性问题受到越来越多管理学学者的重视与关注，尤其是在战略管理领域（Hamilton & Nicherson，2003；Semadeni et al.，2014）。在管理学研究中大多采用问卷测量某一概念的方式来进行变量间的因果关系推断，因此更容易受到内生性问题的困扰（王宇和李海洋，2017），其中以双向因果最为典型（陈云松和范晓光，2010；梁玉成和陈金燕，2019）。本书根据王宇和李海洋（2017）、蔡万象和李培凯（2021）的建议，尝试从以下四个方面缓解内生性问题。

首先，理论逻辑的初步判定。为明晰创业网络、颠覆性创新与新创企业成长绩效三者之间的因果关系，梳理相关理论与文献，从三者的理论逻辑机制出发进行初步判定。创业网络作为一种特殊的社会网络，概念中蕴含了双向因果的可能性，主要原因在于社会网络可分为接触的社会网络和动员的社会网络（林南和俞弘强，2003）。其中，接触的社会网络是潜在的关系与资源的总和，其与阶层地位并无明显的时间先后关系，可能是同期相互影响的，也可能是作用于结果的，还有可能是被结果反作用的，即可能存在双向因果关系。而动员的社会网络则不同，必然是先动员，然后才会影响相关行为或现象，为明显的单向因果关系。本书的研究对象为新创企业，从新创企业的特征来看，新创企业存在"新、小、弱性、合法性低"的问题，并且尚未形成完整的业务模式，需要经历从无到有、从小到大的过程（汤淑琴和蔡莉，2015），这种过程是一个从依赖创业者自我中心网络到依赖现有和正在发展的社会网络的过程。从成长流程观来看，创业者通过网络构建和资源交换，将创业机会和想法转化为组织（Salamzadeh，2015；Salamzadeh & Kirby，2017）。网络嵌入不仅能够帮助新企业迅速进入市场，而且还能加快它们的创新行为，最终推动自身的发展（Stayton & Mangematin，2019），这在较大程度上降低了自变量（创业网络）和因变量（成长绩效）之间的双向影响。同时，在像中国这样的新兴国家的新创企业中，创业网络更多的是动员的社会网络，在网络中进行调动以发现市场机会和资源获取，实现成长目标，有明显的时间先后和作用关系。创业网络、颠覆性创新与新创企业成长绩效之间的相互影响在作用力度和时间上是非对称的。"创业网络—颠覆性创新—新创企业成长绩效"的关系起着主导作用（Butler & Hansen，1991；Donckels & Lambrecht，1995；蔡莉等，2006；Littunen，2000；Elfring & Hulsink，2003；Wu et al.，2020；梁玉成和陈金燕，2019）。

其次，借助解决共同方法偏差的技术也可以帮助解决内生性问题。一是分不同时间点（时滞）收集自变量与因变量数据，采用多渠道收集多源数据，这在一定程度上可以降低数据的内生性问题（Podsakoff et al.，2012）。二是采用纵向问卷调查的方式，对自变量和结果变量进行重复测量，将第一阶段的自变量作为第二阶段时间点的工具变量。三是将成立年限、营业额、行业、创业经历、创新研发费用占销售额的比例等可能对自变量和因变量产生影响的变量纳入控制变量，以避免变量遗漏问题。四是采用学术界相对较为认可的量表对创业网络、颠覆性创新、新创企业成长绩效等变量进行测量，借助多个指标衡量变量的各个维度，减少变量的测量误差。这些措施可以在一定程度上降低共同方法偏差造成的影响。

再次，采用纵向跟踪调查并进行进一步的实证检验。在符合变量之间的相关性要求的同时，突出"因在前，后为果"的因果判断逻辑。在第一次调查的基础上，于 2021 年 3—6 月对问卷中的中介变量（颠覆性创新）与因变量（新创企业成长绩效）进行第二次调查。纵向两阶段的调查主要基于两方面原因：一是根据颠覆性创新的过程进行划分，分为具备颠覆性创新基本特征的入门阶段，以及通过有效的商业模式商业化吸引主流消费者，最终在主流市场赢得一定市场份额的转型阶段。第一次调查的对象是处于入门阶段的新创企业，第二次调查是在第一次调查的基础上选择从入门到进入转型阶段的企业，使所调查的企业真正符合完整的颠覆性创新要求，从而获得更高质量的数据。众多颠覆性创新研究学者强调颠覆性创新并非一个单次的事件或具体的结果，而是一个进步的完整过程（Christensen，2006；Christensen & Raynor，2003；Govindarajan & Kopalle，2006；Hang et al.，2011），需要进行纵向跟踪调查并进行严格的研究，以确定发展颠覆性创新的机制。二是考虑到本研究测量模型在工具变量选择方面的困难性，并基于创业网络、颠覆性创新、新创企业成长绩效指标的横截面特征，为减少双向因果内生性的影响，故选择纵向跟踪调查。第二次调查让参加第一次调查的被访者对问卷中的中介变量（颠覆性创新）与因变量（新创企业成长绩效）部分进行再次填写，然后将其配对并进行相应的统计分析。课题组第一次调查回收的有效问卷为618份，第二次调查回收的有效问卷为212份，第二次调查的有效问卷回收率为34.30%。有效回收率之所以比较低，主要是因为两次调查之间时隔两年之久，第一次调查中的部分受试者因各种原因无法参与第二次调查，并且有些被调查企业人员发生变更，以及首次被调查企业还未从入门阶段进入转型阶段，不符调研要求，故被剔除了。尽管如此，样本个数仍符合大样本实证的要求。同时，在整个课题研究期间，课题组也一直与多数被测试者保持着一定程度的联系，确保有效调查的数量与质量。

最后，采用纵向的匹配数据进行检验。用第二阶段的调查数据进一步检验创业网络对新创企业成长绩效的影响，通过主效应与中介效应检验发现，创业网络（异质性网络与同质化网络）能显著正向影响新创企业成长绩效，同时低端颠覆在异质性网络与新创企业成长绩效之间起到了部分中介的作用，新市场颠覆在异质性网络与同质化网络中均起着中介作用，具体结果如表4-32、表4-33、表4-34所示。第一阶段与第二阶段各变量之间的回归系数虽在具体数值上有细微差异，但在显著性程度上并无明显改变，即原有的研究假设依然能得到支持。

表4-32　第二阶段各主要变量皮尔逊相关系数

变量	1	2	3	4	5	6	7	8	9	10
成立年限	1									
营业额	0.503**	1								
研发占比	0.147*	0.368**	1							
是否初创	−0.022	−0.237**	−0.238**	1						
行业	0.172	−0.136*	−0.184*	0.156*	1					
异质性网络	0.126	0.174**	−0.133*	−0.117	0.162*	1				
同质化网络	0.201**	0.086	−0.012	0.107*	0.142**	0.103	1			
新市场颠覆	−0.011*	−0.083*	−0.307**	0.158**	0.184**	0.467**	0.136**	1		
低端颠覆	−0.015*	−0.184**	−0.236**	0.123*	0.266**	0.382**	0.146	0.185**	1	
新创企业成长绩效	0.030	0.327**	−0.234**	−0.106*	0.437**	0.483**	0.288**	0.425**	0.389**	1
均值	5.64	4.20	2.35	1.34	1.65	3.46	3.28	3.61	3.78	4.05
标准差	1.568	1.742	1.269	0.538	0.766	0.970	1.030	1.221	0.960	0.932

注：*表示 $0.01 < p \leqslant 0.05$，**表示 $p \leqslant 0.01$。

表 4-33　第二阶段多元回归分析结果

变量	低端颠覆		新市场颠覆			新创企业成长绩效			
	模型 1	模型 2	模型 3	模型 4	模型 5	模型 6	模型 7	模型 8	模型 9
成立年限	0.121** (0.033)	0.075** (0.016)	0.097* (0.041)	0.024 (0.012)	0.154** (0.028)	0.093** (0.016)	0.087 (0.009)	0.076** (0.018)	0.022 (0.009)
营业额	0.102** (0.018)	0.066 (0.040)	−0.027 (0.019)	−0.072 (0.122)	−0.154** (0.024)	−0.173** (0.022)	0.147** (0.022)	0.081 (0.045)	0.135** (0.020)
研发占比	−0.252** (0.072)	−0.167** (0.054)	0.042 (0.018)	0.033 (0.019)	−0.162** (0.030)	−0.087** (0.022)	−0.223** (0.078)	−0.176** (0.063)	−0.245** (0.097)
是否初创	−0.213** (0.053)	−0.128** (0.033)	−0.236** (0.061)	−0.142** (0.024)	0.012 (0.003)	0.047 (0.121)	−0.183** (0.029)	−0.178** (0.047)	−0.156** (0.043)
行业	控制	控制	控制	控制	控制	控制	控制	控制	控制
异质性网络	—	0.346** (0.032)	—	0.457** (0.049)	—	0.468** (0.034)	—	0.301** (0.035)	0.275** (0.039)
同质化网络	—	0.048 (0.041)	—	0.302** (0.036)	—	0.332** (0.033)	—	—	0.189** (0.034)
低端颠覆	—	—	—	—	—	—	0.413** (0.034)	0.232** (0.039)	—
新市场颠覆	—	—	—	—	—	—	0.397** (0.059)	—	0.207** (0.038)
混合（低端 * 新市场）	—	—	—	—	—	—	−0.038	—	—
R^2	0.135	0.217	0.082	0.252	0.274	0.356	0.351	0.352	0.382
调整后的 R^2	0.126	0.188	0.071	0.211	0.247	0.378	0.347	0.377	0.356
F 值	18.346**	15.032**	8.542**	17.013**	20.336**	22.512**	24.238**	26.216**	27.312**

注：表内回归系数均为标准化回归系数；*表示 $0.01 < p \leq 0.05$，**表示 $p \leq 0.01$，皆为双边检验。

表 4-34　Bootstrap 中介检验结果

路径	点估计	标准误	Z 值	95%CI 下限	95%CI 上限
总效应：异质性网络→新创企业成长绩效	0.508**	0.041	4.97	0.326	0.533
直接效应：异质性网络→新创企业成长绩效	0.201**	0.038	3.68	0.157	0.305
间接效应：异质性网络→低端颠覆→新创企业成长绩效	0.162**	0.025	3.06	0.121	0.275
异质性网络→新市场颠覆→新创企业成长绩效	0.145**	0.026	2.91	0.091	0.195
总效应：同质化网络→新创企业成长绩效	0.301**	0.039	3.01	0.123	0.321
直接效应：同质化网络→新创企业成长绩效	0.152**	0.035	2.57	0.053	0.187
间接效应：同质化网络→低端颠覆→新创企业成长绩效	0.029	0.028	1.12	−0.036	0.072
同质化网络→新市场颠覆→新创企业成长绩效	0.143*	0.019	2.32	0.038	0.149

注：*表示 $0.01 < p \leqslant 0.05$，**表示 $p \leqslant 0.01$。

总之，在缺少严格外生冲击事件的前提下，本研究通过多种方式缓解内生性问题，研究结果表明，创业网络、颠覆性创新与新创企业成长绩效之间的关系是稳健的。

4.7　假设检验结果与讨论

4.7.1　假设检验结果汇总

本书在第 3 章共提出 35 个研究假设，现将这些假设检验结果汇总，具体如表 4-35 所示。

表 4-35　假设检验结果汇总

序号	编号	研究假设	验证结果
1	H1	创业网络对新创企业成长绩效具有正向影响	——
2	H1a	异质性网络对新创企业成长绩效具有正向影响	成立
3	H1b	同质化网络对新创企业成长绩效具有正向影响	成立

序号	编号	研究假设	验证结果
4	H1ab	同质化网络与异质性网络的交互作用对新创企业成长绩效具有正向影响	不成立
5	H2	创业网络对新创企业颠覆性创新具有正向影响	——
6	H2a	异质性网络对低端颠覆具有正向影响	成立
7	H2b	异质性网络对新市场颠覆具有正向影响	成立
8	H2c	同质化网络对低端颠覆具有正向影响	不成立
9	H2d	同质化网络对新市场颠覆具有正向影响	成立
10	H2ac	网络的交互作用对低端颠覆具有显著的正向影响	不成立
11	H2bd	网络的交互作用对新市场颠覆具有显著的正向影响	不成立
12	H3	颠覆性创新对新创企业成长绩效具有正向影响	——
13	H3a	低端颠覆对新创企业成长绩效具有正向影响	成立
14	H3b	新市场颠覆对新创企业成长绩效具有正向影响	成立
15	H3c	混合颠覆对新创企业成长绩效具有正向影响	不成立
16	H4	颠覆性创新在创业网络与新创企业成长绩效之间起中介作用	——
17	H4a	低端颠覆在异质性网络与新创企业成长绩效之间起中介作用	成立
18	H4b	低端颠覆在同质化网络与新创企业成长绩效之间起中介作用	不成立
19	H4ab	低端颠覆在网络交互与新创企业成长绩效之间起中介作用	不成立
20	H4c	新市场颠覆在异质性网络与新创企业成长绩效之间起中介作用	成立
21	H4d	新市场颠覆在同质化网络与新创企业成长绩效之间起中介作用	成立
22	H4cd	新市场颠覆在网络交互与新创企业成长绩效之间起中介作用	不成立
23	H5	网络能力在创业网络与新创企业成长绩效之间起正向调节作用	——
24	H5a	网络能力在异质性网络与新创企业成长绩效之间起正向调节作用	成立
25	H5b	网络能力在同质化网络与新创企业成长绩效之间起正向调节作用	成立
26	H6	网络能力在创业网络与颠覆性创新之间起正向调节作用	——
27	H6a	网络能力在异质性网络与低端颠覆之间起正向调节作用	成立
28	H6b	网络能力在异质性网络与新市场颠覆之间起正向调节作用	成立
29	H6c	网络能力在同质化网络与低端颠覆之间起正向调节作用	不成立
30	H6d	网络能力在同质化网络与新市场颠覆之间起正向调节作用	成立
31	H7	网络能力正向调节创业网络通过颠覆性创新影响新创企业成长绩效的中介作用	——
32	H7a	网络能力正向调节异质性网络通过低端颠覆影响新创企业成长绩效的中介作用	成立
33	H7b	网络能力正向调节异质性网络通过新市场颠覆影响新创企业成长绩效的中介作用	成立
34	H7c	网络能力正向调节同质化网络通过低端颠覆影响新创企业成长绩效的中介作用	不成立
35	H7d	网络能力正向调节同质化网络通过新市场颠覆影响新创企业成长绩效的中介作用	成立

4.7.2　创业网络对新创企业成长绩效的影响

本研究对创业网络与新创企业成长绩效之间关系的假设进行检验，结果证实了异质性网络和同质化网络对新创企业成长绩效具有显著的正向影响，然而，两者的交互作用并未对新创企业成长绩效产生积极的作用。创业网络与新创企业成长绩效间联系密切，高质量的创业网络有利于新创企业在市场中获得竞争优势，并在其成长过程中起着关键性的作用。随着全球经济一体化和信息技术的快速发展，新创企业很难仅通过自身的积累来获得竞争优势，创业网络已成为获取关键资源的新兴范式，并被认为是影响创业活动成败的重要因素。与在位的成熟企业相比，新创企业具有资源短缺、不确定性高、合法性约束等特征，大部分新创企业夭折的原因都可以归结到这些特征上。在创业过程中，伴随着网络化成长成为企业寻求合作、获取资源、创造竞争优势、实现高质量成长的重要范式，新创企业也竞相构建创业网络来发现和识别商业机会，进而从创业网络中获取必要的外部信息与知识，通过能力积累和组织间的学习，提升价值创造水平，以期弥补与成熟企业的差距，甚至实现后发赶超。然而，现实中构建高质量创业网络的新创企业比例不高，理论与现实之间存在偏差。究其原因，从理论层面来说，尽管学术界普遍认同创业网络在新创企业成长过程中的促进作用，但多数仍停留在验证创业网络对资源获取、新创企业成长绩效的直接关系影响研究，且学者大都将创业网络作为一个整体从既存的网络结构和关系出发探究各变量之间的关系，并没有进一步研究何种创业网络在何种情况下，通过何种方式起作用（朱秀梅和李明芳，2011），因此对创业实践指导而言价值不大。从现实层面来说，新兴的机会对网络有不同类型的需求和要求，需要激活与之相匹配的网络才能实现价值，如果因不能准确识别所需的网络特征而随意开展大规模的外部网络构建，那么不仅不一定有利于企业成长，而且会浪费资源。本研究的实证结果也有力地支持了克里斯坦森等系列研究的理论判断，一些新创企业能够快速成长甚至颠覆传统行业巨头的原因在于它们能更为快速和精准地构建与之匹配的创业网络。

由于不同类型的创业网络所带来的资源与能力等存在一定的差异，且在价值性、稀缺性和难以模仿性等特征方面存在不同，故对新创企业成长绩效的影响也不尽相同（鲁喜凤，2017）。本书探讨了不同维度的创业网络对新创企业成长绩效的影响，结果也证实了异质性网络、同质化网络对新创企业成长绩效的积极作用。第一，实证分析结果显示异质性网络对新创企业成长绩效具有正向影响，与以往主流文献的研究结果相符。新创企业往往无法同时具备颠覆性创新与成长所需的全部资源，而建立高异质性的网络能为新创企业带来互补性资源，突破资源困境，增加企业创新要素组合机会。因此，新创企业在很多情况下不得不依赖于异质性网络中蕴含的大量资源、知识、技术和信息等来完成要素向创新的转化。第二，研究结果同样显示同质化网络对新创企业成长绩效具有正向影响。毫无疑问，同质化网络对于新创企业而言也是一个极为关键的途径，特别是一些特定功能的资源通过同质化网络获取往往效率更高。另外，现有的资源基础理论过于强调资源的异质性，然而事实上，资源并不一定总是或总能在异质性网络中获得，同质化网络往往是企业与外界发生联系的基础与出发点，它包含着某种信任、合作与稳定的关系，且较易获得，而异质性网络则往往与不稳定、风险和投机联系在一起，也较难获得。并且企业之间或多或少存在着一些相似的特征，在多数情况下，同质化网络中的参与者进行频繁的互动和互惠行为能够促进学习与交流，减少资源交易中的机会主义壁垒与信息搜寻成本。

由此可见，新创企业在发展的过程中，不能简单地将异质性网络与同质化网络进行优劣对比，应根据企业的自身条件和获取能力来选择相应的网络，在不同的情境组合下，两者的价值不同，高质量的创业网络必须与匹配度相结合。

4.7.3　颠覆性创新对新创企业成长绩效的影响

本研究实证分析结果显示，颠覆性创新对新创企业成长绩效具有正向影响，研究结果支持了以往基于逻辑推理、典型案例分析及经验调研得出的观点：颠覆性创新成为众多新创企业发展过程中的关键（张延平和冉佳森，2019），是弱者击败强者的普遍战略选择，不仅能提高企业的创新效率，还能保证企业获得可持续的竞争优势（施萧萧和张庆普，2017），为新创企业的成长提供了新的视角。颠覆性创新发展的一个基本模式是刚开始出现的时候往往被在位企业及主流市场所忽视，这为自身的成长提供了相对宽松的环境。在位的成熟大企业不愿开展颠覆性创新主要是因为：第一，颠覆性创新一开始的产品市场规模较小，性能往往较简单，毛利率较低，这不仅不能解决大企业的增长需求，而且与公司的发展战略不匹配，所以往往得不到大企业的重视，大企业也不会将大量的资源用于颠覆性创新。第二，颠覆性创新产品的目标客户一般不是大企业的原有客户，大公司的客户通常更加关注如何提升原有产品的技术与质量，因而忽视了新的需求。而大企业往往不愿失去原有的客户群，便失去了开发颠覆性创新的动力与机会。第三，在充满不确定性的时代，大企业往往更懂得如何规划与设计来维系现在的生态和盈利系统，而新创企业无法基于现有的市场分析方法应对变化，所以更多的是通过不断试错来寻求新的机会，以规避与大企业的直接竞争。第四，颠覆性创新的产品的研发和业务流程以及市场营销的方式，往往与原有产品有很大不同，大企业并不一定能适应，它们往往很难容纳两种相互竞争的产品以及相互冲突的企业文化。因此，颠覆性创新是新创企业进行后发追赶的独特创新模式，新创企业不论采用新市场颠覆战略还是低端市场颠覆战略，都能为争取主动权和优势地位提供有效途径，最终实现企业的指数型爆发式成长。具体维度的作用机理如下。

（1）低端颠覆对新创企业成长绩效的影响

本研究实证结果证实了假设 H2a，即低端颠覆对新创企业成长绩效具有正向影响。低端颠覆与新创企业成长绩效的关系不仅得到了学者们的关注与重视，还被越来越多的创业者所采用。低端颠覆是对最无利可图、服务需求最低的原始价值网络底层市场发起的颠覆性攻击，这种颠覆并没有打开新的市场，但它可能创造了新的商业模式，对于先天资源匮乏的新创企业来说，聚焦低端市场更能获得非主流用户。本书认为，低端颠覆已经成为新创企业实现进一步追赶并且获得可持续性竞争优势的重要创新方式。低端颠覆虽然没有开辟出新的市场，但它通过低成本与差异化来获取被在位企业认为是最不具有吸引力的顾客从而得到发展，为新创企业成长提供了关键路径，即原有主流价值网络中的低端市场为新创企业提供了成长机会。如拼多多的快速崛起就是由于精准地把握了中国巨大的位于金字塔底部的低端需求。

（2）新市场颠覆对新创企业成长绩效的影响

本研究证实了假设 H2b，即新市场颠覆对新创企业成长绩效具有正向影响。毋庸置疑，新市场颠覆对于新创企业而言也是一个极为关键的创新方式，因为在新时代的背景下，技术优势所构筑的市场壁垒正在逐步瓦解，处于技术劣势的新创企业可以通过新市场颠覆来实施赶超计划，最终实现后发追赶。有学者认为，新市场颠覆的神奇之处在于其客户的参考坐标是"无产品可用"，所以简单、低端的产品就可以满足他们。新市场颠覆改变了行业的竞争规则，建立起新的价值网络，颠覆了在位企业的竞争优势基础，并成为新创企业实现跨越式发展的有效工具。在创业实践中，新市场颠覆是新创企业实现高质量成长的重要战略选择。一方面，在转型与后发的新时代背景下，新创企业仅通过单纯的技术模仿来实现追赶的方式的效果在不断递减，技术的 S 轨道曲线周期在不断缩短，并不断地被新的 S 轨道所颠覆，再加上技术的发展总是有极限的，当技术发展到一定程度，尤其是接近极限的时候，技术的重组与应用就显得更为重要；另一方面，如今主流市场被在位企业垄断，新创企业可以通过开发新市场、激发客户创新需求来参与市场竞争，从而建立起有利的竞争地位。新市场颠覆是新创企业建立竞争优势的重要方式，也是快速获得立足之地的重要途径，通过在新市场里的不断积累，推动企业成长，最终在主流市场立足，甚至颠覆原有的行业领袖。

（3）混合颠覆对新创企业成长绩效的影响

本研究实证结果显示，混合市场颠覆对新创企业成长绩效不具有正向影响，即假设 H2c 不成立。这与目前的主流观点不一致，同时也是本书一个有价值的新发现。主流观点认为，大部分的颠覆性创新都带有混合特性（Christensen，1997，2003），后发企业既可在新市场和低端市场中二选一，亦可选择将其融合并同时使用（郭政，2007；韩志鸿，2018）。需要指出的是，这些研究基本上都以在位企业成熟市场或领先企业为研究对象，这些企业在资产规模、技术积累、客户认可、内部管理等方面都处于行业领先地位，在发展过程中能够培育出强大的核心竞争力，技术和人才的积累使得在位企业在主流技术轨道上具有很强的优势。然而，相对而言，新创企业往往处于起步阶段或发展阶段，资源和能力极其有限，组织结构往往不完善，部门分工不明确，存在冗杂现象。新创企业与实力强大的在位企业相比，竞争力较弱，占有资源也较少，品牌积累薄弱，并且在短时间内难以建立起市场地位，很难同时开展两种不同的颠覆方式。相反，如果采用两种混合或平衡的颠覆方式则会分散资源与精力，很难构建独特的核心竞争力，不利于企业成长。本书研究结果不仅验证了新创企业的独特性，还支持了学术界在创新领域的另一种观点：在中国后发与转型情境下，在同一家企业内同时开展两种不同模式的创新是十分困难的，例如同时进行渐进性创新与颠覆性创新（McDermott & O'onnor，2002；Salomo et al.，2003）；开发式创新和探索式创新的交互作用对新创企业成长绩效具有负向影响，新创企业不可能同时兼顾二者，二元平衡无法提升成长绩效，只能采用间断平衡策略（付丙海等，2015）。同理，低端市场颠覆与新市场颠覆在模式和所需资源上存在很大差别，而且新创企业的实力不允许企业同时对两个路径进行创新，所以，当需要在不同市场进入类型中进行选择时，新创企业还是应该根据自身实力和所面临的具体环境进行二选一。因此，混合颠覆的这种二元性创新活动可能具有一定的情境特征和独特性。

4.7.4　创业网络对颠覆性创新的影响

对创业网络与颠覆性创新之间关系的假设进行检验，结果证实了创业网络对新创企业颠覆性创新具有显著的正向影响。该结论与学术界的普遍认识保持一致：创业网络是一种动态的、边界模糊的新型组织模式，它为企业的颠覆性创新提供了一个新的知识框架，对新创企业的技术赶超能力和市场赶超能力具有重要的促进作用。在实际创业活动中，绝大部分的新创企业也倾向于借助创业网络这一重要模式来开展颠覆性创新，这在一定程度上证明了该结论的可操作性极高。

本研究的实证结果证实了假设 H3a、H3b，即异质性网络对低端颠覆与新市场颠覆均有显著的正向影响。多数研究认为，异质性网络对企业创新具有重要作用，其内部的异质性知识易激发企业形成新的思维模式，可提升投资组合的异质性和原创性，以及企业创新的内在价值。与在位的大企业不同，新创企业在技术和市场经验上处于劣势，通常难以在主流市场与大企业正面竞争。而低端颠覆聚焦于非主流市场，是对原有价值网络中最低端、最无利可图和服务要求最低的市场发起的颠覆性攻击，新创企业通过构建异质性网络来拓展获取资源、知识与信息的途径，不断革新产品、服务或组织方式，另辟蹊径地满足部分用户的偏好，推出产品结构与服务更为简单、价格更为低廉的新产品，实现低价与差异化的巧妙结合，从而迅速占领那些被领先企业忽视的低端市场和边缘市场。与低端颠覆相反，新市场颠覆性创新注重于挖掘原来不存在或潜在的消费群体，颠覆这个"最不挑剔"消费群体原有的消费观念，这对企业所拥有的资源、技术以及发现新市场能力等要求极高。异质性网络提供了大量非冗余信息源，帮助创业者获取具有不同想法和观点的广泛知识库以改善决策制定。异质的行动者也可以给创业者带来新的知识与观点。对某一问题产生多种看法，这有可能挑战创业者原有的想法，以便在构建市场的知识形成和重组过程中可以重新评估现有的假设与偏见。同时，异质性网络能为新创企业增加发现资源途径、产生新技术的可能性，促使企业对市场、技术有更新的理解，借助这条途径获得的资源往往能快速地改善企业的组织模式，形成具有自身特色的价值网络，进而更有利于新创企业吸引主流市场的客户流入新市场，扩大市场规模。

本研究也证实了假设 H3d 成立，即同质化网络对新市场颠覆具有正向影响。在新市场颠覆中，新创企业由于自身的局限性，必须超越自身，以寻求合作的形式促进企业的创新发展，而同质化网络能帮助新创企业集中优势以获取各种创新资源，优化内部资源并制订战略规划，借助发展协同模式来提高产品生产效率，同质性网络在某种意义上可以使新创企业少走弯路。

本研究的实证结果不支持假设 H3c，即同质化网络对低端颠覆具有正向影响的假设不成立。在实际创业活动中，同质化网络所提供的资源与信息差异化程度不够，往往带来与现有客户相似的资源和信息，并未在低端市场形成差异化，仅仅是在原有主流技术轨道上进行维持性的创新，没有在低端市场中整合与重构新的需求或拓展新的边界，甚至创造新的价值，故从本质上来说还是没有从模仿者的角色转换为创新者。另外，高同质化网络的新创企业规模偏小，往往选择对技术水平要求不高、资金需求量低并且没有什么技术含量的传统行业，导致各同类企业进行低层次的重复建设，以及相互之间争取相似的资源，加剧了有限的创新资源的分散。Bengtsson 和 Sölvell（2004）

也认为网络同质化使企业间产生敌对态度，影响创新合作，在争取现有客户的过程中难度会更大。这一研究结果部分解释了当前中国新创企业发展不容乐观的现象，大部分的创业活动都是基于简单的市场发现型机会而进行的，这种创业机会差异化程度很低，易被同行识别，且新创企业在运营成本和规模效应上与大企业差距较大，难以与其进行有效竞争，因而大多以失败告终。进一步通过新兴行业与传统行业的对比分析发现，在传统行业中，同质化网络无法驱动颠覆性创新的发生（同质化网络无论是对低端颠覆还是对新市场颠覆，均不产生积极的正向影响），只有异质性网络会对新市场颠覆产生显著的正向影响。显然，不同类型的企业在发展过程中会面临不同的产业竞争环境与市场机会，创新所需的知识类型也会不同。传统行业一般为成熟行业，市场竞争激烈，并且经过长期的积累，发展轨道与模式相对确定，同行的在位企业非常熟悉需要哪些知识与资源，因此，新创企业通过同质化网络获取相关知识更多的是基于现有的发展轨道进行的，而且很难跨越现有技术与市场轨道去发现新的商业机会从而实现"换道"发展，唯有通过异质性网络获取异质性知识才更易产生新的灵感，创造新的模式与业态。正如《失控》作者、《连线》杂志创始主编凯文·凯利所认为的那样：颠覆性创新往往发生在行业之外，发生的领域往往具有质量低、风险高、市场小的特点，而且是未经验证的领域。

4.7.5　颠覆性创新在创业网络与新创企业成长绩效之间的中介作用

本研究的实证结果显示，颠覆性创新的中介作用得到了数据的支持。该结果也与本研究的预期假设相吻合。表明创业网络与新创企业成长绩效之间并非简单的线性关系，二者之间的关系是通过颠覆性创新的中介作用而实现的。本研究识别了创业网络与创新活动及新创企业成长绩效之间的内在作用机理，并在一定程度上打开了新创企业网络化成长的"黑箱"。

鉴于低端颠覆与新市场颠覆的形成机理呈现出不同的路径与特征，因此，可以认为发挥中介效应的路径也不同。新市场颠覆在创业网络（异质性网络和同质化网络）与新创企业成长绩效之间起部分中介作用。低端颠覆在异质性网络与新创企业成长绩效之间起部分中介作用，然而在同质化网络与新创企业成长绩效之间的中介效应假设检验中却未得到数据的支持，可能的原因是低端颠覆虽然聚焦于非主流客户（即那些看起来是最无利可图、服务要求最低的客户），但仍未创造低端市场新的需求，故很难将同质化网络的资源很好地利用到低端市场中以创造新的客户。

由此可见，创业者在后发情境中如果想要迅速、精准地识别创业机会，就必须从构建创业网络入手，深挖其中蕴含的资源信息。创业网络为新创企业成长提供了必要条件但未提供充分条件。只有将这些资源和信息的重组与整合付诸新创企业具体的不同颠覆性创新活动中，才能推进新创企业持续的，甚至爆发性的成长。通过颠覆性创新的方式来利用资源是新创企业从小到大、从弱到强的有效选择，能够帮助新创企业快速将资源进行有机结合以匹配创业目标，并解决不同情境下的创业问题，从而提高资源价值以获取竞争优势和获得高水平的绩效回报。因此，新创企业如何根据实际情况选择新市场颠覆或低端颠覆是新创企业成长过程中一个重要的战略选择。

4.7.6　网络能力的调节作用

本研究结果显示，网络能力在创业网络与新创企业成长绩效之间起到了积极的调节作用，假设 H5 通过检验，即在企业网络能力较高的情况下，创业网络对新创企业成长绩效的促进作用显著增强，这说明网络能力对新创企业创业网络的构建有着重要的影响，支持了企业网络能力越强，对企业绩效的提高越有利的主流观点（马鸿佳等，2010）。本研究的实证数据支持了假设 H5a、H5b，即网络能力在异质性网络和同质化网络与新创企业成长绩效之间发挥了积极的调节作用。网络能力的强弱会影响企业联结外部能力的强度和企业自身调节网络能力的强度，使其在不同网络能力强度的创业网络中，表现出不同的外部调节和自身调节能力。在这样的条件作用下，具有较高网络能力的企业更能发挥外部和自身的调节能力，从而促进新创企业的成长。

研究结果还显示，网络能力能正向调节异质性网络与低端颠覆和新市场颠覆之间的关系，假设 H6a、H6b 得到支持。在低端颠覆中，较强的网络能力可以帮助企业构建更具开放性和灵活性的创业网络，使企业快速适应网络环境的变化，及时调整自身行为和策略，以满足合作伙伴需求并创造新的机会和价值，同时评估合作者的未来价值和潜在的依存关系，在现有关系和潜在合作者之间审慎配置企业资源，有效地建立、发展、保持和终止与各种合作者之间的关系，从而在低端颠覆中保持先机优势。在新市场颠覆中，网络能力越强，新创企业协调、管理网络关系的能力则越强，也就越容易获得创新伙伴的认可和开拓新的市场，同时可以更好地协调与整合新供应商、竞争对手、客户组合等多种关系，吸引更多的高质量网络关系，提升建立新的合作关系的可能性，加快新创企业在新市场中立足的步伐。

　　经过实证发现，假设 H6c 未通过检验，即网络能力在同质化网络与低端颠覆中没有起到正向调节作用。究其原因，是因为拥有高同质化网络的新创企业在运营成本与规模效应上存在显著差距，即使自身具有较高的网络能力水平，也难以撼动在位企业占据的低端市场。与此相反，网络能力能正向调节同质化网络对新市场颠覆的积极稳定关系，使高网络能力水平的企业表现出较高的新市场颠覆水平，因此，假设 H6d 通过检验。在新市场颠覆中，新创企业在同质化网络与高水平网络能力的调节下，可以更积极地获取信息，寻求竞争优势来吸引有益的新伙伴，也可以从网络的角度进行战略思考与规划，明确自身在网络中的地位和作用，并通过合作关系积累知识以适应动态发展和网络结构，还可以通过必要的资金支持和各种技术手段，不断改善和发展合作关系，从而提高企业新市场颠覆能力。另外，本研究还检验了有调节的中介效应模型，结果显示，网络能力正向调节了三个中介效应，网络能力越强，颠覆性创新在创业网络与新创企业成长绩效之间的中介作用就越强。

第 5 章

新创企业颠覆性创新及网络化成长展望

5.1 新创企业颠覆性创新及网络化成长的一般规律

后发情境下，新创企业如何充分利用全球化带来的跨国、跨界融合的丰富资源，以实现颠覆性创新与成长？这不仅是新时代构建具有中国情境的本土化理论的崭新的学术命题，还能为正在进行"双创"实践的企业提供重要的实践指导。本书以新创企业颠覆性创新与成长为研究对象，基于与创业活动相匹配的本质视角，从创业网络的价值属性切入，围绕后发情境下新创企业"如何管理匹配的创业网络以促进企业的颠覆性创新与成长"这一问题展开研究。探寻新创企业如何主动事先构建与自身特征、创新路径相匹配的创业网络，通过颠覆性创新具体颠覆路径促进新创企业快速、持续成长。经过论证分析，本书得出如下主要结论。

（1）创业网络对新创企业成长绩效存在直接和间接的促进作用，是后发追赶中创业活动的核心创业资本

首先，创业网络的异质性与同质化两个维度都对新创企业成长绩效具有显著的正向影响。研究结果与主流的创业网络和新创企业成长绩效之间关系的研究结论基本一致（Rodan & Galunic，2004；蔡莉等，2010；Elfring & Hulsink，2003；彭学兵等，2017），创业网络作为新创企业知识、资源与信息的主要通道和载体，是后发与经济转型情境中创业者管理不确定性和创业成功的关键，是创业活动的核心创业资本。研究还发现，异质性网络与同质化网络的交互并没有对新创企业颠覆性创新和成长绩效产生积极的正向作用。这说明对于大多数新创企业而言，囿于自身"新、小、弱性"和有限资源的限制，企业很难同时开展与异质性网络和同质化网络的构建，因此需要根据

自身条件及战略目标选择匹配的网络进行专注、持续地发展。

其次，本书进一步研究发现，虽然异质性网络与同质化网络都对新创企业成长绩效产生了影响，但前者的影响更为显著。这也基本符合以往主流文献的研究，即异质性网络对新创企业成长绩效的贡献大于同质化网络（孙凯等，2016），网络异质性越高，就越能获取多元化的隐性知识及排他性资源，从而不断强化创业学习的动力与效能，提高新创企业与外部利益相关者之间的关系强度，使网络成员间的互动与分享更为频繁，学习碰撞更为激烈（Hooi et al.，2016）。这种高异质性网络的知识、资源与信息存在颠覆性（王亚楠和虞重立，2017），能在企业创新与成长过程中起到关键性的作用（杨隽萍，2015）。然而，同质化网络对新创企业的成长也有显著的作用，也包括传统行业的新创企业。这与先前很多主流研究更认可异质性网络的互动，并认为同质化网络带来的是冗余的知识与资源，无益于绩效的提升，甚至是有害的结论（解学梅和左蕾蕾，2013）不一致，该结果具有创新性。究其原因，一是以往的研究大多是针对在位成熟企业而非新创企业的，由于新创企业自身的"新、小、弱性"，一些在在位企业看来是冗余的资源与信息对于新创企业而言却是非冗余的、有价值的资本。因此，新创企业普遍较少存在信息、知识与资源冗余的状态，大多呈现"饥饿""非饱和"状态。二是虽然同质化网络提供的知识在广度方面一般具有相似的知识基础，并且在资源、技能方面的互补性有限，但是这些知识在深度方面不同，这些不同可能有助于整合深入的知识和发展创新想法（Zhou & Li，2012）。事实上，服务于不同细分市场的同行协作关系有助于实现现有元素高度新颖的配置，为新创企业提供更多可供选择的新想法。同质化网络的嵌入可以加深对行业的理解，使越来越多的同行共同协作，促进现有元素和技术架构。另外，相对异质性合作伙伴而言，同行的合作成本更低、组织兼容性更好，获取的知识与资源更易于吸收、消化和转化（Hao & Feng，2016）。这一研究结果也体现了新创企业自身的独特性。

再次，创业网络通过两条具体路径影响企业成长。一是异质性网络与同质化网络对新创企业成长的直接作用。二是它们分别通过颠覆性创新活动间接影响新创企业成长，体现为创业网络能够帮助新创企业构建新的想法，通过资源互补与知识共享来深化互动，加快信息处理速度和质量，为颠覆性创新提供所需的资源，进入与在位企业不同的技术和市场轨道，打破原有的进入壁垒，逐步提升新创企业的产品和服务创新能力，形成新的价值网络。这条间接路径中存在以下三条具体通道：第一，异质性网络—低端颠覆—新创企业成长；第二，异质性网络—新市场颠覆—新创企业成长；第三，同质化网络—新市场颠覆—新创企业成长。进一步分析新兴行业与传统行业可以发现，在新兴行业中以上三条路径均存在，而对传统行业而言只存在前两条路径。这说明不同类型新创企业在网络化成长中的策略与路径存在差异，也部分解释了现实中新创企业高失败率和成长异质性的现象。

最后，不同创业网络类型对颠覆性创新的具体路径的作用机制不同。在对比创业网络与企业成长的关系研究中发现，虽然同质化网络与异质性网络都通过颠覆性创新来促进新创企业成长，但具体的颠覆路径不同。总体而言，异质性网络可分别通过低端颠覆与新市场颠覆来推动企业成长，而同质化网络对低端颠覆的影响不显著。进一步发现，在传统行业中，同质化网络很难引起颠覆性创新的产生，只有异质性网络才有可能激发新市场颠覆。由此可见，传统行业的新创企业在与同质化网络成员的联系过程中，大多是在原有主流技术轨道上进行维持性创新，分享给新创企业的知识、资源与信息大多支持维持性创新，故对新创企业颠覆作用不明显。同质化网络带来行业类似的知识、信息与资源，从低端市场识别的机会往往倾向于对现有市场采取低价的模式，没有对现有技术进行简化与重组，进而推出功能简单、价格便宜的新产品与服务，也没有在低端市场中整合与重构新的需求或拓展新的边界，乃至创造新的价值。这一切入路径从表面来看是低端颠覆的良好机会，但实际上只是实行低价策略简单地模仿主流市场，这种同行已经掌握的技术及市场信息很容易被在位企业识别并予以回击，再加上新创企业在运营成本和规模效应上与在位企业存在不小差距，整体竞争力无法与在位企业相抗衡。同样，在传统的行业中，这种基于原有轨道发展的知识特征也很难帮助新创企业识别全新的商业机会和形成新市场，这也说明了新创企业网络化成长还存在其他的路径。从创业实践角度来看，鲜有新创企业采用简单模仿的低价策略最后实现颠覆的成功案例，即使刚开始能吸引一大批价格敏感型客户，但随着在位企业的加入，竞争加剧，这种情况将难以持续，然后逐渐被客户所抛弃，从而导致创业的失败。这一研究结果部分解释了中国创业失败率高、生存周期短的现象,大部分创业活动基于这种所谓简单的市场发现型机会而进行,这种易被同行识别且竞争激烈的创业机会很难获得成功,尤其在互联网与数字经济盛行的新时代,在后发与转型的特定背景下,蕴含着许许多多形式各异的机会,必须学会识别机会的本质以及关注在位企业的竞争风险。尽管低端颠覆强调低价,但只有将低成本与差异化结合起来才能抓住新的市场机会,规避主流市场对新创企业形成的"防御体系"。因此,唯有深刻理解消费者未被满足的需求,激活相匹配的创业网络,才能有效推进新创企业的颠覆性创新与持续成长。

（2）不同颠覆驱动路径对新创企业成长绩效的影响不同

本研究实证发现,无论是低端颠覆还是新市场颠覆都会对新创企业成长绩效产生正向影响,这与克里斯坦森等的案例研究结果相一致,从大样本实证层面验证了颠覆性创新理论在新创企业成长过程中的普适性,回应了不少学者对克里斯坦森理论的质疑,也证实了颠覆性创新是转型经济情境下新创企业后发追赶与快速成长的有效路径。

低端颠覆聚焦于原有价值网络中最低端、利润率最低、服务要求最低的利基市场。而领先企业往往被高利润的高端市场客户需求所锁定。随着领先企业对高性能、高利润市场的追逐,技术的供应速度会慢慢超过市场的需求,此时市场上出现了基于低性能、低价格的竞争真空。新创企业通过基于现有技术的组合与重构,或通过革新传统的商业模式,推出产品结构与服务更为简单、价格更为低廉的新产品,从而迅速占领那些被领先企业忽视的低端市场和边缘市场。随着在低端市场和边缘市场取得的优势积累,新创企业可以将前期形成的市场优势转化为成本和技术优势,从而快速提高企业的竞争能力,然后与领先企业在主流市场从不同的轨道展开激烈的竞争,以寻求对领先企业的颠覆与超越。

新市场颠覆聚焦于非现有的客户,创造全新的客户价值感知体系,形成新的价值网络,将原来未被满足的或潜在的消费群体变为实际的市场容量,脱离主流产品的技术轨道进行发展,规避与主流企业的激烈竞争。随着新市场的不断发展,主流市场的客户也会逐渐脱离原有市场并进入新市场,从而发展至与主流市场共存、部分颠覆,甚至完全取代。

进一步研究发现，混合颠覆（低端颠覆和新市场颠覆的交互作用）对新创企业成长绩效没有显著性影响，这是一个很有意思的结论。与先前 Christensen（1997，2003）、郭政（2007）、Raisch 等（2009）、王志玮（2010）、杨学儒等（2011）、彭学兵等（2017）、韩志鸿（2018）等的研究有所不同，他们认为混合颠覆是新市场颠覆和低端颠覆的结合体，带有混合特性。颠覆性创新也会进行一种"聪明的"改进，在简化功能、降低产品价格的同时，常常会带来一些新的价值。这些研究结果是基于成熟国家的情境或以在位主流企业为研究对象的。本书研究结果再次体现了中国后发与转型情境下新创企业的独特性，也说明了二元性（包括网络二元平衡与颠覆性创新二元）活动可能具有某种情境性和独特性。新创企业由于"新创缺陷"、资源禀赋的先天不足，不可避免地要将有限的资源重点投资于那些当前环境下最迫切需求的、与自身最匹配的、最能够促进绩效提升的创新类型，以实现资源利用效率的最大化，因此很难同时进行低端颠覆和新市场颠覆。换句话说，二元平衡无法促进新创企业成长。也有不少学者提出采用间断平衡策略。然而，由于主客观原因，中国很多新创企业可能无法做到二元颠覆性创新的间断平衡。客观上，两种颠覆活动虽然是两种不同的发展路径，但对资源的要求并非完全互补，也存在重合的竞争状态；主观上，在我们与新创企业高管和创业者深度访谈的过程中发现，很多企业现有的产品与服务非常有特色，因此只要专注做好市场拓展与管理工作就会有很好的发展前景，但企业决策者往往很难不受外部所谓更好机会的诱惑，急于求成，不断开发新项目与新市场，这不仅分散了资源，还导致泛而不精，无法形成核心优势，很容易被其他企业模仿，甚至超越，这类情况反而对企业的创新与成长不利。

（3）创业网络与颠覆性创新的双重作用机制

构建合适的创业网络仅仅是为新创企业提供获取知识、资源与信息的机会和可能，但接收不等于接受，接受不等于能用、会用，这还取决于企业如何把这些资源转化为具体的创新行为，这不仅与网络类型的匹配程度有关，还需借助颠覆性创新这一关键变量才能实现。不少学者对创业网络与新创企业成长绩效间的关系进行研究，有正向、负向及倒 U 形的研究结论。然而，这些研究大多只关注两者的关系，鲜有对两者的具体作用机制的关注。本书在参考以往文献的基础上，加入颠覆性创新变量，将这三个重要变量融入统一的思维框架中，并提出和验证了颠覆性创新在创业网络与新创企业成长绩效之间发挥的部分中介效应。一方面，研究结果说明创业网络在颠覆性创新过程中扮演着越来越重要的角色，与外部网络的合作及内部的创新能力之间并不是简单的相互替代，而是互为补充与融合，并且在这一互动过程中产生了新的颠覆机会。另一方面，创业者网络中的异质性网络和同质化网络这两大主要维度分别通过低端颠覆与新市场颠覆作用于新创企业成长，这说明不同颠覆路径的驱动要素并不相同，新市场颠覆在异质性网络、同质化网络与新创企业成长绩效的关系中都起到了中介作用，而低端颠覆只对异质性网络与新创企业成长绩效间的关系起中介作用，新市场颠覆的中介驱动更具有广泛的适用性。这两种不同路径驱动导致的差异性来源也为新创企业寻找具体的颠覆性创新路径提供了一种新的思路。新兴行业与传统行业的对比分析表明，网络嵌入、颠覆性创新与新创企业成长绩效间的匹配还受具体嵌入情境的影响。

（4）网络能力的调节作用

随着经济发展进入新时代，新创企业成长的网络化特征显著，越来越多的企业融入各种各样的网络当中，以期充分利用网络中蕴含着的丰富资源促进新创企业创新与成长。创业网络为新创企业获取外部知识、资源与信息提供了通道和载体，但这些知识的交流与沟通、信息的转换以及知识的整合依赖于对这些资源的整合、消化与吸收，也就是依赖于网络能力的强弱。本书通过理论分析和实证研究，验证了网络能力对创业网络与颠覆性创新及新创企业成长绩效之间的关系起正向调节作用。即使嵌入具有同样特征的网络情境中，也会因企业自身网络能力的差异导致颠覆性创新与新创企业成长绩效之间出现显著差异。一方面，网络能力作为一种动态能力，能够提高新创企业对整个外部网络环境的认识和理解，掌握外部网络的发展过程及演化趋势，有利于企业更好地感知与捕捉环境中的商业机会。网络能力越强，新创企业对创新合作与商业机会就会越敏感，也就更有可能与更多高质量的合作伙伴建立关系，并使之产生协同效应以促进颠覆性创新与提高新创企业成长绩效。另一方面，网络能力是一种构建关系的能力，能够有效调控创业网络的边界和作用机制。高的网络能力能创造各种途径，通过与不同的利益相关者建立关系来扩展网络的成员数量，并不断动态优化成员的质量，建立信任与提高互动的频率和质量，更好地调动、协调及整合各种知识与资源，提升获取和吸收的能力，通过不同网络的杠杆作用提升企业竞争力，实现非线性成长。

5.2 新创企业颠覆性创新及网络化成长理论贡献与实践应用

5.2.1 理论贡献

本书通过对创业网络、颠覆性创新与新创企业成长绩效之间关系的研究，在创业网络理论、创新理论、后发追赶理论、新创企业成长理论之间架起了联系的桥梁，在中国后发与转型情境下对相关理论研究进行了拓展与深化，为构建中国本土特色理论提供了实证理论依据，主要有四方面的理论贡献。

（1）对于创业网络研究的贡献

首先，本书为创业网络与颠覆性创新及新创企业成长绩效之间关系的不一致结论提供了新的解释。以往对网络的研究主要是从关系与结构两个视角进行的，对颠覆性创新及新创企业成长绩效的影响主要有正向、倒 U 形、负向及无影响四种不同观点。基于网络单一维度无法揭示新创企业外部创业网络与内在特质之间匹配的有效性，故应把网络融入创业活动的具体情境当中，使网络的属性与创业活动的本质属性相匹配。本书从与创业活动的本质（价值创造）相匹配的全新视角出发，聚焦创业网络的内容流派，根据网络价值属性特征把创业网络分为异质性网络与同质化网络，改变了以往结构流派与关系流派侧重于对事后的、既存的网络进行探讨的方式，弥补了内容流派以往聚焦于节点的异质性，并视节点为均质的不足。本书验证并解释了在中国后发情境下，何种创业网络为何、如何以及在何种条件下促进或阻碍新创企业创新与成长的内在机制，识别了不同创业网络对颠覆性创新与新创企业成长绩效影响的差异性，部分解释了网络悖论产生的原因。

其次，本研究识别了后发情境下新创企业如何事先主动构建与自身相匹配的创业网络，即选择与谁建立合作伙伴关系的问题。值得关注的是，网络并非天生（Shu et al., 2018），本研究为新创企业解决如何主动构建与管理创业网络这一首要问题提供了理论支撑，打破了原有的"富者更富"的逻辑分析，探寻到了如何选择合适的合作伙伴来构建有效创业网络的机制和路径。本书明确了新创企业事先应该如何选择何种网络进行合作，阐释了新创企业如何才能形成高绩效的价值网络组合。本书为理解所谓的高质量创业网络提供了新的视角，认为高质量必须与匹配度结合起来，并在一定程度上解释了一些初始网络资源并不丰富的新创企业却能抓住高质量创业机会实现指数型成长，最终成为独角兽甚至行业领袖的原因。

最后，本研究弥补了先前研究中认为异质性网络比同质化网络更有价值，甚至同质化网络对企业绩效起负面作用的观点缺陷。这种看似矛盾的结果得到支持，其可能的原因是不同的网络在促进不同颠覆类型时的作用与扮演的角色是不同的（Anastasios & Karamanos, 2012）。本书支持了同质化网络在颠覆性创新与新创企业成长绩效之间存在显著的正向影响的观点，支持了主流学者认为网络范式是新创企业在后发情境下管理不确定性的重要手段的观点，发现了后发情境下创业网络新的独特性，新创企业的网络密度较为稀疏，在知识与资源方面呈现出"饥饿"状态，远未达到冗余的挤出效应（Rodan & Galunic, 2004）。正如 Gartner（1985）所说的，对同质化的研究是研究任何一般性成长规律的前提，本书为探寻新创企业成长的普适性规律做了较好的前期研究。

（2）对后发创新追赶理论的贡献

首先，中国后发追赶进入以互联网经济与数字经济为代表的新时代，原有的基于以技术范式为主流的追赶路径遇到挑战，边际效应大幅递减，颠覆性创新不要求提高原有的技术性能，并以新的视角开辟了新的价值网，通过追求前沿技术以外的东西实现企业成长，提高创业成功率，为非技术创新成长方式提供了理论支撑，整合与解释了新兴转型的后发情境下新创企业的成长及其换道赶超的实现。独角兽企业的大量涌现是颠覆性创新最具代表性的成果，本书研究结果可以很好地解释近几年中国创业实践出现的独角兽企业数量激增并且其中一半以上是通过颠覆性创新驱动成长来实现的这一独特现象。

其次，本书为进一步理解了创业网络对颠覆性创新的影响机制提供了参考。过往的颠覆性创新研究主要是围绕其定义、内涵、影响、动因等相对静态维度开展的，研究视角也大多集中在组织内部的组织模式与管理的影响因素上，尽管也有研究从价值链及资源观的角度对颠覆性创新过程进行剖析，但并未关注新创企业从响应开放的外部环境变化到企业内部动态颠覆性创新能力构建这一互动过程。创业网络已成为新创企业重要的外部资源获取方式，本书识别了与企业开展颠覆性创新相匹配的网络类型，揭示了不同网络特征对不同颠覆性创新活动的作用机制和路径的影响存在显著的差异性，打开了网络特征对于低端颠覆与新市场颠覆影响的"黑箱"，深化了对高质量网络的理解。

最后，基于对中国长三角地区新创企业大样本的实证研究，以及纵向跟踪，本研究进一步探究了后发情境下新创企业实现创新追赶的不同路径与模式，识别了新创企业独特的创新行为及其驱动因素，发现了新创企业实现网络构建与颠覆性创新相匹配的具体机制。本书弥补了以往颠覆性创新研究更多的是基于案例和文献分析，或者基于商业变迁、行业发展脉络总结经验的不足，回应了有些学者对克里斯坦森理论的质疑。这不仅推动了新创企业创新追赶理论的发展，还为创业实践提供了具体的、可操作的建议。

（3）对新创企业网络化成长理论的贡献

现有创业网络对新创企业成长的促进作用研究大多停留在传统线性思维下，以既定结构、关系和内容的创业网络为研究背景，探讨网络嵌入性对企业行为与绩效的直接影响，缺乏对网络嵌入性作用于结果变量的内在机制的深入探讨，没有明确何种创业网络在什么情况下，通过什么方式起作用。针对传统线性研究的不足，本书从匹配视角出发，将创业网络的价值属性（同质与异质）、颠覆性创新（低端与新市场）与新创企业成长联系起来，超越原有的从内生与外生单一视角对新创企业成长的影响研究，将影响新创企业成长的外部因素（创业网络）与内部条件（颠覆性创新行为）进行有机整合，提出了一个新的新创企业成长进展模型，验证了后发情境下不同网络类型与颠覆性创新对新创企业成长的微观作用机理。这不仅进一步打开了新创企业网络化成长的暗箱，还揭示了新创企业成长的特征并非简单的线性关系，而是通过不同的颠覆路径来实现的。研究结果中，混合颠覆对新创企业成长绩效不产生显著的影响，与原先成熟的在位企业的研究结果不同，新兴行业与传统行业之间的对比结果更加清晰地表明了创业网络、颠覆性创新与新创企业成长绩效之间的关系并非一种恒定的线性或非线性关系，新创企业成长绩效也并非完全取决于创业网络与颠覆性创新本身，关键要看这两者处于何种情境之下以及各维度之间的匹配关系（Du et al., 2021）。这种匹配正是创业者在创业过程中不可替代的核心竞争力。有学者认为组织生存与发展不但依赖于战略目标的选择或自身环境，而且取决于创业组织自身努力与环境力量之间的匹配关系，本研究是这一言论的重要证据。这种非线性关系并非创业网络与颠覆性创新互不相干的独立贡献，而是两者的双重作用共同创造的这种非线性关系使得新创企业成长不再是简单的线性成长，而是非线性的指数型成长，也较好地解释了部分新创企业为何能在短期内实现爆发性成长的创业实践。

5.2.2　实践启示

颠覆性创新是中国后发与转型情境下实现跨越式发展的重要路径，新创企业是创业型经济的重要载体，其成长和发展情况直接关系中国供给侧结构性改革驱动经济转型升级与创新型国家建设的成败。现有的理论并未对此进行系统性研究，不能为创业实践提供具有指导意义的管理对策与建议。为了探究这一具有重大现实意义的问题，本书进行了探索性的研究，基于"S-C-P"范式构建了"创业网络—颠覆性创新—新创企业成长绩效"的理论模型，并将网络能力作为调节变量纳入模型中进行探讨。本书从新创企业如何获取发展所需的关键资源出发，识别了与颠覆性创新相匹配的网络类型，探究了不同颠覆路径对新创企业成长的影响，本研究对于新创企业如何开展颠覆性创新而言具有重要的启示意义。

（1）主动构建与战略目标相匹配的创业网络

在后发与转型情境下，新创企业比任何时候都更依赖网络进行与外部利益相关者的互动，以期发现机会与整合资源，创业网络成为新创企业资源、知识及信息交易与交互的通道和平台。根据自身发展战略，充分利用"互联网＋技术"与思维，整合跨界、跨国的全球性资源，主动构建、管理和维护与外部合作伙伴之间的关系，与合作伙伴形成动态开放、共享、共创的网络关系。在构建创业网络的过程中，首先，根据自身的条件，考虑与不同类型合作伙伴（同质、异质）之间关系的构建成本、难易程度以及对企业的价值贡献等综合因素，以高性价比的标准来确定核心行动者，通过与这些核心行动者建立关系和结构嵌入，动态发展与调整网络行动者的数量和规模，通过提高与行动者之间的相互信任、信息共享程度来提高互动频率和改进互动质量，这样不断地提升理解、获取和吸收更丰富的网络知识的能力，有利于获取更高的创新追赶绩效。其次，培养高质量的创业网络关系，不断增进纵向网络（产业链的上下游）与横向网络（政府、中介组织、高校、同行等）的互动交流，实现与企业内部网络的无缝对接和融合，确保显性知识在信任的氛围下达成共享。再次，构建知识联盟、研发联盟、基于战略协议的合作等较高层次和正式化程度较高的创业网络，促进隐性知识的传递与共享，从而提高企业创新的效率，并实现创业网络的稳定和发展。最后，除了直接利用与整合创业网络带来的各种资源和信息，还应以创造性的思维识别与抓住这些网络关系背后蕴含着的深层次的商业机会，不应仅将网络视为载体与通道，更应将其视为创新源，实现网络"输血"功能向"造血"功能的转变。

尽管创业网络被学界视为创业过程中的核心创业资本，但根据本研究大样本调查显示，整体创业网络均值较低，这充分说明目前中国创业实践对创业网络的构建做得还远远不够。一方面，需要创业者转变观念，把创业网络的构建放在企业发展战略的高度，以全球化视野把网络的构建放在更广阔的范围。另一方面，加快网络能力培养，网络能力的提升不仅可以加速创业网络的构建，还可以通过改善合作伙伴的质量来提升识别与获取机会的能力。

从企业操作层面而言，可通过设立战略合作与情报兼职功能部门来提高合作和获取的效率，为企业决策与战略服务。根据不同的目标情境，合理选择相应的创业网络作为学习的伙伴，帮助企业组织和成员评估行业关键发展趋势，跟踪正在出现的非连续性变化，把握行业结构的演化，以及分析现有和潜在竞争对手的能力与动向，及时预测、发现、识别真正的颠覆性创新机会，判断可行性及适用边界，逐步向跨界应用方向发展。由此提升企业对机会的识别与把握能力，进而开展颠覆性创新活动，协助企业保持和发展可持续的竞争优势，推动新创企业高质量发展。

（2）精准设计创新追赶战略路径，专注颠覆策略

在后发与转型情境下，不确定性对新创企业创新模式的选择具有独特的意义，根本原因是新创企业自身的"新创缺陷"，在产业社会资本、信誉、合法性、经验缺乏的情况下，往往难以突破在位企业已经构建的竞争壁垒。因此，如果新创企业不集中优势选择有效的突破口，就会在与在位企业的竞争中处于下风，进而面临被淘汰的风险。颠覆性创新为新创企业的后发追赶与快速成长提供了全新的视角，尤其在以互联网经济、数字经济、人工智能为代表的新经济时代，颠覆性特征明显。作为全球最大的发展中国家，多层次的市场空间以及大量低端消费群体为新创企业开展颠覆性创新提供了肥沃的土壤。但并非所有采取颠覆性创新的战略都能成功，本书识别了新创企业具体的颠覆路径，为企业选择具体颠覆路径提供了指导。从研究结果来看，新市场颠覆更具普适性，但对于新创企业而言具体应当选择何种路径，还需考虑自身的情况，要充分发挥事前战略定位的作用，充分审视内外部环境，精准把握市场趋势，评估自身的相对优势，选择并专注于确定的路径，集中所有精力培育与拓展现有市场，不断深化已有的产品和服务，尽量做到精致和专一。切忌采用二元平衡或间断平衡策略，因为这也许是造成新创企业高失败率、短生命周期的另一主要原因。很多新创企业并不是一开始就没有市场，而是在快速发展的过程，由于经受不住诱惑导致对原定的战略摇摆不定，这不仅分散了资源与优势，还造成无法集中精力构建核心优势的局面。此外，又由于新创企业市场扩张过快、过于分散，内部各种要素匹配跟不上，导致最后出现"自破"的情况。中国目前正处在各种新兴机会频出的阶段，对于

创业者而言要"不忘初心"，并且不要有"非分之想"。从实践来看，真正获得成功的大多是对原有目标持之以恒、不懈追求的企业。这也印证了成功创业者们的普遍认知，即"多点必死，单点才有生机"的创业规律。

（3）实现市场主导、政府引导共同牵引新创企业颠覆性创新发展

近几年来，我国在新技术、新产品、新业态、新模式方面不断涌现出一些以独角兽企业为代表的黑马企业，但总体来看，开展颠覆性创新的新创企业的比例还很低，具有颠覆性的原始创新还很少，创新创业的发展水平与推动经济高质量发展的要求还有一定距离。本书的调查结果显示，新创企业开展颠覆性创新的均值较低，这也印证了上述结论。同时，颠覆性创新是一项全新的探索，不仅会颠覆传统产业，而且会引发权力和利益的再分配，甚至会造成一定的社会震荡。因此，为确保颠覆性创新的有序进行，需要同时发挥市场的主导作用和政府的引导作用。

创业者不仅要把握好现阶段因金字塔底部市场的巨大需求而产生的大量颠覆性创新机会，还要把握新一轮科技革命和产业变革的迫切需要。当前，以人工智能、量子信息、移动通信、物联网、生物医药、新能源、新材料等为代表的重大技术在不断加速应用、实现突破，实现了自然科学与人文社会科学之间、科学与技术之间、技术与技术之间的交叉融合，引起了人类生产、流通、社交等领域的深刻变化，为解决人口与健康、食品、资源、环境等重大问题提供了新的手段。创新、创业、创造不仅顺应了全球科技革命和产业变革的历史潮流，还顺应了当今世界进入互联网时代的历史潮流，是市场大势所趋。

国家要支持和推动社会力量以市场化方式在社会层面与企业层面搭建各种创新创业平台，如创客平台、创客综合体、创客银行、创客微工厂、创客市场、创业小微、转型小微和生态小微等各种新型的创新创业平台，提供综合性一站式服务。政府不仅要提供资金、管理方面的支持，还要为新创企业开展颠覆性创新提供良好的外部环境和内部条件，并为创业网络成员之间的合作行为提供必要的鼓励措施。例如，允许符合条件的新创企业在成立之初一定期限内的免税，并单独为双创企业提供融资的金融产品。另外，还可以强化并奖励产、学、研之间的互动，引导多元化网络成员之间的合作行为，从而在

思想交流的过程中产生创意的种子,并推动创意的种子转化为新技术、新产品、新业态,甚至新产业。创新创业发展需要政府精心呵护,并营造一个良好的生态,解决创新创业生态和环境中还存在着的一些"堵点"与"痛点"。在此过程中,政府既不能缺位,也不能越位,应着力发挥竞争政策的基础性作用,发挥好企业的主体作用,更多地利用市场机制促进创新创业的发展。

国家管理部门要以创新思维做好监管工作。对颠覆性创新过程中出现的新情况与新问题不能以传统思维、传统理念、传统规章来直接约束和管理,否则必定是一管就死。相关部门必须以新理念和新思维,并采取允许试错、容忍失败的包容态度,与创新创业者一起探索,制定新的游戏规则,使创新创业之路越走越宽广,推进创新创业向更大范围、更高层次、更深程度发展。

5.3　研究局限与展望

在后发转型情境下,新创企业如何开展颠覆性创新进行后发追赶与快速成长是一个重大现实问题。针对这一由实际需求驱动的理论缺口,本书围绕核心研究问题,系统梳理相关文献,继承性地吸收国内外权威研究成果,通过对中国创业实践的实地调研、深度访谈和深入观察,以及对典型案例的探索性研究,经过严密的理论分析与逻辑推导,构建了颠覆性创新驱动新创企业成长的影响机制模型;继而通过纵向大样本问卷调查获取研究所需要的样本数据,并利用相关数理统计方法分析与验证理论观点的正确性和有效性,并对结果进行修正与完善,得到了一些较为新颖和有意义的结论。尽管本书对新创企业网络化成长与创新管理理论和实践具有较好的参考价值,但仍然存在一些不足。因此,未来关于新创企业创新行为与网络化成长关系的研究可以从以下几个方面去考虑。

第一,本研究的样本主要来自我国创新创业活跃指数较高的长三角地区的新创企业,故研究结论的推广性有待加强。未来的研究可考虑在我国创新创业活跃指数较低的中西部地区或其他发展中国家的新创企业展开，并进行比较研究，进一步扩大研究的外部效度。

第二，本研究主要是基于新创企业自身可采取主动行为开展与内外部互动的视角展开的，并未考虑新创企业所面临的更多的是被动适应的宏观环境因素，如制度、环境不确定性等，但这些因素会对新创企业的决策、创新行为及成长路径产生影响。因此，今后的研究可以将这些重要的影响变量纳入研究框架中，并从颠覆性创新驱动新创企业成长的微观机制逐步扩张到产业层面以及政府作用的中观、宏观研究，以扩大研究结果的应用范围。本书为新创企业如何根据自身情况和战略目标选择与谁合作来构建创业网络提供了理论支持与实践指导，但对于如何主动构建创业网络的策略及具体措施等问题探讨较少，这可作为未来进一步研究的方向。

第三，本书强调当我们把颠覆性创新视为最重要的管理理论之一时，它并不是唯一必须要做的事情。就像许多其他管理理论一样，它不是一种在任何情况下都能适用的超然理论；相反，其理论的适用性最终取决于它出现和应用的背景。本书只是建议后发情境下尚未建立市场主导地位的公司若打算以不同的方式突破现状并实现快速成长，可将颠覆性创新视作有效的策略之一，并且这并不排斥想实现网络化成长的新创企业采用其他的创新策略、模式与路径，如开展渐进式创新、节俭式创新、金字塔底部创新等。显然，新创企业成长过程还存在其他的中介或调节变量。因此，在今后的研究中可纳入其他变量进行研究和探讨，以了解网络化成长效果。

参考文献

［1］Adizes I. Managing corporate lifecycles［M］. The Adizes Institute Publishing, 2004.

［2］Adler P S, Kwon S W. Social capital: Prospects for a new concept［J］. Academy of Management Review, 2002（1）: 17-40.

［3］Adner R. When are technologies disruptive a demand-based view of the emergence of competition［J］. Strategic Management Journal, 2010（8）: 667-688.

［4］Afuah A. How much do your co-opetitors' capabilities matter in the face of technological change?［J］. Strategic Management Journal, 2000（3）: 397-404.

［5］Ahuja G. Collaboration networks, structural holes, and innovation: A longitudinal study［J］. Administrative Science Quarterly, 2000（3）: 425-455.

［6］Ahuja G. The duality of collaboration: Inducements and opportunities in the formation of interfirm linkages［J］. Strategic Management Journal, 2000（3）: 317-343.

［7］Alberti-Alhtaybat L V, Al-Htaybat K, Hutaibat K.A knowledge management and sharing business model for dealing with disruption: The case of Aramex［J］. Journal of Business Research, 2019（94）: 400-407.

［8］Aldrich C. Simulations and the future of learning: An innovative（and perhaps revolutionary）approach to e-learning［M］. John Wiley & Sons, 2003.

［9］Allen M M C. Comparative capitalisms and the institutional embeddedness of innovative capabilities［J］. Socio-Economic Review, 2013（4）: 771-794.

［10］Ambos T C, Birkinshaw J. How do new ventures evolve? An inductive study of archetype changes in science-based ventures［J］. Organization Science, 2010（6）: 1125-1140.

［11］ Anastasios G, Karamanos. Leveraging micro- and macro-structures of embeddedness in alliance networks for exploratory innovation in biotechnology［J］. R&D Management, 2012（1）: 71-89.

［12］ Andersson U, Forsgren M, Holm U. The strategic impact of external networks: Subsidiary performance and competence development in the multinational corporation［J］. Strategic Management Journal, 2002（11）: 979-996.

［13］ Andries P, Debackere K. Adaptation in new technology-based ventures: Insights at the company level［J］. International Journal of Management Reviews, 2006（2）: 91-112.

［14］ Ansari S, Garud R, Kumaraswamy A. The disruptor's dilemma: TiVo and the US television ecosystem［J］. Strategic Management Journal, 2016（9）: 1829-1853.

［15］ Aral S, Walker D. Identifying influential and susceptible members of social networks［J］. Science, 2012（6092）: 337-341.

［16］ Arenius P, De Clercq D. A network-based approach on opportunity recognition［J］. Small Business Economics, 2005（3）: 249-265.

［17］ Avlonitis G J, Salavou H E. Entrepreneurial orientation of SMEs, product innovativeness, and performance［J］. Journal of Business Research, 2007（5）: 566-575.

［18］ Awate S, Larsen M M, Mudambi R. Accessing vs sourcing knowledge: A comparative study of R&D internationalization between emerging and advanced economy firms［J］. Journal of International Business Studies, 2015（1）: 63-86.

［19］ Baden-Fuller C, Dean A, Mcnamara P, et al. Raising the returns to venture finance［J］. Journal of Business Venturing, 2006（3）: 265-285.

［20］ Baker T, Nelson R E. Creating something from nothing: Resource construction through entrepreneurial bricolage［J］. Administrative Science Quarterly, 2005（3）: 329-366.

［21］ Bamford J, Ernst D, Fubini D G. Launching a world-class joint venture［J］. Harvard Business Review, 2004（2）: 90-100.

［22］ Barney J B. Resource-based theories of competitive advantage: A ten-year retrospective on the resource-based view[J]. Journal of Management, 2001(6): 643-650.

[23] Barney J. Firm resources and sustained competitive advantage[J]. Journal of Management, 1991 (1) : 99-120.

[24] Baron R A, Tang J. Entrepreneurs' social skills and new venture performance: Mediating mechanisms and cultural generality[J]. Journal of Management, 2009 (2) : 282-306.

[25] Baron R M, Kenny D A. The moderator-mediator variable distinction in social psychological research: Conceptual, strategic, and statistical considerations[J]. Journal of Personality and Social Psychology, 1986 (6) : 1173.

[26] Bassey M. (UK) Case study research in educational settings[M]. Open University Press, 1999.

[27] Batjargal B, Hitt M A, Tsui A S, et al. Institutional polycentrism, entrepreneurs' social networks, and new venture growth[J]. Academy of Management Journal, 2013 (4) : 1024-1049.

[28] Baum J R, Locke E A, Smith K G. A multidimensional model of venture growth[J]. Academy of Management Journal, 2001 (2) : 292-303.

[29] Bell E, Bryman A, Harley B. Business research methods[M]. Oxford University Press, 2018.

[30] Bengtsson M, Sölvell Ö. Climate of competition, clusters and innovative performance[J]. Scandinavian Journal of Management, 2004 (3) : 225-244.

[31] Bergek A, Berggren C, Magnusson T, et al. Technological discontinuities and the challenge for incumbent firms: Destruction, disruption or creative accumulation?[J]. IEEE Engineering Management Review, 2013 (6-7) : 1210-1224.

[32] Bernstein S, Korteweg A, Laws K. Attracting early-stage investors: Evidence from a randomized field experiment[J]. The Journal of Finance, 2017 (2) : 509-538.

[33] Best M H. The new competition institutions of industrial restructuring[M]. Harvard University Press, 1990.

［34］Birley S. The role of networks in the entrepreneurial process［J］. Journal of Business Venturing, 1985（1）: 107−117.

［35］Bohnsack R, Pinkse J. Value propositions for disruptive technologies: Reconfiguration tactics in the case of electric vehicles［J］. California Management Review, 2017（4）: 79−96.

［36］Brasil M V O, Abreu M C S, Silva Filho J C L, et al. Relationship between eco-innovations and the impact on business performance: An empirical survey research on the Brazilian textile industry［J］. Revista de Administração（São Paulo）, 2016（3）: 276−287.

［37］Broekstra G. A synergetics approach to disruptive innovation［J］. Kybernetes, 2002（9−10）: 1249−1259.

［38］Brush C G, Vanderwerf P A. A comparison of methods and sources for obtaining estimates of new venture performance［J］. Journal of Business Venturing, 1992（2）: 157−170.

［39］Burt R S, Knez M. Kinds of third-party effects on trust［J］. Rationality & Society, 1995（3）: 255−292.

［40］Burt R S. Structural holes and good ideas［J］. American Journal of Sociology, 2004（2）: 349−399.

［41］Burt R S. Structural holes［M］. Harvard University Press, 1992.

［42］Butler J E, Hansen G S. Network evolution, entrepreneurial success, and regional development［J］. Entrepreneurship and Regional Development, 1991（3）: 1−16.

［43］Cabrales Á L, Medina C C, Lavado A C, et al. Managing functional diversity, risk taking and incentives for teams to achieve radical innovations［J］. R&D Management, 2008（1）: 35−50.

［44］Campa J M, Kedia S. Explaining the diversification discount［J］. The Journal of Finance, 2002（4）: 1731−1762.

［45］Campos H M, Parellada F S, Quintero M R, et al. Creative thinking style and the discovery of entrepreneurial opportunities in startups［J］. Revista de Negócios, 2015（1）: 3−12.

［46］Cantù C. Discovering the collective entrepreneurial opportunities through spatial relationships［J］. IMP Journal, 2018（2）: 53-71.

［47］Carayannopoulos S. How technology-based new firms leverage newness and smallness to commercialize disruptive technologies［J］. Entrepreneurship Theory and Practice, 2009（2）: 419-438.

［48］Cardon M S, Post C, Forster W R. Team entrepreneurial passion: Its emergence and influence in new venture teams［J］. Academy of Management Review, 2017（2）: 283-305.

［49］Carter N M, Gartner W B, Shaver K G, et al. The career reasons of nascent entrepreneurs［J］. Journal of Business Venturing, 2003（1）: 13-39.

［50］Cassar G. Entrepreneur opportunity costs and intended venture growth［J］. Journal of Business Venturing, 2006（5）: 610-632.

［51］Cavazos D E, Patel P, Wales W. Mitigating environmental effects on new venture growth: The critical role of stakeholder integration across buyer and supplier groups［J］. Journal of Business Research, 2012（9）: 1243-1250.

［52］Chandler A D. A framework for analyzing the modern multinational enterprise and its competitive advantage［J］. Business and Economic History, 1987: 3-17.

［53］Chang S J, Chung C N, Mahmood I P. When and how does business group affiliation promote firm innovation? A tale of two emerging economies［J］. Organization Science, 2006（5）: 637-656.

［54］Charitou C D, Markides C C. Responses to disruptive strategic innovation［J］. MIT Sloan Management Review, 2003（2）: 55-64.

［55］Christensen C M, Baumann H, Ruggles R, et al. Disruptive innovation for social change［J］. Harvard Business Review, 2006（12）: 94.

［56］Christensen C M, Bower J L. Customer power, strategic investment, and the failure of leading firms［J］. Strategic Management Journal, 1996（3）: 197-218.

［57］Christensen C M, Johnson M W, Rigby D K. Foundations for growth how to identify and build disruptive new businesses［J］. MIT Sloan Management Review, 2002（3）: 22-32.

［58］Christensen C M, Mcdonald R, Altman E J, et al. Disruptive innovation:

An intellectual history and directions for future research[J]. Journal of Management Studies, 2018（7）: 1043–1078.

[59] Christensen C M, Overdorf M. Meeting the challenge of disruptive change[J]. Harvard Business Review, 2000（2）: 66–77.

[60] Christensen C M, Raynor M E, McDonald R. What is disruptive innovation[J]. Harvard Business Review, 2015（12）: 44–53.

[61] Christensen C M, Raynor M E. The innovator's solution: Using good theory to solve the dilemmas of growth[M]. Harvard Business School Press, 2003.

[62] Christensen C M, Raynor M E. Why hard–nosed executives should care about management theory[J]. Harvard Business Review, 2003（9）: 66–75.

[63] Christensen C M. The innovator's dilemma when new technologies cause great firms to fail[M]. Harvard Business School Press, 1997.

[64] Chung C N, Luo X R. Leadership succession and firm performance in an emerging economy: Successor origin, relational embeddedness, and legitimacy[J]. Strategic Management Journal, 2013（3）: 338–357.

[65] Ciabuschi F, Perna A, Snehota I. Assembling resources when forming a new business[J]. Journal of Business Research, 2012（2）: 220–229.

[66] Claude–gaudillat V, Quélin B V. Innovation, new market and governance choices of entry: The internet brokerage market case[J]. Industry and Innovation, 2006（2）: 173–187.

[67] Coase R H. The nature of the firm: Origins, evolution, and development[M]. Oxford University Press, 1993.

[68] Contractor F J, Lorange P. Why should firms cooperate? The strategy and economics basis for cooperative ventures[J]. Cooperative Strategies in International Business, 1988（1）: 3–30.

[69] Corsi S, Minin A D. Disruptive innovation … in reverse: Adding a geographical dimension to disruptive innovation theory[J]. Creativity & Innovation Management, 2014（1）: 76-90.

[70] Covin J G, Green K M, Slevin D P. Strategic process effects on the entrepreneurial orientation-sales growth rate relationship[J]. Entrepreneurship Theory and

Practice, 2006（1）: 57-81.

[71] Covin J G, Slevin D P. New venture strategic posture, structure, and performance: An industry life cycle analysis[J]. Journal of Business Venturing, 1990（2）: 123-135.

[72] Cozzolino A, Verona G, Rothaermel F T. Unpacking the disruption process: New technology, business models, and incumbent adaptation[J]. Journal of Management Studies, 2018（7）: 1166-1202.

[73] Crockett D R, McGee J E, Payne G T. Employing new business divisions to exploit disruptive innovations: The interplay between characteristics of the corporation and those of the venture management team[J]. Journal of Product Innovation Management, 2013（5）: 856-879.

[74] Cuervo-Cazurra A, Genc M. Transforming disadvantages into advantages: Developing-country MNEs in the least developed countries[J]. Journal of International Business Studies, 2008（6）: 957-979.

[75] Danneels E. Disruptive technology reconsidered: A critique and research agenda[J]. Journal of Product Innovation Management, 2004（4）: 246-258.

[76] Darr E D, Kurtzberg T R. An investigation of partner similarity dimensions on knowledge transfer[J]. Organizational Behavior and Human Decision Processes, 2000（1）: 28-44.

[77] Davidsson P, Henrekson M. Determinants of the prevalance of start-ups and high-growth firms[J]. Small Business Economics, 2002（2）: 81-104.

[78] De Carolis D M, Litzky B E, Eddleston K A. Why networks enhance the progress of new venture creation: The influence of social capital and cognition[J]. Entrepreneurship Theory and Practice, 2009（2）: 527-545.

[79] Deakins D, Freel M. Entrepreneurial learning and the growth process in SMEs[J]. The Learning Organization, 1998（3）: 144-155.

[80] Demsetz H. The Theory of the firm revisited[J]. Journal of Law Economics and Organization, 1988（1）: 141-161.

[81] Desa G, Basu S. Optimization or bricolage? Overcoming resource constraints in global social entrepreneurship[J]. Strategic Entrepreneurship Journal, 2013（1）:

26–49.

［82］Dew N, Velamuri S R, Venkataraman S. Dispersed knowledge and an entrepreneurial theory of the firm［J］. Journal of Business Venturing, 2004（5）: 659–679.

［83］Dodgson M. Organizational learning: A review of some literatures［J］. Organization Studies, 1993（3）: 375–394.

［84］Dogru T, Mody M, Suess C. Adding evidence to the debate: Quantifying Airbnb's disruptive impact on ten key hotel markets［J］. Tourism Management, 2019（72）: 27–38.

［85］Donckels R, Lambrecht J. Networks and small business growth: An explanatory model［J］. Small Business Economics, 1995（4）: 273–289.

［86］Doving E, Gooderham P N. Dynamic capabilities as antecedents of the scope of related diversification: The case of small firm accountancy practices［J］. Strategic Management Journal, 2008（8）: 841–857.

［87］Droege S, Johnson N B. Limitations of low–end disruptive innovation strategies［J］. The International Journal of Human Resource Management, 2010（2）: 242–259.

［88］Drucker P F, Noel J L. Innovation and entrepreneurship: Practices and principles［J］. Journal of Continuing Higher Education, 1985（1）: 22–23.

［89］Dutrénit G. Building technological capabilities in latecomer firms: A review essay［J］. Science Technology and Society, 2004（2）: 209–241.

［90］DuY, Kim P H. One size does not fit all: Strategy configurations, complex environments, and new venture performance in emerging economies［J］. Journal of Business Research, 2021（124）: 272–285.

［91］Dyer W G, Nenque E, Hill E J. Toward a theory of family capital and entrepreneurship: Antecedents and outcomes［J］. Journal of Small Business Management, 2014（2）: 266–285.

［92］Edmondson A C, McManus S E. Methodological fit in management field research［J］. Academy of Management Review, 2007（4）: 1246–1264.

［93］Edwards J R, Lambert L S. Methods for integrating moderation and mediation: A general analytical framework using moderated path analysis［J］. Psychological

Methods, 2007（1）: 1-22

[94] Eisenhardt K M, Graebner M E. Theory building from cases: Opportunities and challenges [J]. Academy of Management Journal, 2007（1）: 25-32.

[95] Eisenhardt K M. Building theories from case study research [J]. Academy of Management Review, 1989（4）: 532-550.

[96] Elfring T, Hulsink W. Networks in entrepreneurship: The case of high-technology firms [J]. Small Business Economics, 2003（4）: 409-422.

[97] Engel Y, Kaandorp M, Elfring T. Toward a dynamic process model of entrepreneurial networking under uncertainty [J]. Journal of Business Venturing, 2017（1）: 35-51.

[98] Epicoco M. Patterns of innovation and organizational demography in emerging sustainable fields: An analysis of the chemical sector [J]. Research Policy, 2016（2）: 427-441.

[99] Eveleens C P, Van Rijnsoever F J, Niesten E M M I. How network-based incubation helps start-up performance: A systematic review against the background of management theories [J]. The Journal of Technology Transfer, 2017（3）: 676-713.

[100] Galbraith J K. Galbraith and the theory of the corporation [J]. Journal of Post Keynesian Economics, 1984（1）: 43-60.

[101] Garnsey E. A theory of the early growth of the firm [J]. Industrial and Corporate Change, 1998（3）: 523-556.

[102] Gartner W B. A conceptual framework for describing the phenomenon of new venture creation [J]. Academy of Management Review, 1985（4）: 696-706.

[103] Gebreeyesus M, Mohnen P. Innovation performance and embeddedness in networks evidence from the ethiopian footwear cluster [J]. World Development, 2013（41）: 302-316.

[104] Gephart Jr R P. Qualitative research and the academy of management journal [J]. Academy of Management Journal, 2004（4）: 454-462.

[105] Gerschenkron A. Economic backwardness in historical perspective [M]. The Belknap Press of Harvard University Press, 1962.

[106] Gilbert B A, McDougall P P, Audretsch D B. New venture growth: A review and extension [J]. Journal of Management, 2006 (6) : 926–950.

[107] Gilbert C, Bower J L. Disruptive change. When trying harder is part of the problem [J]. Harvard Business Review, 2002 (5) : 94–101, 134.

[108] Gilbert C. The disruption opportunity [J]. MIT Sloan Management Review, 2003 (4) : 27–32.

[109] Govindarajan V, Kopalle P K, Danneels E. The effects of mainstream and emerging customer orientations on radical and disruptive innovations [J]. Journal of Product Innovation Management, 2011 (S1) : 121–132.

[110] Govindarajan V, Kopalle P K. Disruptiveness of innovations: Measurement and an assessment of reliability and validity [J]. Strategic Management Journal, 2006 (2) : 189–199.

[111] Govindarajan V, Ramamurti R. Reverse innovation, emerging markets, and global strategy [J]. Global Strategy Journal, 2011 (3–4) : 191–205.

[112] Grainer L E. Evolution and revolution as organizations grow [J]. Harvard Business Review, 1972 (3) : 37–46.

[113] Granovetter M S. The strength of weak ties [J]. American Journal of Sociology, 1973 (6) : 1360–1380.

[114] Granovetter M. Economic action and social structure: The problem of embeddedness [J]. American Journal of Sociology, 1985 (3) : 481–510.

[115] Grant R M. Toward a knowledge–based theory of the firm [J]. Strategic Management Journal, 1996 (S2) : 109–122.

[116] Greve A, Salaff J W. Social networks and entrepreneurship [J]. Entrepreneurship Theory and Practice, 2003 (1) : 1–22.

[117] Grossman G M, Helpman E. Endogenous innovation in the theory of growth [J]. Journal of Economic Perspectives, 1994 (1) : 23–44.

[118] Gundry L K, Welsch H P. The ambitious entrepreneur: High growth strategies of women–owned enterprises [J]. Journal of Business Venturing, 2001 (5) : 453–470.

[119] Guo J, Tan R, Sun J, et al. An approach for generating design scheme of new

market disruptive products driven by function differentiation [J]. Computers & Industrial Engineering, 2016（102）: 302–315.

[120] Guo L, Iyer G. Information acquisition and sharing in a vertical relationship [J]. Marketing Science, 2010（3）: 483–506.

[121] Guttentag D A, Smith S. Assessing Airbnb as a disruptive innovation relative to hotels: Substitution and comparative performance expectations [J]. International Journal of Hospitality Management, 2017（64）: 1–10.

[122] Guttentag D. Airbnb: Disruptive innovation and the rise of an informal tourism accommodation sector [J]. Current Issues in Tourism, 2015（9–12）: 1192–1217.

[123] Haber S, Reichel A. Identifying performance measures of small ventures—the case of the tourism industry [J].Journal of Small Business Management, 2005（3）: 257–286.

[124] Haim Faridian P, Castrogiovanni G J. Reconceptualizing logics of entrepreneurial approaches: A continuum of theoretical perspectives [J]. Academy of Management Annual Meeting Proceedings, 2017（1）: 14642.

[125] Hajhashem M, Khorasani A. Demystifying the dynamic of disruptive innovations in markets with complex adoption networks: From encroachment to disruption [J]. International Journal of Innovation & Technology Management, 2015（5）: 1550022.

[126] Hakansson H. Industrial technological development（routledge revivals）: A network approach [M]. Routledge, 2015.

[127] Hakansson H. Industrial technological development: Anetwork approach [M]. Croom Helm, 1987.

[128] Hamel G, Prahalad C K. The core competence of the corporation [J]. Harvard Business Review, 1990（3）: 79–91.

[129] Hamilton B H, Nickerson J A. Correcting for endogeneity in strategic management research [J]. Strategic Organization, 2003（1）: 51–78.

[130] Hang C C, Chen J, Subramian A M. Developing disruptive products for emerging economies: Lessons from asian cases [J]. IEEE Engineering Management Review, 2013（4）: 119–126.

［131］Hang C C, Chen J, Yu D. An assessment framework for disruptive innovation［J］. IEEE Engineering Management Review, 2013（5）: 109-118.

［132］Hang C C, Garnsey E, Ruan Y. Opportunities for disruption［J］. Technovation, 2015（39-40）: 83-93.

［133］Hansson F, Husted K, Vestergaard J. Second generation science parks: From structural holes jockeys to social capital catalysts of the knowledge society［J］. Technovation, 2005（9）: 1039-1049.

［134］Hao B, Feng Y. How networks influence radical innovation: The effects of heterogeneity of network ties and crowding out［J］. Journal of Business & Industrial Marketing, 2016（6）: 758-770.

［135］Hayes A F, Scharkow M. The relative trustworthiness of inferential tests of the indirect effect in statistical mediation analysis: Does method really matter?［J］. Psychological Science, 2013（10）: 1918-1927.

［136］Hayes A F. Introduction to mediation: A regression-based approach［M］. Guilford Press, 2013.

［137］Heimeriks K H, Schijven M, Gates S. Manifestations of higher-order routines: The underlying mechanisms of deliberate learning in the context of postacquisition integration［J］. Academy of Management Journal, 2012（3）: 703-726.

［138］Helfat C E, Peteraf M A. The dynamic resource-based view: Capability life cycles［J］. Strategic Management Journal, 2003（10）: 997-1010.

［139］Henderson R. The innovator's dilemma as a problem of organizational competence［J］. Journal of Product Innovation Management, 2006（1）: 5-11.

［140］Hite J M, Hesterly W S. The evolution of firm networks: From emergence to early growth of the firm［J］. Strategic Management Journal, 2001（3）: 275-286.

［141］Hitt M A, Ireland R D, Hoskisson R E. Strategic management cases: Competitiveness and globalization［M］. Cengage Learning, 2012.

［142］Hoang H, Antoncic B. Network-based research in entrepreneurship: A critical review［J］. Journal of Business Venturing, 2003（2）: 165-187.

［143］Hoang H, Yi A. Network-based research in entrepreneurship: A decade in review[J]. Foundations & Trends in Entrepreneurship, 2015（1）: 1–54.

[144] Hoang H, Young N. Social embeddedness and entrepreneurial opportunity recognition:（More）Evidence of embeddedness[M]. Frontiers of Entrepreneurship Research, Babson College, 2000.

[145] Hobday M. Innovation in east asia[M]. Books, 1995.

[146] Hobday M. Product complexity, innovation and industrial organisation[J]. Research Policy, 1998（6）: 689–710.

[147] Holm D B, Eriksson K, Johanson J. Creating value through mutual commitment to business network relationships[J]. Strategic Management Journal, 1999(5): 467–486.

[148] Hooi H C, Ahmad N H, Amran A, et al. The functional role of entrepreneurial orientation and entrepreneurial bricolage in ensuring sustainable entrepreneurship[J]. Management Research Review, 2016（12）: 1616–1638.

[149] Hoskisson R E, Eden L, Lau C M, et al. Strategy in emerging economies[J]. Academy of Management Journal, 2000（3）: 249–267.

[150] Hoskisson R E, Yiu D, Kim H. Corporate governance systems: Effects of capital and labor market congruency on corporate innovation and global competitiveness[J]. Journal of High Technology Management Research, 2004（2）: 293–315.

[151] Huggins R, Johnston A. Knowledge networks in an uncompetitive region: SME innovation and growth[J]. Growth and Change, 2009（2）: 227–259.

[152] Huggins R, Thompson P. Entrepreneurship, innovation and regional growth: A network theory[J]. Small Business Economics, 2015（1）: 103–128.

[153] Human G, Naude P. Exploring the relationship between network competence, network capability and firm performance: A resource–based perspective in an emerging economy[J]. Management Dynamics Volume, 2009（1）: 2–14.

[154] Hurmelinna–Laukkanen P, Sainio L M, Jauhiainen T. Appropriability regime for radical and incremental innovations[J]. R&D Management, 2008（3）: 278–289.

[155] Hüsig S, Hipp C, Dowling M. Analysing disruptive potential: The case of wireless local area network and mobile communications network companies[J].

R&D Management, 2005（1）: 17–35.

[156] Hwang J, Christensen C M. Disruptive innovation in health care delivery: A framework for business–model innovation［J］. Health Affairs, 2008（5）: 1329–1335.

[157] Jiang R J, Tao Q T, Santoro M D. Alliance portfolio diversity and firm performance［J］. Strategic Management Journal, 2010（10）: 1136–1144.

[158] Jinzhi Z, Carrick J. The rise of the Chinese unicorn: An exploratory study of unicorn companies in China［J］. Emerging Markets Finance and Trade, 2019(15): 3371–3385.

[159] Kamolsook A, Badir Y F, Frank B. Consumers' switching to disruptive technology products: The roles of comparative economic value and technology type［J］. Technological Forecasting and Social Change, 2019（140）: 328–340.

[160] Kang M, Lee M J. Absorptive capacity, knowledge sharing, and innovative behaviour of R&D employees［J］. Technology Analysis and Strategic Management, 2017（2）: 219–232.

[161] Kapoor R, Klueter T. Innovation's uncertainty factor［J］. MIT Sloan Management Review, 2020（4）: 1–7.

[162] Kazanjian R K, Drazin R. A stage–contingent model of design and growth for technology based new ventures［J］. Journal of Business Venturing, 1990（3）: 137–150.

[163] Kazanjian R K. Relation of dominant problems to stages of growth in technology–based new ventures［J］. Academy of Management Journal, 1988(2): 257–279.

[164] Kenagy J W, Christensen C M. Disruptive innovation: A new diagnosis for health care's "financial flu"［J］. Healthcare Financial Management, 2002(5): 62–67.

[165] Khanagha S, Zadeh M, Mihalache O, et al. Embracing bewilderment: Responding to technological disruption in heterogeneous market environments［J］. Journal of Management Studies, 2018（7）: 1079–1121.

[166] Kim Y S. Technology and development: Impact of technology on the Korean

economy [J]. Korea Journal of Population and Development, 1997 (2) : 101-120.

[167] King A A, Baatartogtokh B. How useful is the theory of disruptive innovation? [J]. MIT Sloan Management Review, 2015 (1) : 77-90.

[168] Koberg C S, Detienne D R, Heppard K A. An empirical test of environmental, organizational, and process factors affecting incremental and radical innovation [J]. The Journal of High Technology Management Research, 2003 (1) : 21-45.

[169] Koenig A, Schulte M, Enders A. Inertia in response to non-paradigmatic change: The case of meta-organizations [J]. Research Policy, 2012 (8) : 1325-1343.

[170] Kohlbacher F, Hang C C. Applying the disruptive innovation framework to the silver market [J]. Ageing International, 2011 (1) : 82-101.

[171] Kohlbacher M, Gruenwald S. Process orientation: Conceptualization and measurement [J]. Business Process Management Journal, 2011 (2) : 267-283.

[172] Kontinen T, Ojala A. Network ties in the international opportunity recognition of family SMEs [J]. International Business Review, 2011 (4) : 440-453.

[173] Kostoff R N, Boylan R, Simons G R. Disruptive technology roadmaps [J]. Technological Forecasting & Social Change, 2004 (1/2) : 141-159.

[174] Krackhardt D, Nohria N, Eccles R. Networks and organizations: Structure, form, and action [M]. Harvard Business School Press, Ch. The Strength of Stong Ties: The Importance of Philos in Organizations, 1992.

[175] Krackhardt D. Super strong and sticky [M]. Power and Influence in Organizations, 1998.

[176] Kumar A, Kumar R, Haque M R, et al. Entrepreneurial networks and knowledge transfer: The moderating role of incubator/accelerator affiliation [J]. Asian Economic and Financial Review, 2017 (11) : 1093.

[177] Lavie D, Haunschild P R, Khanna P. Organizational differences, relational mechanisms, and alliance performance [J]. Strategic Management Journal, 2012 (13) : 1453-1479.

[178] Lavie D. The competitive advantage of interconnected firms: An extension of

the resource-based view [J]. Academy of Management Review, 2006（3）: 638-658.

[179] Lavoie M. Foundations of post-Keynesian economic analysis [M]. Books, 1992.

[180] Leavy B. Value innovation and how to successfully incubate "blue ocean" initiatives [J]. Strategy & Leadership, 2018（3）: 10-20

[181] Leavy B. Whitney Johnson: Applying the principles of disruptive entrepreneurship to talent management [J]. Strategy & Leadership, 2018（5）: 2-9.

[182] Lechner C, Dowling M. Firm networks: External relationships as sources for the growth and competitiveness of entrepreneurial firms [J]. Entrepreneurship and Regional Development, 2003（1）: 1-26.

[183] Lee K, Lim C. Technological regimes, catching-up and leapfrogging: Findings from the Korean industries [J]. Research Policy, 2001（3）: 459-483.

[184] Lee K, Malerba F. Theory and empirical evidence of catch-up cycles and changes in industrial leadership [J]. Research Policy, 2017（46）: 337.

[185] Leonard-Barton D. A dual methodology for case studies: Synergistic use of a longitudinal single site with replicated multiple sites [J]. Organization Science, 1990（3）: 248-266.

[186] Levinthal D, Rerup C. Crossing an apparent chasm: Bridging mindful and less-mindful perspectives on organizational learning [J]. Organization Science, 2006（4）: 502-513.

[187] Li H, Zhang Y. The role of managers' political networking and functional experience in new venture performance: Evidence from China's transition economy [J]. Strategic Management Journal, 2007（8）: 791-804.

[188] Liang F H. Does foreign direct investment improve the productivity of domestic firms? Technology spillovers, industry linkages, and firm capabilities [J]. Research Policy, 2017（1）: 138-159.

[189] Lin C P, Zhang Z G, Yu C P. Measurement and empirical research on low-end and new market disruptive innovation [J]. Journal of Interdisciplinary

Mathematics, 2015（6）: 827–839.

［190］ Lin C, Li B, Wu Y J. Existing knowledge assets and disruptive innovation: The role of knowledge embeddedness and specificity［J］. Sustainability, 2018（2）: 342.

［191］ Lin H C, Dang T T H, Liu Y S. CEO transformational leadership and firm performance: A moderated mediation model of TMT trust climate and environmental dynamism［J］. Asia Pacific Journal of Management, 2016（4）: 981–1008.

［192］ Lindsay J, Hopkins M. From experience: Disruptive innovation and the need for disruptive intellectual asset strategy［J］. Journal of Product Innovation Management, 2010（2）: 283–290.

［193］ Linton J D. De–babelizing the language of innovation［J］. Technovation, 2009（11）: 729–737.

［194］ Littunen H. Networks and local environmental characteristics in the survival of new firms［J］. Small Business Economics, 2000（1）: 59–71.

［195］ Lotti F, Santarelli E, Vivarelli M. Is it really wise to design policies in support of new firm formation?［J］. Rivista di Politica Economica, 2001（4）: 151–170.

［196］ Lucas H C, Jie M G. Disruptive technology: How Kodak missed the digital photography revolution［J］. The Journal of Strategic Information Systems, 2009（1）: 46–55.

［197］ Luo Y, Huang Y, Wang S L. Guanxi and organizational performance: A meta-analysis［J］. Management and Organization Review, 2012（1）: 139–172.

［198］ Luo Y, Sun J, Wang S L. Emerging economy copycats: Capability, environment, and strategy［J］. Academy of Management Perspectives, 2011（2）: 37–56.

［199］ Macher J T, Richman B D. Organisational responses to discontinuous innovation: A case study approach［J］. International Journal of Innovation Management, 2004（1）: 87–114.

［200］ MacKinnon D P, Fairchild A J, Fritz M S. Mediation Analysis［J］. Annual Review of Psychology, 2007（58）: 593–614.

［201］ MacKinnon D P. Contrasts in multiple mediator models［J］. Multivariate

Applications in Substance Use Research: New Methods for New Questions, 2000（141）: 160.

［202］Madhok A. Reassessing the fundamentals and beyond: Ronald Coase, the transaction cost and resource-based theories of the firm and the institutional structure of production［J］. Strategic Management Journal, 2002（6）: 535-550.

［203］Mair J, Marti I. Entrepreneurship in and around institutional voids: A case study from Bangladesh［J］. Journal of Business Venturing, 2009（5）: 419-435.

［204］Majumdar D, Banerji P K, Chakrabarti S. Disruptive technology and disruptive innovation: Ignore at your peril!［J］. Technology Analysis & Strategic Management, 2018（11）: 1247-1255.

［205］Manolova T S, Carter N M, Manev I M, et al. The differential effect of men and women entrepreneurs' human capital and networking on growth expectancies in Bulgaria［J］. Entrepreneurship Theory and Practice, 2007（3）: 407-426.

［206］Manolova T S, Gyoshev B S, Manev I M. The role of interpersonal trust for entrepreneurial exchange in a transition economy［J］. International Journal of Emerging Markets, 2007（2）: 107-122.

［207］Markides C. Disruptive innovation: In need of better theory［J］. Journal of Product Innovation Management, 2006（1）: 19-25.

［208］Marx M, Gans J S, Hsu D H. Dynamic commercialization strategies for disruptive technologies: Evidence from the speech recognition industry［J］. Management Science, 2014（12）: 3103-3123.

［209］Mathews J A, Cho D S. Combinative capabilities and organizational learning in latecomer firms: The case of the Korean semiconductor industry［J］. Journal of World Business, 1999（2）: 139-156.

［210］Mathews J A. Dragon multinationals: New players in 21st century globalization［J］. Asia Pacific Journal of Management, 2006（1）: 5-27.

［211］Maurer I, Ebers M. Dynamics of social capital and their performance implications: Lessons from biotechnology start-ups［J］. Administrative Science Quarterly, 2006（2）: 262-292.

［212］McDermott C M, O'Connor G C. Managing radical innovation: An overview of emergent strategy issues [J]. Journal of Product Innovation Management: An International Publication of the Product Development & Management Association, 2002 (6) : 424-438.

[213] McEvily B, Marcus A. Embedded ties and the acquisition of competitive capabilities [J]. Strategic Management Journal, 2005 (11) : 1033-1055.

[214] Meyer K E, Mudambi R, Narula R. Multinational enterprises and local contexts: The opportunities and challenges of multiple embeddedness [J]. Journal of Management Studies, 2011 (2) : 235-252.

[215] Miles M B, Huberman A M. Qualitative data analysis: An expanded sourcebook [M]. Sage, 1994.

[216] Mindruta D.Value creation in university-firm research collaborations: A matching approach [J]. Strategic Management Journal, 2013 (6) : 644-665.

[217] Minniti M, Lévesque M. Entrepreneurial types and economic growth [J]. Journal of Business Venturing, 2010 (3) : 305-314.

[218] Mitchell J C (Ed.) . Social networks in urban situations: Analyses of personal relationships in Central African towns [M]. Manchester University Press, 1969.

[219] Mller K K, Halinen A. Business relationships and networks: Managerial challenge of network era [J]. Industrial Marketing Management, 1999 (5) : 413-427.

[220] Molina-Morales F X, Martínez-Cháfer L, Valiente-Bordanova D. Disruptive technology adoption, particularities of clustered firms [J]. Entrepreneurship & Regional Development, 2019 (1-2) : 62-81.

[221] Moreno A M, Casillas J C. Entrepreneurial orientation and growth of SMEs: A causal model [J]. Entrepreneurship Theory and Practice, 2008 (3) : 507-528.

[222] Mu J. Networking capability, new venture performance and entrepreneurial rent [J]. Journal of Research in Marketing and Entrepreneurship, 2013 (2) : 101-123.

[223] Mudambi R. Recognizing the ongoing industrial revolution: The lessons of business history [J]. Journal of International Business Studies, 2011 (7) : 971.

［224］Muller D, Judd C M, Yzerbyt V Y. When moderation is mediated and mediation is moderated［J］. Journal of Personality and Social Psychology, 2005（6）: 852.

［225］Myers D R, Sumpter C W, Walsh S T, et al. A practitioner's view: Evolutionary stages of disruptive technologies［J］. IEEE Transactions on Engineering Management, 2002（4）: 322.

［226］Nagy D, Schuessler J, Dubinsky A. Defining and identifying disruptive innovations［J］. Industrial Marketing Management, 2016（57）: 119-126.

［227］Nahapiet J, Ghoshal S. Social capital, intellectual capital, and the organizational advantage［J］. Academy of Management Review, 1998（2）: 242-266.

［228］Nair A, Ahlstrom D. Delayed creative destruction and the coexistence of technologies［J］. Journal of Engineering & Technology Management, 2003（4）: 345-365.

［229］Nankervis A R. Disruptive innovation in Chinese and Indian businesses: The strategic implications for local entrepreneurs and global incumbents［J］. Asia Pacific Business Review, 2013（3）: 432-433.

［230］Nelson R R, Winter S G. The Schumpeterian tradeoff revisited［J］. The American Economic Review, 1982（1）: 114-132.

［231］Newbert S L, Tornikoski E T, Quigley N R. Exploring the evolution of supporter networks in the creation of new organizations［J］. Journal of Business Venturing, 2013（2）: 281-298.

［232］O'Reilly C, Binns A. The three stages of disruptive innovation: Idea generation, incubation, and scaling［J］. California Management Review, 2019（3）: 49-71.

［233］Osiyevskyy O, Dewald J. Explorative versus exploitative business model change: The cognitive antecedents of firm-level responses to disruptive innovation［J］. Strategic Entrepreneurship Journal, 2015（1）: 58-78.

［234］Oviatt B M, McDougall P P. Toward a theory of international new ventures［J］. Journal of International Business Studies, 1994（1）: 45-64.

［235］Padgett D, Mulvey M S. Differentiation via technology: Strategic positioning of services following the introduction of disruptive technology［J］. Journal of

Retailing, 2007（4）: 375-391.

［236］Pan S L, Tan B. Demystifying case research: A structured-pragmatic-situational（SPS）approach to conducting case studies［J］. Information and Organization, 2011（3）: 161-176.

［237］Parameswaran M, Whinston A B. Social computing: An overview［J］. Communications of the Association for Information Systems, 2007（1）: 37.

［238］Park S H, Luo Y. Guanxi and organizational dynamics: Organizational networking in Chinese firms［J］. Strategic Management Journal, 2001（5）: 455-477.

［239］Park Y, Shin J, Kim T. Firm size, age, industrial networking, and growth: A case of the Korean manufacturing industry［J］. Small Business Economics, 2010（2）: 153-168.

［240］Peng M W, Heath P S. The growth of the firm in planned economies in transition: Institutions, organizations, and strategic choice［J］. Academy of Management Review, 1996（2）: 492-528.

［241］Peng M W, Lebedev S, Vlas C O, et al. The growth of the firm in（and out of）emerging economies［J］. Asia Pacific Journal of Management, 2018（4）: 829-857.

［242］Peng M W. The global strategy of emerging multinationals from China［J］. Global Strategy Journal, 2012（2）: 97-107.

［243］Penrose E. The theory of the growth of the firm［M］. Oxford University Press, 1959.

［244］Phelps C C. A longitudinal study of the influence of alliance network structure and composition on firm exploratory innovation［J］. Academy of Management Journal, 2010（4）: 890-913.

［245］Phelps E S. Mass flourishing: How grassroots innovation created jobs, challenge, and change［M］. Princeton University Press, 2013.

［246］Podsakoff P M, Mackenzie S B, Podsakoff N. Sources of method bias in social science research and recommendations on how to control it［J］. Annual Review of Psychology, 2012（1）: 539-569.

［247］Politis D. The process of entrepreneurial learning: A conceptual framework［J］. Entrepreneurship Theory and Practice, 2005（4）: 399-424.

［248］Porter M E. Clusters and new economics of competition［J］. Harvard Business Review, 1998（6）: 77-90.

［249］Porter M. Competitive advantage of nations［J］. Competitive Intelligence Review, 2010（1）: 14.

［250］Powell W W, Koput K W, Smith-Doerr L. Interorganizational collaboration and the locus of innovation: Networks of learning in biotechnology［J］. Administrative Science Quarterly, 1996（1）: 116-145.

［251］Prahalad C K, Lieberthal K. The end of corporate imperialism［J］. Harvard Business Review, 2003（8）: 109-117, 142.

［252］Preacher K J, Hayes A F. Asymptotic and resampling strategies for assessing and comparing indirect effects in multiple mediator models［J］. Behavior Research Methods, 2008（3）: 879-891.

［253］Preacher K J, Hayes A F. SPSS and SAS procedures for estimating indirect effects in simple mediation models［J］. Behavior Research Methods, 2004（4）: 717-731.

［254］Quinn J B, Paquette P C. Technology in services: Creating organizational revolutions［J］. MIT Sloan Management Review, 1990（2）: 79-87.

［255］Radosevic S. Regional innovation systems in Central and Eastern Europe: Determinants, organizers and alignments［J］. Journal of Technology Transfer, 2002（1）: 87-96.

［256］Raisch S, Birkinshaw J, Probst G, et al. Organizational ambidexterity: Balancing exploitation and exploration for sustained performance［J］. Organization Science, 2009（4）: 685-695.

［257］Ramani S V, Mukherjee V. Can breakthrough innovations serve the poor（bop）and create reputational（CSR）value? Indian case studies［J］. Technovation, 2014（5-6）: 295-305.

［258］Reagans R, McEvily B. Network structure and knowledge transfer: The effects of cohesion and range［J］. Administrative Science Quarterly, 2003（2）:

240-267.

[259] Reinhardt R, Gurtner S. Differences between early adopters of disruptive and sustaining innovations [J]. Journal of Business Research, 2015 (1) : 137-145.

[260] Reinhardt R, Gurtner S. The overlooked role of embeddedness in disruptive innovation theory [J]. Technological Forecasting and Social Change, 2018(1): 268-283.

[261] Revelle W, Zinbarg R E. Coefficients alpha, beta, omega, and the glb: Comments on Sijtsma [J]. Psychometrika, 2009 (1) : 145-154.

[262] Ritter T, Gemunden H G. Network competence: Its impact on innovation success and its antecedents [J]. Journal of Business Research, 2003 (56) : 745-755.

[263] Ritter T, Gemunden H G. The impact of a company's business strategy on its technological competence, network competence and innovation success [J]. Journal of Business Research, 2004 (5) : 548-556.

[264] Rodan S, Galunic C. More than network structure: How knowledge heterogeneity influences managerial performance and innovativeness [J]. Strategic Management Journal, 2004 (6) : 541-562.

[265] Rosenbusch N, Brinckmann J, Bausch A. Is innovation always beneficial? A meta-analysis of the relationship between innovation and performance in SMEs [J]. Journal of Business Venturing, 2011 (4) : 441-457.

[266] Rothaermel F T. Incumbent's advantage through exploiting complementary assets via interfirm cooperation [J]. Strategic Management Journal, 2001(6-7): 687-699.

[267] Ruan Y, Hang C C, Wang Y M. Government's role in disruptive innovation and industry emergence: The case of the electric bike in China [J]. Technovation, 2014 (12) : 785-796.

[268] Rumelt R P, Schendel D, Teece D J. Strategic management and economics [J]. Strategic Management Journal, 1991 (S2) : 5-29.

[269] Salamzadeh A, KirbyD A. New venture creation: How start-ups grow? [J]. AD-Minister, 2017 (30) : 9-29.

［270］Salamzadeh A. New venture creation: Controversial perspectives and theories［J］. Economic Analysis, 2015（3-4）: 101-109.

［271］Salomo S, Steinhoff F, Trommsdorff V. Customer orientation in innovation projects and new product development success-the moderating effect of product innovativeness［J］. International Journal of Technology Management, 2003（5-6）: 442-463.

［272］Salunke S, Weerawardena J, McColl-Kennedy J R. Competing through service innovation: The role of bricolage and entrepreneurship in project-oriented firms［J］. Journal of Business Research, 2013（8）: 1085-1097.

［273］Sampson R C. R&D alliances and firm performance: The impact of technological diversity and alliance organization on innovation［J］. Academy of Management Journal, 2007（2）: 364-386.

［274］Sarasvathy S D, Dew N. New market creation through transformation［J］. Journal of Evolutionary Economics, 2005（5）: 533-565.

［275］Sarasvathy S D. What makes entrepreneurs entrepreneurial?［M］. Social Science Electronic Publishing, 2001.

［276］Schilling M A, Phelps C C. Interfirm collaboration networks: The impact of large-scale network structure on firm innovation［J］. Management Science, 2007（7）: 1113-1126.

［277］Schmidt G M, Druehl C T. When is a disruptive innovation disruptive?［J］. Journal of Product Innovation Management, 2008（4）: 347-369.

［278］Schmidt V A. Discursive institutionalism: The explanatory power of ideas and discourse［J］. Annual Review of Political Science, 2008（11）: 303-326.

［279］Schumpeter J. The theory of economic development［M］. Harvard University Press, 1934.

［280］Semadeni M, Withers M C, Certo S T. The perils of endogeneity and instrumental variables in strategy research: Understanding through simulations［J］. Strategic Management Journal, 2014（7）: 1070-1079.

［281］Senyard J M, Davidsson P, Baker T, et al. Resource constraints in innovation: The role of bricolage in new venture creation and firm development［C］. Proceedings of the 8th AGSE International Entrepreneurship Research Exchange, 2011(1): 609–622.

[282] Sexton D L, Upton N B, Wacholtz L E, et al. Learning needs of growth-oriented entrepreneurs[J]. Journal of Business Venturing, 1997 (1) : 1–8.

[283] Shane S, Cable D. Network ties, reputation, and the financing of new ventures[J]. Management Science, 2002 (3) : 364–381.

[284] Shane S, Venkataraman S. The promise of entrepreneurship as a field of research[J]. Academy of Management Review, 2000 (1) : 217–226.

[285] Sheng S, Zhou K Z, Li J J. The effects of business and political ties on firm performance: Evidence from China[J]. Journal of Marketing, 2011 (1) : 1–15.

[286] Sherif K, Zmud R W, Browne G J. Managing peer–to–peer conflicts in disruptive information technology innovations: The case of software reuse[J]. MIS Quarterly, 2006 (2) : 339–356.

[287] Shipilov A V, Li S X. Can you have your cake and eat it too? Structural holes' influence on status accumulation and market performance in collaborative networks[J]. Administrative Science Quarterly, 2008 (1) : 73–108.

[288] Shrout P E, Bolger N. Mediation in experimental and nonexperimental studies: New procedures and recommendations[J]. Psychological Methods, 2002 (4) : 422.

[289] Shu R, Ren S, Zheng Y. Building networks into discovery: The link between entrepreneur network capability and entrepreneurial opportunity discovery[J]. Journal of Business Research, 2018 (85) : 197–208.

[290] Si S, Chen H. A literature review of disruptive innovation: What it is, how it works and where it goes[J]. Journal of Engineering and Technology Management, 2020 (56) : 101568.

[291] Sirmon D G, Hitt M A, Ireland R D. Managing firm resources in dynamic environments to create value: Looking inside the black box[J]. Academy of Management Review, 2007 (1) : 273–292.

[292] Slotte–Kock S, Coviello N. Entrepreneurship research on network processes: A review and ways forward[J]. Entrepreneurship Theory and Practice, 2010(1):

31–57.

[293] Smith A. An inquiry into the nature and causes of the wealth of nations: A selected edition [M]. Oxford University Press, 1998.

[294] Smith W K, Lewis M W. Toward a theory of paradox: A dynamic equilibrium model of organizing [J]. Academy of Management Review, 2011（2）: 381–403.

[295] Snihur Y, Thomas L, Burgelman R A. An ecosystem-evel process model of business model disruption: The disruptor's gambit [J]. Journal of Management Studies, 2018（7）: 1278–1316.

[296] Song G, Min S, Lee S, et al. The effects of network reliance on opportunity recognition: A moderated mediation model of knowledge acquisition and entrepreneurial orientation [J]. Technological Forecasting and Social Change, 2017（117）: 98–107.

[297] Spowart M, Wickramasekera R. Explaining international new venture internationalisation: An innovation adoption model [C]. The Future of Asia–Pacific Business: Beyond the Crisis Proceedings of the ANZIBA Conference 2009. CD ROM, 2009: 1–25.

[298] Stake R E. Multiple case study analysis [M]. Guilford Press, 2013.

[299] Stam W, Arzlanian S, Elfring T. Social capital of entrepreneurs and small firm performance: A meta–analysis of contextual and methodological moderators [J]. Journal of Business Venturing, 2014（1）: 152–173.

[300] Stayton J, Mangematin V. Seed accelerators and the speed of new venture creation [J]. The Journal of Technology Transfer, 2019（4）: 1163–1187.

[301] Stettner U, Lavie D. Ambidexterity under scrutiny: Exploration and exploitation via internal organization, alliances, and acquisitions [J]. Strategic Management Journal, 2014（13）: 1903–1929.

[302] Stiglitz J E, Weiss A. Credit rationing in markets with imperfect information [J]. The American Economic Review, 1981（3）: 393–410.

[303] Stiglitz J E. Some lessons from the East Asian miracle [J]. World Bank Research Observer, 1996（2）: 151–177.

[304] Su Z, Xie E, Wang D. Entrepreneurial orientation, managerial networking,

and new venture performance in China[J]. Journal of Small Business Management, 2015（1）: 228-248.

[305] Sullivan D M, Ford C M. How entrepreneurs use networks to address changing resource requirements during early venture development[J]. Entrepreneurship Theory and Practice, 2014（3）: 551-574.

[306] Tamasy C. Determinants of regional entrepreneurship dynamics in contemporary Germany: A conceptual and empirical analysis[J]. Regional Studies, 2006（4）: 365-384.

[307] Teece D J, Pisano G, Shuen A. Dynamic capabilities and strategic management[J]. Strategic Management Journal, 1997（7）: 509-533.

[308] Tellis G J. Disruptive technology or visionary leadership?[J]. Journal of Product Innovation Management, 2005（1）: 34-38.

[309] Thomond P, Herzberg T, Lettice F. Disruptive innovation: Removing the innovators dilemma[C]. Harrogate, England: Knowledge into Practice-British Academy of Management Annual Conference, 2003: 211-231.

[310] Ting H, Chiu H. How network competence and network location influence innovation performance[J]. Journal of Business & Industrial Marketing, 2009（1）: 46-55.

[311] Uzzi B. The sources and consequences of embeddedness for the economic performance of organizations: The network effect[J]. American Sociological Review, 1996（3）: 674-698.

[312] Van Maanen J. Qualitative studies of organizations[M]. Sage, 1998.

[313] Vohora A, Wright M, Lockett A. Critical junctures in the development of university high-tech spinout companies[J]. Research policy, 2004（1）: 147-175.

[314] Walter A, Auer M, Ritter T. The impact of network capabilities and entrepreneurial orientation on university spin-off performance[J]. Journal of Business Venturing, 2006（4）: 541-567.

[315] Wan F, Williamson P J, Yin E. Antecedents and implications of disruptive innovation: Evidence from China[J]. Technovation, 2015（1）: 94-104.

［316］Wang C L, Ahmed P K. Dynamic capabilities: A review and research agenda［J］. International Journal of Management Reviews, 2007（1）: 31−51.

［317］Watson W E, Kumar K, Michaelsen L K. Cultural diversity's impact on interaction process and performance: Comparing homogeneous and diverse task groups［J］. Academy of Management Journal, 1993（3）: 590−602.

［318］Weeks M R. Is disruption theory wearing new clothes or just naked? Analyzing recent critiques of disruptive innovation theory［J］. Innovation: Organization & Management, 2015（4）: 417−428.

［319］Wei J, Wang D, Liu Y. Towards an asymmetry−based view of Chinese firms' technological catch−up［J］. Frontiers of Business Research in China, 2018（1）: 1−13.

［320］Wilkinson I, Young L. On cooperating: Firms, relations and networks［J］. Journal of Business Research, 2002（2）: 123−132.

［321］Williamson O E. Transaction cost economics and organization theory［J］. Industrial and Corporate Change, 1993（2）: 107−156.

［322］Williamson P J. Cost innovation: Preparing for a "value−for−money" revolution［J］. Long Range Planning, 2010（2−3）: 343−353.

［323］Witt P. Entrepreneurs' networks and the success of start−ups［J］. Entrepreneurship & Regional Development, 2004（5）: 391−412.

［324］Wu L, Wang D, Evans J A. Large teams develop and small teams disrupt science and technology［J］. Nature, 2019（7744）: 378−382.

［325］Wu W, Wang H, Tsai F S. Incubator networks and new venture performance: The roles of entrepreneurial orientation and environmental dynamism［J］. Journal of Small Business and Enterprise Development, 2020（5）: 727−747.

［326］Wu X, Ma R, Shi Y. How do latecomer firms capture value from disruptive technologies? A secondary business−model innovation perspective［J］. IEEE Transactions on Engineering Management, 2010（1）: 51−62.

［327］Yan A, Gray B. Bargaining power, management control, and performance in United States-China joint ventures: A comparative case study［J］. Academy of Management Journal, 1994（6）: 1478−1517.

［328］Yin R K. Case study research design and methods fourth edition［M］. Sage, 2009.

［329］Yin R K. Case study research: Design and methods（applied social research methods）［M］. Sage Publications, 2014.

［330］Yin R K. Designing case studies［J］. Qualitative Research Methods, 2003（14）: 359–386.

［331］Yin R K. Discovering the future of the case study. Method in evaluation research［J］. Evaluation Practice, 1994（3）: 283–290.

［332］Yu D, Hang C C. A reflective review of disruptive innovation theory［J］. International Journal of Management Reviews, 2010（4）: 435–452.

［333］Zahra S A. A conceptual model of entrepreneurship as firm behavior: A critique and extension［J］. Entrepreneurship Theory and Practice, 1993（4）: 5–21.

［334］Zhao X, Lynch Jr J G, Chen Q. Reconsidering Baron and Kenny: Myths and truths aboutmediation analysis［J］. Journal of Consumer Research, 2010（2）: 197–206.

［335］Zhou K Z, Li C B. How knowledge affects radical innovation: Knowledge base, market knowledge acquisition, and internal knowledge sharing［J］. Strategic Management Journal, 2012（9）: 1090–1102.

［336］Zhou K Z, Yim C K, Tse D K. The effects of strategic orientations on technology–and market–based breakthrough innovations［J］. Journal of Marketing, 2005（2）: 42–60.

［337］Zimmer C. Entrepreneurship through social networks［J］. The Art and Science of Entrepreneurship. Ballinger, Cambridge, MA, 1986（3）: 23.

［338］蔡莉，费宇鹏，朱秀梅. 基于流程视角的创业研究框架构建［J］. 管理科学学报，2006（1）: 86–96.

［339］蔡莉，单标安，刘钊，等. 创业网络对新企业绩效的影响研究——组织学习的中介作用［J］. 科学学研究，2010（10）: 1592–1600.

［340］蔡莉，单标安. 中国情境下的创业研究: 回顾与展望［J］. 管理世界，2013（12）: 160–169.

［341］蔡万象，李培凯. 管理学研究中的内生性问题及其解决策略：工具变量的应用［J］. 中国人力资源开发，2021（2）：6-22.

［342］曹勇，孙合林，蒋振宇，等. 异质性知识对企业创新绩效的影响：理论述评与展望［J］. 科技管理研究，2016（2）：168-171.

［343］岑杰. 企业二元行为研究的范式之争及其超越：时间视角［J］. 外国经济与管理，2017（1）：3-14.

［344］曾海燕. 新型科技研发组织网络能力与资源整合研究［J］. 科技进步与对策，2015（2）：14-19.

［345］陈畴镛，夏文青，王雷. 企业同质化对产业集群技术创新的影响与对策［J］. 科技进步与对策，2010（3）：55-58.

［346］陈春花，刘祯. 案例研究的基本方法——对经典文献的综述［J］. 管理案例研究与评论，2010（2）：175-182.

［347］陈逢文，付龙望，张露，等. 创业者个体学习、组织学习如何交互影响企业创新行为？——基于整合视角的纵向单案例研究［J］. 管理世界，2020（3）：142-164.

［348］陈耿宣，王艳. 创新创业发展的供给侧思路［N］. 学习时报，2017-02-13（6）.

［349］陈寒松，陈金香. 创业网络与新企业成长的关系研究——以动态能力为中介变量［J］. 经济与管理评论，2016（2）：76-83.

［350］陈卉，斯晓夫，刘婉. 破坏性创新：理论，实践与中国情境［J］. 系统管理学报，2019（6）：24-31，43.

［351］陈劲，孙永磊. 创新驱动发展的战略思考［J］. 科学与管理，2016（1）：3-8.

［352］陈锟，于建原. 营销能力对企业创新影响的正负效应——兼及对"Christensen 悖论"的实证与解释［J］. 管理科学学报，2009（2）：126-141.

［353］陈琦，曹兴. 企业成长理论述评［J］. 湘潭大学学报（哲学社会科学版），2008（3）：72-75.

［354］陈熹，范雅楠，云乐鑫. 创业网络、环境不确定性与创业企业成长关系研究［J］. 科学学与科学技术管理，2015（9）：105-116.

［355］陈晓萍，徐淑英，樊景立. 组织与管理研究的实证方法［M］. 北京：北京大学出版社，2008.

［356］陈玉娇，覃巍. 企业网络化成长：理论回顾与展望［J］. 首都经济贸易大学学报，2017（4）：105-112.

［357］陈云松，范晓光. 社会学定量分析中的内生性问题测估社会互动的因果效应研究综述［J］. 社会，2010（4）：91-117.

［358］程鹏，柳卸林，李洋，等. 本土需求情景下破坏性创新的形成机理研究［J］. 管理科学，2018（2）：33-44.

［359］邓英. 网络能力与企业竞争优势关系的实证研究［J］. 经济地理，2009（9）：1518-1523.

［360］董保宝，葛宝山. 新创企业资源整合过程与动态能力关系研究［J］. 科研管理，2012（2）：107-114.

［361］董保宝. 创业网络演进阶段整合模型构建与研究启示探析［J］. 外国经济与管理，2013（9）：15-24.

［362］董俊武，黄江圳，陈震红. 动态能力演化的知识模型与一个中国企业的案例分析［J］. 管理世界，2004（4）：117-127，156.

［363］杜俊枢，彭纪生，涂海银. 开放式情境下创新搜索、网络能力与创新绩效关系研究——来自江浙沪地区制造企业的问卷调查［J］. 科技进步与对策，2018（18）：98-104.

［364］方亮，徐维祥. 创业视角下创新集群形成机理研究［J］. 北京交通大学学报（社会科学版），2016（4）：57.

［365］方世建，黄明辉. 创业新组拼理论溯源、主要内容探析与未来研究展望［J］. 外国经济与管理，2013（10）：2-12.

［366］付丙海，谢富纪，韩雨卿. 链资源整合、双元性创新与创新绩效：基于长三角新创企业的实证研究［J］. 中国软科学，2015（12）：176-186.

［367］付宏，毛蕴诗，宋来胜. 创新对产业结构高级化影响的实证研究——基于2000—2011年的省际面板数据［J］. 中国工业经济，2013（9）：56-68.

［368］顾昕. 治理嵌入性与创新政策的多样性：国家—市场—社会关系的再认识［J］. 公共行政评论，2017（6）：6-32.

［369］郭海，沈睿. 如何将创业机会转化为企业绩效——商业模式创新的中介作用及市场环境的调节作用［J］. 经济理论与经济管理，2014（3）：70-83.

［370］郭萍. 互联网行业破坏性创新研究［D］. 合肥：中国科学技术大学，2016.

［371］郭帅. 企业网络对战略惯性的影响研究［D］. 济南：山东财经大学，2015.

［372］郭韬，李盼盼，乔晗，等. 网络嵌入对科技型企业成长的影响研究——组织合法性和商业模式创新的链式中介作用［J］. 外国经济与管理，2021（7）：97-110.

［373］郭政. 后发企业破坏性创新的机理与路径研究［D］. 上海：上海交通大学，2007.

［374］韩炜，杨婉毓. 创业网络治理机制、网络结构与新企业绩效的作用关系研究［J］. 管理评论，2015（12）：65-79.

［375］韩炜. 基于商业模式创建的新企业成长过程研究［J］. 软科学，2010（9）：95-99.

［376］韩志鸿. 后发企业市场进入与策略选择——基于 OPPO 手机的案例研究方法分析［J］. 时代金融，2018（33）：183-184.

［377］郝斌，李佳琳，万尚·弗利刚. 企业间关系伙伴选择研究最新进展探析［J］. 外国经济与管理，2014（1）：55-64.

［378］侯赟慧，杨琛珠. 基于网络平台型商业生态系统的企业成长路径研究［J］. 南京邮电大学学报（社会科学版），2017（2）：63-71.

［379］黄昊，王国红，秦兰. 科技新创企业资源编排对企业成长影响研究：资源基础与创业能力共演化视角［J］. 中国软科学，2020（7）：122-137.

［380］黄江明，李亮，王伟. 案例研究：从好的故事到好的理论——中国企业管理案例与理论构建研究论坛（2010）综述［J］. 管理世界，2011（2）：118-126.

［381］黄钟仪，向玥颖，熊艾伦，等. 双重网络、双元拼凑与受孵新创企业成长：基于众创空间入驻企业样本的实证研究［J］. 管理评论，2020（5）：125-137.

［382］季丹，郭政. 破坏性创新：概念、比较与识别［J］. 经济与管理，2009（5）：16-20.

［383］江观伏，唐晓婷，倪良新. 资源导向型创业研究框架整合研究［J］. 华

东经济管理，2017（4）：146-152.

［384］江诗松，龚丽敏，魏江. 转型经济背景下后发企业的能力追赶：一个共
演模型——以吉利集团为例［J］. 管理世界，2011（4）：122-137.

［385］江诗松，龚丽敏，魏江. 后发企业能力追赶研究探析与展望［J］. 外国
经济与管理，2012（3）：57-64，71.

［386］金永生，季桓永. 企业网络能力与网络外溢的调节作用［J］. 北京邮电
大学学报（社会科学版），2015（6）：64-69.

［387］雷志柱，周叶玲. 企业知识网络能力的评价模型［J］. 统计与决策，2015(4)：
182-184.

［388］李飞，邵怀中，邹晓东，等. 适用于发展中国家的创新范式：开放式颠
覆创新理论框架［J］. 科技进步与对策，2016（3）：1-6.

［389］李婧，贺小刚，连燕玲，等. 业绩驱动、市场化进程与家族企业创新精
神［J］. 管理评论，2016（1）：96-108.

［390］李军，李民生. 企业合作创新与网络化成长研究［J］. 东岳论丛，2011(12)：
187-190.

［391］李平，蒲晓敏，田善武. 嵌入式创新范式研究［J］. 管理评论，2019（7）：
3-12.

［392］李平，臧树伟. 基于破坏性创新的后发企业竞争优势构建路径分析［J］.
科学学研究，2015（2）：295-303.

［393］李文丽，杨吉生. 网络关系、知识匹配与后发企业技术创新的协同演
化——基于修正药业的案例分析［J］. 情报科学，2018（6）：97-101.

［394］李新安. 中小企业集聚创新与集群网络互动机理研究［J］. 华东经济管理，
2015（1）：81-87.

［395］李新春，梁强，宋丽红. 外部关系、内部能力平衡与新创企业成长——基
于创业者行为视角的实证研究［J］. 中国工业经济，2010（12）：97-107.

［396］梁靓. 开放式创新中合作伙伴异质性对创新绩效的影响机制研究［D］.
杭州：浙江大学，2014.

［397］梁强，李新春. 创业资源拼凑理论——研究综述与展望［J］. 创业管理
研究，2012（2）：63-73.

［398］梁玉成，陈金燕. 社会资本研究中的双向因果问题探索［J］. 社会发展

研究，2019（3）：1-21，242.

［399］林春培，沈鹤，余传鹏.企业外部社会联系对破坏性创新的影响研究［J］.科研管理，2019（5）：80-89.

［400］林春培，余传鹏，吴东儒.探索式学习与利用式学习对企业破坏性创新的影响研究［J］.研究与发展管理，2015（6）：19-28.

［401］林南，俞弘强.社会网络与地位获得［J］.马克思主义与现实，2003（2）：46-59.

［402］刘海兵，许庆瑞.后发企业战略演进、创新范式与能力演化［J］.科学学研究，2018（8）：1442-1454.

［403］刘井建，史金艳.组织要素对新创企业成长绩效的影响机制研究［J］.科研管理，2013（9）：81-88.

［404］刘炬.企业技术创新网络形成机理研究［D］.成都：电子科技大学，2010.

［405］刘庆贤，肖洪钧.案例研究方法严谨性测度研究［J］.管理评论，2010（5）：112-120.

［406］刘兴国，张航燕.创新精神、冒险精神与企业成长——基于上市公司数据的企业家精神影响作用实证检验［J］.中国经济报告，2020（3）：89-105.

［407］刘洋，魏江，江诗松.后发企业如何进行创新追赶？——研发网络边界拓展的视角［J］.管理世界，2013（3）：96-110，188.

［408］刘友金，周健."换道超车"：新时代经济高质量发展路径创新［J］.湖南科技大学学报（社会科学版），2018（1）：49-57.

［409］刘媛筠.颠覆性技术创新概念演化研究［DB/OL］.（2017-08-16）［2020-01-10］.https://mp.weixin.qq.com/s/5DKrpaik9M4LuqtlfutKZA.

［410］刘志迎，龚秀媛，张孟夏.Yin，Eisenhardt和Pan的案例研究方法比较研究——基于方法论视角［J］.管理案例研究与评论，2018（1）：104-115.

［411］柳卸林，高雨辰，丁雪辰.寻找创新驱动发展的新理论思维——基于新熊彼特增长理论的思考［J］.管理世界，2017（12）：8-19.

［412］卢政营，蔡双立，余弦.结构洞探寻、网络生产与网络福利剩余——企业网络化成长的跨案例经验解析［J］.财贸研究，2013（1）：131-139.

［413］鲁喜凤. 机会创新性、知识获取对企业绩效的影响研究——以科技型企业为例［J］. 情报科学，2017（5）：160-164.

［414］鲁喜凤. 资源视角下机会创新性对新企业绩效的影响机理［D］. 长春：吉林大学，2017.

［415］罗兴武. 转型经济背景下商业模式创新对新创企业成长的作用机制研究：组织合法性视角［D］. 杭州：浙江工商大学，2016.

［416］马鸿佳，董保宝，常冠群. 网络能力与创业能力——基于东北地区新创企业的实证研究［J］. 科学学研究，2010（7）：1008-1014.

［417］马鸿佳，董保宝，葛宝山. 高科技企业网络能力、信息获取与企业绩效关系实证研究［J］. 科学学研究，2010（1）：127-132.

［418］马文良. 中国独角兽企业涌现，引领"爆发式成长"［J］. 中关村，2017（4）：50-51.

［419］马宇文，刘偲，吴炜. 创业—瞪羚—独角兽：企业"非线性成长"的跃迁之路［J］. 中国工业和信息化，2020（6）：26-31.

［420］毛基业，张霞. 案例研究方法的规范性及现状评估［J］. 管理世界，2008（4）：115-121.

［421］梅亮，许庆瑞. 创新网络研究述评［J］. 科技管理研究，2011（10）：18-25.

［422］苗莉. 基于企业内创业的企业持续成长研究［J］. 财经问题研究，2005（2）：68-74.

［423］倪渊. 基于生命周期的联盟企业网络能力评价［J］. 中国科技论坛，2015（11）：66-72.

［424］彭新敏，吴晓波，吴东. 基于二次创新动态过程的企业网络与组织学习平衡模式演化——海天1971—2010年纵向案例研究［J］. 管理世界，2011（4）：138-149，166，188.

［425］彭学兵，王乐，刘玥伶，等. 创业网络，效果推理型创业资源整合与新创企业绩效关系研究［J］. 科学学与科学技术管理，2017（6）：157-170.

［426］任兵，于晓宇，杨俊. 经济转型中的社会网络与创业：理论视角与理论构建［J］. 管理学季刊，2016（3）：10-15.

［427］任胜钢，吴娟，王龙伟. 网络嵌入与企业创新绩效研究——网络能力的

调节效应检验[J]. 研究与发展管理，2011（3）：16-24.

［428］任胜钢. 企业网络能力结构的测评及其对企业创新绩效的影响机制研究[J]. 南开管理评论，2010（1）：69-80.

［429］任迎伟，李静. 创业过程组织社会网络动态演进机理研究[J]. 四川大学学报（哲学社会科学版），2013（5）：104-111.

［430］荣帅，李庆满，赵宏霞. 平台型企业跨界经营中的跨市场网络效应与颠覆性创新[J]. 科技进步与对策，2018（1）：81-87.

［431］阮国祥. 突破性创新的网络组织模式及治理[M]. 成都：西南交通大学出版社，2012.

［432］芮正云，庄晋财，罗瑾琏. 社会资本对获取创业知识的驱动过程解构——基于创业者能力视角[J]. 科学学与科学技术管理，2016（1）：60-70.

［433］芮正云，罗瑾琏，甘静娴. 新企业网络导向如何影响其创业导向[J]. 管理评论，2020（1）：119-131.

［434］芮正云，罗瑾琏. 产业网络双重嵌入与新创企业创新追赶[J]. 科学学研究，2019（2）：267-275.

［435］芮正云，庄晋财. 农民工创业者网络能力与创业绩效关系：动态能力的中介效应[J]. 财贸研究，2014（6）：30-37.

［436］单标安，蔡莉，陈彪，等. 中国情境下创业网络对创业学习的影响研究[J]. 科学学研究，2015（6）：899-906，914.

［437］单标安，蔡莉，王倩. 基于扎根理论的创业网络研究多视角分析与整合框架构建[J]. 外国经济与管理，2011（2）：1-9.

［438］沈志渔，孙婧. 基于破坏性创新的新兴企业成长路径研究[J]. 首都经济贸易大学学报，2014（1）：90-96.

［439］施萧萧，张庆普. 基于共词分析的国外颠覆性创新研究现状及发展趋势[J]. 情报学报，2017（7）：748-759.

［440］寿柯炎，魏江. 后发企业如何构建创新网络——基于知识架构的视角[J]. 管理科学学报，2018（9）：23-37.

［441］寿柯炎，魏江. 网络资源观：组织间关系网络研究的新视角[J]. 情报杂志，2015（9）：163-169.

［442］宋晶，陈劲. 创业者社会网络、组织合法性与创业企业资源拼凑［J］. 科学学研究，2019（1）：86-94.

［443］苏敬勤，李召敏. 案例研究方法的运用模式及其关键指标［J］. 管理学报，2011（3）：340.

［444］苏敬勤，刘静. 情境视角下的案例研究——基于国内外案例研究范文分析［J］. 管理学报，2014（6）：788-792，818.

［445］孙凯，柳艳婷，刘晓婷. 研发团队知识异质性对知识共享影响研究［J］. 情报科学，2016（2）：59-64.

［446］孙文文，蔡宁. 企业网络能力研究综述［J］. 科学决策，2012（4）：84-94.

［447］孙中博. 创业者网络关系对新创企业绩效的影响机制研究［D］. 长春：吉林大学，2014.

［448］汤淑琴，蔡莉，陈娟艺，等. 经验学习对新企业绩效的动态影响研究［J］. 管理学报，2015（8）：1154-1162.

［449］陶小龙，刘珊，陈劲，等. 企业转型升级与创新生态圈成长耦合机理——一个扎根理论多案例研究［J］. 科技进步与对策，2019（24）：80-89.

［450］田红云，刘石兰，梅强. 颠覆性创新困境的深层原因及其超越［J］. 软科学，2012（5）：15-19.

［451］万小燕，程李梅. 异质性创业网络对创业企业的风险影响［J］. 财会月刊（下），2016（2）：18-21.

［452］汪建，赵驰，周勤. 基于创新驱动的企业成长研究综述［J］. 江苏社会科学，2012（4）：69-74.

［453］汪涛，王繁荣，陈炜然. 开放式创新背景下新兴企业创新模式对创新绩效的影响［J］. 科技进步与对策，2017（2）：80-86.

［454］王海花，谢萍萍，熊丽君. 创业网络，资源拼凑与新创企业绩效的关系研究［J］. 管理科学，2019（2）：50-66.

［455］王家宝，陈继祥. 颠覆性创新，生产性服务业与后发企业竞争优势［J］. 科学学研究，2010（3）：444-448.

［456］王江，王光辉. 中国电动汽车技术演进分析：行动者网络视角［J］. 科技进步与对策，2018（11）：60-68.

［457］王丽平，代如霞. 新经济下创新型企业成长要素组合与高效发展模式研

究［J］. 软科学，2020（6）：85-90.

［458］王丽平，金斌斌. 新经济下创业企业非线性成长基因组态与等效路径研究——基于模糊集定性比较分析［J］. 科技进步与对策，2020（7）：69-78.

［459］王鹏耀，刘延平. 价值网模式下网络能力对企业绩效的影响［J］. 求实，2010（S2）：117-118.

［460］王涛，陈金亮. 新创企业持续成长研究——基于创业网络与合法性融合的视角［J］. 财经问题研究，2018（8）：89-97.

［461］王亚楠，虞重立. 文化创意产业集群的网络结构与创新知识流动——基于社会网络视角的分析［J］. 科技管理研究，2017（11）：158-163.

［462］王宇，李海洋. 管理学研究中的内生性问题及修正方法［J］. 管理学季刊，2017（35）：25-52，175-176.

［463］王志玮，陈劲. 企业破坏性创新概念建构、辨析与测度研究［J］. 科学学与科学技术管理，2012（12）：29-36.

［464］王志玮. 企业外部知识网络嵌入性对破坏性创新绩效的影响机制研究［D］. 杭州：浙江大学，2010.

［465］魏江，刘洋. 中国企业的非对称创新战略［J］. 清华管理评论，2017（10）：20-26.

［466］魏江，寿柯炎. 企业内部知识基与创新网络的架构及作用机制［J］. 科学学研究，2015（11）：1727-1739.

［467］魏江，邬爱其，彭雪蓉. 中国战略管理研究：情境问题与理论前沿［J］. 管理世界，2014（12）：167-171.

［468］魏江，徐蕾. 知识网络双重嵌入、知识整合与集群企业创新能力［J］. 管理科学学报，2014（2）：34-47.

［469］魏江，应瑛，刘洋. 研发网络分散化，组织学习顺序与创新绩效：比较案例研究［J］. 管理世界，2014（2）：137-151，188.

［470］温忠麟，叶宝娟. 有调节的中介模型检验方法：竞争还是替补？［J］. 心理学报，2014（5）：714-726.

［471］邬爱其，贾生华. 企业成长机制理论研究综述［J］. 科研管理，2007（2）：53-58.

［472］邬爱其. 企业网络化成长——国外企业成长研究新领域［J］. 外国经济与管理，2005（10）：10-17.

［473］吴东，吴晓波. 技术追赶的中国情境及其意义［J］. 自然辩证法研究，2013（11）：45-50.

［474］吴明隆. 问卷统计分析实务：SPSS操作与应用［M］. 重庆：重庆大学出版社，2010.

［475］吴佩，姚亚伟，陈继祥. 后发企业颠覆性创新最新研究进展与展望［J］. 软科学，2016（9）：108-111.

［476］吴先明，高厚宾，邵福泽. 当后发企业接近技术创新的前沿：国际化的"跳板作用"［J］. 管理评论，2018（6）：40-54.

［477］吴晓波，杜健，韦影. 基于价值网络的战略联盟研究［J］. 科学学研究，2005（1）：59-63.

［478］吴晓波，付亚男，吴东，等. 后发企业如何从追赶到超越？——基于机会窗口视角的双案例纵向对比分析［J］. 管理世界，2019（2）：151-167，200.

［479］吴晓波，朱培忠，吴东，姚明明. 后发者如何实现快速追赶？——一个二次商业模式创新和技术创新的共演模型［J］. 科学学研究，2013（11）：1726-1735.

［480］伍晶，张建，聂富强. 网络嵌入性对联合风险投资信息优势的影响［J］. 科研管理，2016（4）：143-151.

［481］伍满桂，骆骏. 社会网络胜任力对创业绩效影响的实证研究［J］. 经济与管理，2008（4）：35-39.

［482］项保华，张建东. 案例研究方法和战略管理研究［J］. 自然辩证法通讯，2005（5）：62-66.

［483］解学梅，左蕾蕾. 企业协同创新网络特征与创新绩效：基于知识吸收能力的中介效应研究［J］. 南开管理评论，2013（3）：47-56.

［484］解学梅. 企业协同创新影响因素与协同程度多维关系实证研究［J］. 科研管理，2015（2）：69-78.

［485］邢小强，仝允桓. 网络能力：概念、结构与影响因素分析［J］. 科学学研究，2006（S2）：558-563.

［486］徐金发，许强，王勇. 企业的网络能力剖析［J］. 外国经济与管理，2001（11）：21-25.

［487］徐久香，李华，王春元. 基于破坏性创新的企业成长模式研究［J］. 科学学与科学技术管理，2014（2）：134-142.

［488］徐艳梅. 企业成长研究［J］. 北京工业大学学报，1999（S1）：3-5.

［489］许晖，许守任，王睿智. 网络嵌入、组织学习与资源承诺的协同演进——基于3家外贸企业转型的案例研究［J］. 管理世界，2013（10）：142-155，169，188.

［490］许庆瑞，郭斌. 中国企业技术创新——基于核心能力的组合创新［J］. 管理工程学报，2000（B12）：1-9.

［491］杨杜. 企业成长论［M］. 北京：中国人民大学出版社，1996.

［492］杨隽萍，彭学兵，廖亭亭. 网络异质性、知识异质性与新创企业创新［J］. 情报科学，2015（4）：40-45.

［493］杨隽萍，唐鲁滨，于晓宇. 创业网络，创业学习与新创企业成长［J］. 管理评论，2013（1）：24-33.

［494］杨隽萍，于晓宇，陶向明，等. 社会网络，先前经验与创业风险识别［J］. 管理科学学报，2017（1）：35-50.

［495］杨锐，黄国安. 网络位置和创新——杭州手机产业集群的社会网络分析［J］. 工业技术经济，2005（7）：114-118.

［496］杨善林，王佳佳，代宝，等. 在线社交网络用户行为研究现状与展望［J］. 中国科学院院刊，2015（2）：200-215.

［497］杨小凯. 企业理论的新发展［J］. 经济研究，1994（7）：60-65.

［498］杨学儒，李新春，梁强，等. 平衡开发式创新和探索式创新一定有利于提升企业绩效吗？［J］. 管理工程学报，2011（4）：17-25.

［499］姚明明，吴晓波，石涌江，等. 技术追赶视角下商业模式设计与技术创新战略的匹配——一个多案例研究［J］. 管理世界，2014（10）：149-162.

［500］尹苗苗，刘玉国. 新企业战略倾向对创业学习的影响研究［J］. 科学学研究，2016（8）：1223-1231.

［501］余维臻，李文杰. 核心资源，协同创新与科技型小微企业成长［J］. 科技进步与对策，2016（6）：94-101.

［502］余维臻，李文杰. 在线社交网络互动有助于创业机会的识别吗——基于网络信任双维度视角［J］. 经济理论与经济管理，2020（5）：86-99.

［503］喻卫斌. 企业同质性假设、异质性假设和企业资源的获取［J］. 经济问题，2007（5）：56-58.

［504］云乐鑫，杨俊，张玉利. 基于海归创业企业创新型商业模式原型的生成机制［J］. 管理学报，2014（3）：367-375.

［505］臧树伟，李平. 基于破坏性创新的后发企业市场进入时机选择［J］. 科学学研究，2016（1）：122-131.

［506］臧树伟，潘璇，孙倩敏. 动态环境下的后发企业追赶研究——基于商业模式创新视角［J］. 经济与管理研究，2018（8）：123-132.

［507］张宝建，胡海青，张道宏. 企业创新网络的生成与进化——基于社会网络理论的视角［J］. 中国工业经济，2011（4）：117-126.

［508］张钢，岑杰. 组织适应理论扩展——组织时间适应研究探析［J］. 外国经济与管理，2012（8）：43-49.

［509］张敬伟. 新企业成长过程研究述评与展望［J］. 外国经济与管理，2013（12）：31-40.

［510］张书军，李新春. 集群资源、战略网络与企业竞争力［J］. 产业经济评论，2005（2）：26-39.

［511］张枢盛，陈继祥. 中国情境下的关系研究——基于文化的视角［J］. 浙江工商大学学报，2013（2）：76-82.

［512］张延平，冉佳森. 创业企业如何通过双元能力实现颠覆性创新——基于有米科技的案例研究［J］. 中国软科学，2019（1）：117-135.

［513］张妍，魏江，彭雪蓉. 组织间网络与创新关系研究述评［J］. 研究与发展管理，2015（2）：34-42.

［514］张乙明，丁永健. 企业间异质性对企业网络的影响及其政策启示［J］. 社会科学家，2010（8）：53-56.

［515］张永安，付韬. 集群创新系统中知识网络的界定及其运作机制研究［J］. 科学学与科学技术管理，2009（1）：92-97.

［516］张玉利，曲阳，云乐鑫. 基于中国情境的管理学研究与创业研究主题总结［J］. 外国经济与管理，2014（1）：65-72.

［517］张玉利，杨俊，任兵. 社会资本、先前经验与创业机会——一个交互效应模型及其启示［J］. 管理世界，2008（7）：91-102.

［518］张玉利. 创业研究现状探析及其在成果应用过程中的提升［J］. 外国经济与管理，2010（1）：1-7.

［519］张之梅. 中外企业成长理论研究述评［J］. 山东经济，2010（1）：60-66.

［520］赵爽，肖洪钧. 基于网络能力的企业绩效提升路径研究［J］. 科技进步与对策，2010（6）：71-74.

［521］周江华，刘宏程，全允桓. 企业网络能力影响创新绩效的路径分析［J］. 科研管理，2013（6）：58-67.

［522］朱晓琴. 企业网络能力、跨组织知识管理与创新绩效的关系研究［D］. 成都：西南财经大学，2011.

［523］朱秀梅，陈琛，蔡莉. 网络能力、资源获取与新企业绩效关系实证研究［J］. 管理科学学报，2010（4）：44-56.

［524］朱秀梅，李明芳. 创业网络特征对资源获取的动态影响——基于中国转型经济的证据［J］. 管理世界，2011（6）：105-115.

［525］祝振铎，李新春. 新创企业成长战略：资源拼凑的研究综述与展望［J］. 外国经济与管理，2016（11）：71-82.

［526］庄晋财，杜娟. 农民工创业成长的网络化能力提升路径研究［J］. 求实，2014（6）：92-96.

［527］庄晋财，张长伟，程李梅. 网络嵌入对新创企业成长绩效的影响机理研究——以温氏集团为例［J］. 云南财经大学学报，2013（1）：153-160.

附录一　长三角新创企业调查问卷

尊敬的先生/女士：

　　您好！非常感谢您在百忙之中填写这份问卷！本问卷是为服务经济发展，提高企业创新和创业成长而设计的一份调查问卷。本问卷调查纯属学术研究目的，内容不会涉及您的隐私以及贵企业的商业机密，我们会对问卷内容严格保密，所获信息也不会用于任何其他目的，请您放心填写。同时，由于您的帮助对我们的研究非常重要，所以恳请您根据本人及企业的实际情况填写本问卷，以便使本次调查能够获得准确、真实和有效的信息！

　　最后，对您的帮助和大力支持表示衷心的感谢！

　　敬祝：事业顺利，大展宏图！

....

第一部分　企业基本信息（请根据贵企业基本情况回答）

1. 贵企业所在的省（市）：□浙江　　　□江苏　　　□上海　　　□安徽

2. 贵企业所在市：

3. 贵企业创业者的性别：□男　　　□女

4. 创业者创业时的年龄：□25 岁及以下　　□26 ～ 35 岁

　　　　　　　　　　　　□36 ～ 45 岁　　□45 岁及以上

5. 创业者创业时的学历：□高中及以上　　　□大专与本科

　　　　　　　　　　　　□硕士及以上

6. 贵企业成立年限：□3 年以下　　□3 ～ 6 年　　□6 ～ 8 年

7. 贵企业所属行业：（请在相应选项后打"√"）

信息传输、计算机服务、软件业、互联网		医疗、护理、美容、保健、卫生服务		新材料、新能源、节能环保	
电子及通信设备制造		汽车及零部件制造业		精密机械、机械制造	
住宿和餐饮业		生物及医药		交通运输、仓储和邮政业	
批发和零售业		化工、纺织、传统制造业		租赁和商务服务业	
农副食品加工业		咨询服务业		其他	

8. 贵企业预计今年营业额：

□ 500 万元以下　　　□ 501 万～ 5000 万元

□ 5001 万～ 1 亿元　　□ 1 亿元以上

9. 每年用于创新研发的费用占总销售的比例：

□ 低于 3%　　□ 3%（含）～ 5%　　□ 5%（含）～ 10%

□ 10%（含）～ 20%　　□ 20% 以上

10. 贵企业是否属于创新型创业企业（创新型企业就是通过不断改变市场和技术条件来生产出具有更高质量或更低价格的产品 / 服务，并不断发掘新需求、新市场的企业）：

□ 是　　　□ 否

11. 贵企业是否具备自主专利产品或特色新产品：□ 是　　　□ 否

12. 贵企业是否是高新科技企业：□ 是　　　□ 否

13. 创业者创办本企业前是否创建过其他公司：□ 是　　　□ 否

第二部分　贵企业近几年的增长情况

创业企业成长

序号	题项	非常同意——非常不同意				
1	与同行相比，贵企业近三年员工数量增加较快	5	4	3	2	1
2	与同行相比，贵企业近三年销售额增长显著	5	4	3	2	1
3	与同行相比，贵企业近三年新产品或服务增长速度较快	5	4	3	2	1
4	与同行相比，贵企业近三年市场份额增长显著	5	4	3	2	1
5	与同行相比，贵企业近三年市场利润增长显著	5	4	3	2	1

第三部分 请根据贵企业与外部机构或组织保持联系情况来回答问题

1. 创业网络

序号	题项	非常同意——非常不同意				
1	贵企业与不同类型行业（主营业务）及不同性质的行动者保持密切关系	5	4	3	2	1
2	贵企业与不同研究方向的行动者保持密切关系	5	4	3	2	1
3	贵企业与不同区域的行动者保持密切关系	5	4	3	2	1
4	贵企业与不同目标市场的行动者保持密切关系	5	4	3	2	1
5	贵企业与不同文化和思维方式的行动者保持密切关系	5	4	3	2	1
6	贵企业与相近行业（主营业务）及相似性质的行动者保持密切关系	5	4	3	2	1
7	贵企业与相近研究方向的行动者保持密切关系	5	4	3	2	1
8	贵企业与相近区域的行动者保持密切关系	5	4	3	2	1
9	贵企业与类似目标市场的行动者保持密切关系	5	4	3	2	1
10	贵企业与相近文化和思维方式的行动者保持密切关系	5	4	3	2	1

2. 网络能力

序号	题项	非常同意——非常不同意				
11	贵企业非常重视各种社会网络关系在商业活动中的作用	5	4	3	2	1
12	贵企业能识别各种社会网络关系带来的价值与机会	5	4	3	2	1
13	贵企业能预测企业网络关系未来的发展方向	5	4	3	2	1
14	贵企业能根据自身条件及市场环境进行调整，具有很强的发现、评估和选择合作伙伴的能力	5	4	3	2	1
15	贵企业能利用各种机会与途径（如商会、咨询机构、行业协会、政府组织、展览会、行业会议、互联网、数据库、出版物等）来寻找潜在合作伙伴	5	4	3	2	1
16	贵企业经常以正式和非正式的形式与合作伙伴进行沟通（如会议、电话、互联网、聚会等）	5	4	3	2	1
17	贵企业能够从对方的角度来思考如何发展双方关系	5	4	3	2	1
18	贵企业善于处理与合作伙伴的冲突并经常改进和优化与其的关系	5	4	3	2	1
19	贵企业在生产经营过程中能及时调整与合作伙伴的关系和资源整合	5	4	3	2	1

第四部分　请根据贵企业在经营过程中的创新行为作答

序号	题项	非常同意——非常不同意				
1	在过去五年内，贵企业通过商业模式的重构，重新定义了需求拓展市场空间的边界，或创造了新的价值逻辑	5	4	3	2	1
2	在过去五年内，贵企业基于现有的技术引入了全新的理念，推出了性价比更高的新产品或服务	5	4	3	2	1
3	在过去五年内，贵企业引入的新产品或服务开辟了一个新的市场	5	4	3	2	1
4	在过去五年内，贵企业引入的新产品或服务不被主流市场关注但能吸引低端客户，满足他们以前未被满足的需求	5	4	3	2	1
5	在过去五年内，贵企业引入的新产品或服务对非主流客户、特定市场客户极具吸引力	5	4	3	2	1
6	在过去五年内，随着时间的推移，贵企业引入的新产品或服务逐渐从满足低端客户发展到能满足原有主流市场客户的需求，从而吸引他们选择新的产品或服务	5	4	3	2	1

**************** 您已经完成本问卷，再次感谢您的支持！　*******************

附录二 访谈提纲

第一部分 企业基础信息

第二部分 企业发展历程

1. 是什么样的机会使您关注这个行业并开始了创业的历程？

2. 发展中遇到的关键节点有哪些？

3. 是如何渡过这些关键期的？

第三部分 创新对企业的影响

1. 不同的阶段企业进行了哪些方面的创新？

2. 是什么促使您进行了这些方面的创新？

3. 这些创新是如何进行的？

（如何发起的？哪些关键的部门和人引领的？受到了何种阻碍以及是如何克服的？）

4. 这些创新对企业造成了哪些影响？

（竞争优势、市场地位）

第四部分 创新的保障和激励机制

1. 为了鼓励创新，企业做了哪些努力？

（文化建设，制度建设：涉及招聘、考核、晋升）

2. 这些措施取得了怎样的成效？

第五部分　创业者对创新的态度

1. 创新对您企业发展的贡献，您认为是大还是小？

2. 您是否重视创新？您重视哪些方面的创新？

3. 您认为创新对您企业未来发展的重要性如何？您是否准备投入更大的资源到创新中去？

第六部分　创业网络的相关情况

1. 创业过程中您得到了哪些外部社会关系网络的支持？您认为企业构建外部社会关系网络对企业创新以及企业成长有什么影响（包括客户、供应商、资金、技术、政策支持等）？

2. 您认为哪些类型的社会关系网络是非常重要并且需要花费一定时间和精力去特别维护的（如供应商、客户、合作者、企事业干部、专家技术人员、高校研究所、政府官员、银行等）？

3. 目前贵公司在非竞争者之间的战略联盟关系有哪些？在竞争者之间的战略合作关系有哪些？为开发新业务构建的合作关系有哪些？保持交易的供应商与销售商有哪些？这些关系与同行企业相比是否有新颖、特别之处？

4. 在企业成长的各阶段，贵公司外部关系网络的状况是属于各种类型的外部关系都有建立，还是属于相对比较侧重于某几类特定的外部关系（具体侧重哪几类）？您认为在企业成长的各阶段哪些外部关系网络更为重要？为什么？

5. 能否列举两个您认为对企业创新产生最重要影响（帮助或支持）的个人或组织？该人或组织的大概背景如何？您何时以及如何结识该人或组织的？在何种情况下，该人或组织为您和企业提供了什么样的支持与帮助（包括资金、技术、市场、信息、政策等）？这为您和企业带来了什么样的结果？您如何评价您现在与该人或组织的关系状况（包括信任度、紧密度的高低）？

6. 您对您和您的企业现在拥有的外部社会关系网络是否满意？您觉得该网络具有什么优势和劣势？

7. 能否总结一下您创业以来外部关系网络的发展阶段？

8. 为了企业接下来的发展，未来三年内您是否有拓展外部关系网络的计划？拓展的侧重点是哪些外部关系网络？您觉得需要主动结交哪些人或组织？通过何种方式进行？

第七部分 网络能力相关内容

1. 您觉得构建一个有利于企业创新以及成长的外部关系网络需要具备哪些能力？您认为其中哪些能力是最重要的？

2. 能否请您较为细致和深入地描述贵公司成功构建一些外部社会关系的整个过程（包括当时企业和您的背景、您个人的想法、实施过程、结果如何等）？

3. 您认为贵公司在构建和管理网络上的能力对企业发展过程中的几次重要创新有着怎样的作用？

4. 您如何评价贵公司目前在构建、管理及维护外部关系网络上的能力？

5. 在创业过程中，您认为贵公司在与各类外部关系交流合作时，主动采取的哪些行为有利于企业的持续创新和成长？

后　记

回想此书的由来还颇有意外的收获之感，在业界的多年经历使得笔者能深刻感受到中国新创企业成长过程中的独特创新驱动模式的存在，但囿于当时自身学术积累有限，想不出合适的理论解释，直到有一天看到克莱顿·克里斯坦森的《创新者的窘境》一书，才恍然大悟，原来中国很多新创企业的独特创新行为就是颠覆性创新，其中最为典型的是 2017 年来自"一带一路"沿线的 20 国青年评选出的中国"新四大发明"——高铁、扫码支付、共享单车和网购。这"新四大发明"均属于颠覆性创新，并且其中的三大发明是由新创企业创造的。这种实践先于理论，并且市场上已涌现出大量的颠覆性创新企业，形成了一批可复制与推广的中国本土化经验，中国这一后发新兴经济体已成为颠覆性创新的沃土。笔者深感颠覆性创新必将成为像中国这样的后发追赶新兴经济体借助创新驱动经济高质量发展以实现"换道超车"的有效路径，由此也激发了笔者对其的研究兴趣，期望通过学术的眼光发现后发情境下颠覆性创新驱动新创企业成长的规律与具体路径，为中国新创企业的创业实践打开"希望之门"，并试图指导中国新创企业走出高失败、短生命周期的困境，让创业经济真正成为引领高质量发展的新动能。

本书是笔者主持国家社科基金项目的重要研究成果之一，也是笔者出版的第一本专著。从国家社科基金立项，到多篇国内外阶段性高水平论文的发表，再到本专著的出版，课题组在五年内做了大量实地调研，与创业者、政府相关部门、投资基金负责人等进行过深度访谈，在这里也感谢他们的帮助与启发。本书在案例调研、数据获取、专著撰写、修订与完善，直至最终定稿的过程中，得到了许多同事、朋友以及知名学者的支持与帮助，感谢李文杰副教授、余克艰教授、刘小宁处长、夏云聪秘书长为本书做出的贡献，尤其要感谢该领域国内外非常有影响力的知名学者陈劲教授、斯晓夫教授和陈畴镛教授为本书作序。正是因为有他们的帮助、支持与鼓励，才让笔者有了一路前行的勇气。同时也感谢以马一萍为代表的浙江大学出版社的编辑老师，她们在内容编排与行文上提出了许多宝贵意见，以她们的专业素养保证了本书的质量，并提升了本书的可读性。本书如有错漏之处都归笔者自己，希望读者批评指正。

　　尽管颠覆性创新在全球已产生巨大的影响，克里斯坦森也因此被认为是继熊彼特以后最伟大的创新理论大师，但对于颠覆性创新的理论与实践的研究才刚刚开始，许多业界精英与知名学者对其还有不同的看法和认知，理论本身也在现实实践与理论争论中不断完善。本书的出版只是"抛砖"，如能让社会各界人士更广泛、更深入地参与颠覆性创新理论的研究和应用推广，让更多的颠覆性创新实践成果在中国大地涌现，从而达到"引玉"的效果，可谓善莫大焉。本书难免会存在疏漏与不足，敬请广大专家与读者斧正，笔者也期待自己能在不久的将来再版颠覆性创新相关系列丛书。

余维臻

2022 年夏于西子湖畔